El Loto Blanco: El Maestro Zen Bodhidharma

Dhamma Buddha

Published by Dhamma Buddha, 2024.

While every precaution has been taken in the preparation of this book, the publisher assumes no responsibility for errors or omissions, or for damages resulting from the use of the information contained herein.

EL LOTO BLANCO: EL MAESTRO ZEN BODHIDHARMA

First edition. August 2, 2024.

Copyright © 2024 Dhamma Buddha.

ISBN: 979-8227352637

Written by Dhamma Buddha.

Tabla de Contenido

Lluvia de loto

AMADO MAESTRO,

PREGUNTA: ¿QUÉ ES LA MENTE DE BUDA?

RESPUESTA: TU MENTE ES ESO. CUANDO VEAS LA ESENCIA MISMA DE ESO, PUEDES LLAMARLO TALIDAD. CUANDO VEAS LA NATURALEZA INMUTABLE DE ESO, PUEDES LLAMARLO DHARMAKAYA. NO PERTENECE A NADA; POR ESO SE LLAMA EMANCIPACIÓN. FUNCIONA FÁCIL Y LIBREMENTE, SIN SER NUNCA PERTURBADO POR OTROS; POR LO TANTO, SE LLAMA EL CAMINO VERDADERO. NO NACIÓ Y, POR LO TANTO, NO VA A PERECER, POR LO QUE SE LLAMA NIRVANA.

PREGUNTA: ¿QUÉ ES TATHAGATA?

RESPUESTA: EL QUE SABE QUE NO VIENE DE NINGUNA PARTE Y NO VA A NINGUNA PARTE.

PREGUNTA: ¿QUÉ ES BUDA?

RESPUESTA: AQUEL QUE REALIZA LA VERDAD, Y NO RETIENE NADA QUE DEBA SER REALIZADO.

PREGUNTA: ¿QUÉ ES EL DHARMA?

RESPUESTA: NUNCA SE PRODUJO, Y NUNCA SE REDUCIRÁ; POR LO TANTO, SE LLAMA DHARMA, LA NORMA DEL UNIVERSO.

PREGUNTA: ¿QUÉ ES LA SANGHA?

RESPUESTA: SE LLAMA ASÍ POR LA BELLEZA DE SU ARMONÍA.

ESTOY ECESTÁTICO porque sólo el nombre de Bodhidharma me resulta psicodélico. En la larga evolución de la conciencia humana nunca ha habido un Buda tan extravagante como Bodhidharma - muy raro, muy único, exótico. Sólo en algunos pequeños aspectos George Gurdjieff se le acerca, pero no mucho, y sólo en algunos aspectos, no en todos.

Ha habido muchos budas en el mundo, pero Bodhidharma destaca como el Everest. Su forma de ser, de vivir y de expresar la verdad es simplemente suya; es incomparable. Ni siquiera su propio maestro, Gautama el Buda, puede compararse con Bodhidharma. Incluso a Buda le habría resultado difícil digerir a este hombre.

Este hombre, Bodhidharma, viajó de la India a China para difundir el mensaje de su maestro. Aunque están separados por mil años, para Bodhidharma y para tales hombres no hay tiempo, no hay espacio - para Bodhidharma Buda era tan contemporáneo como Buda es contemporáneo para mí.

En apariencia sois contemporáneos míos, pero entre vosotros y yo hay una gran distancia. Vivimos en planetas diferentes. En realidad, Buda, Lao Tzu, Jesús, Pitágoras, Bahauddin, Bodhidharma son mis contemporáneos. Entre ellos y yo no hay espacio ni tiempo. Superficialmente hay una brecha de mil años entre Buda y Bodhidharma, pero en realidad, en verdad, no hay ni un solo momento de brecha. En la circunferencia, Buda llevaba ya mil años muerto cuando Bodhidharma llegó a la escena, pero en el centro está junto a Buda. Habla la esencia de Buda; por supuesto, tiene su propia manera, su propio estilo, pero incluso a Buda le parecería extraño.

Buda era un hombre muy culto, muy sofisticado, muy elegante. Bodhidharma es todo lo contrario en su expresión. No es un hombre, sino un león. No habla, ruge. No tiene la gracia de Gautama el Buda; es áspero, crudo. No está pulido como un diamante; está recién sacado de la mina, absolutamente en bruto, sin pulir. Esa es su belleza. Buda tiene una belleza propia, muy femenina, muy pulida, muy frágil. Bodhidharma tiene su propia belleza, como la de una roca: fuerte, masculina, indestructible, un gran poder.

Buda también irradia poder, pero su poder es muy silencioso, como un susurro, una brisa fresca. Bodhidharma es una tormenta, un trueno y un relámpago. Buda llega a tu puerta sin hacer ruido; ni siquiera llamará a tu puerta, ni siquiera oirás sus pasos. Pero cuando Bodhidharma venga a ti, sacudirá toda la casa desde sus cimientos. Buda no te sacudirá aunque estés dormido. ¿Y Bodhidharma? Te despertará de tu tumba. Golpea fuerte, es un martillo.

Es justo lo contrario de Buda en su expresión, pero su mensaje es el mismo. Se inclina ante Buda como su maestro. Nunca dice: "Este es mi mensaje". Simplemente dice: "Esto pertenece a los budas, a los antiguos budas. Yo sólo soy un mensajero. Nada es mío, porque no lo soy. Sólo soy un bambú hueco que ha sido elegido por los budas para que les sirva de flauta. Ellos cantan; yo simplemente dejo que canten a través de mí".

Cuando llegó a China, el emperador Wu fue a recibirlo a las fronteras: ¡Viene un gran iluminado! Y, por supuesto, Wu se imaginaba que era algo parecido a Gautama el Buda: muy gentil, elegante, real. Cuando vio a Bodhidharma se sorprendió. Parecía muy primitivo, y no sólo eso, parecía muy absurdo, porque llevaba uno de sus zapatos en la cabeza: ¡un zapato en un pie y el otro en la cabeza!

El emperador se sintió avergonzado. Hc había venido con toda su corte y las reinas. "¿Qué pensarán? ¿Y qué clase de hombre he venido a recibir?". Intentó pasarlo por alto por cortesía. No quería hacer la pregunta: "¿Por qué llevas este zapato en la cabeza?".

Pero Bodhidharma no lo abandonó. Le dijo: "No trates de pasarlo por alto. Pregunta directamente y sé franco desde el principio. Ya he leído la pregunta en tu cabeza".

El emperador no sabía qué hacer. ¿Qué hacer con un hombre así? Dijo: "Sí, tienes razón, la pregunta ha surgido en mí. ¿Por qué llevas este zapato en la cabeza?".

Bodhidharma dijo: "Para poner las cosas en la perspectiva correcta desde el principio. Soy un hombre absurdo. Tienes que entenderlo desde el principio. No quiero crear problemas más adelante.

O me aceptas como soy o simplemente dices que no puedes aceptarme, y abandonaré tu reino. Me iré a las montañas. Esperaré allí a que mi pueblo venga a mí. Esto es sólo para mostrarte que soy ilógico, puedo ser tan absurdo como uno pueda imaginar. Esa es mi manera de trabajar, esa es mi manera de destruir tu mente. Y a menos que tu mente sea destruida no sabrás quién eres. Entonces, ¿qué dices?"

El rey no sabía qué hacer. Había venido con algunas preguntas, pero ¿hacérselas o no a este hombre? - porque puede decir algo ridículo; no sólo eso, puede hacer algo ridículo.

Pero Bodhidharma insistió: "Es mejor que pidas lo que hayas venido a pedir".

El rey dijo: "La primera pregunta es: he estado haciendo muchas acciones virtuosas....".

Y Bodhidharma miró profundamente a los ojos del rey: ¡un escalofrío debió de recorrerle la espalda!

- y dijo: "¡Tonterías! ¿Cómo puedes hacer una obra virtuosa? Aún no eres consciente. La virtud es un subproducto de la conciencia. ¿A qué acciones virtuosas te refieres? Pareces un tonto, ¿cómo puedes hacer algo virtuoso? La virtud sigue a un buda, la virtud es mi sombra". Él dijo: "Sólo puedes hacer vicio, no virtud. Es imposible".

Aun así, el rey trató de entablar conversación y deshacerse de aquel hombre lo más cortésmente posible; no quería ofenderlo. Dijo: "Por obras virtuosas entiendo que he construido muchos templos para Buda, muchos santuarios. He construido muchos ashrams para los bhikkhus budistas y los sannyasins. He hecho que miles de eruditos traduzcan las escrituras budistas al chino. He puesto millones y millones de rupias al servicio de Gautam Buda. ¿Cuál va a ser el resultado, la consecuencia, de toda mi virtud y de todos mis actos virtuosos? Millones de bhikkhus toman cada día alimentos del palacio y de todo el país. ¿Cuál va a ser el resultado de ello?".

Y Bodhidharma se echó a reír; el rey nunca había oído una risa semejante, una carcajada que podía hacer temblar montañas. Se rió y se rió y dijo: "Eres sencillamente tonto. Todos tus esfuerzos han sido un puro desperdicio; no vas a obtener ningún resultado. No lo intentes y no te imagines que vas a ir al séptimo cielo, como te habrán estado diciendo otros bhikkhus budistas. Te han estado explotando. Esta es su estrategia para explotar a gente tonta como tú. Se aprovechan de tu codicia por el otro mundo y te hacen grandes promesas. Y no se puede demostrar que sus promesas sean falsas porque nadie vuelve del otro mundo para decir si esas promesas se han cumplido o no. Son explotadores, son parásitos. Tú has sido una víctima. No va a pasar nada de lo que piensas que es muy virtuoso. De hecho, caerás en el séptimo infierno, porque un hombre que vive con esos deseos equivocados, que vive con deseos, va a caer en el infierno."

El emperador intentó cambiar de tema. Dijo: "¿Hay algo sagrado o no?"

Bodhidharma dijo: "No hay nada santo, no hay nada profano. La santidad, la impiedad, son nuestras actitudes mentales, nuestros prejuicios. Todo es como es. Esto es tathata, tal cual: las cosas son simplemente como son. Nada está mal y nada está bien. Nada es pecado y nada es virtud".

El emperador dijo: "Eres demasiado para mí y para mi pueblo".

Bodhidharma se despidió, dio media vuelta y se trasladó a las montañas. Durante nueve años en las montañas se sentó frente a una pared. La gente acudía, porque esta conversación -si se puede llamar conversación- llegaba a lugares lejanos. "El emperador ha sido martillado como cualquier cosa, ha sido aplastado. Y este Bodhidharma es realmente algo muy extraño, pero tiene una cualidad... cierta integridad, un extraño perfume le rodea. Está rodeado de un aura propia".

Empezó a venir gente de lugares lejanos a verle, y le preguntaban: "¿Por qué no nos miras? ¿Por qué sigues mirando al muro?".

Y Bodhidharma decía: "Estoy esperando al hombre adecuado. Cuando llegue, lo miraré".

Por lo demás, da igual que mire a la pared o que mire a vuestras caras. Y la pared puede ser perdonada porque es una pared - tú no puedes ser perdonado. Por lo tanto es mejor para mi mirar a la pared y no mirarte a ti. Habéis caído en tal inconsciencia que me gustaría sacudiros de ella. Pero entonces te enfadas, entonces te sientes ofendido. No quiero molestarte. Me volveré sólo hacia el hombre que tenga la capacidad, el valor de estar conmigo, de ser mi discípulo".

Y sólo después de muchos años apareció un hombre. Permaneció durante veinticuatro horas detrás de Bodhidharma sin decir una sola palabra. Finalmente Bodhidharma tuvo que preguntarle: "¿Por qué estás de pie detrás de mí?".

Me dijo: "Ahora eres tú quien empieza. He venido a matarme si no te vuelves hacia mí".

Y se cortó la mano con su espada y se la presentó a Bodhidharma y le dijo: "Tómala como muestra; de lo contrario, a continuación me cortaré la cabeza. Vuélvete hacia mí inmediatamente".

Bodhidharma tuvo que volverse. Miró al hombre, sonriendo, y dijo: "¡Así que eres mi discípulo! Así que ha llegado el hombre que he estado esperando".

Bodhidharma fue el primer patriarca del Zen, y este hombre fue el segundo patriarca del Zen, y comenzó una nueva tradición. Un nuevo río nació de la fuente de Bodhidharma. Estos fragmentos fueron encontrados a principios de este siglo. Fueron excavados por M.A. Stein en Tung Huang.

Estas son las notas de algunos discípulos desconocidos de Bodhidharma. Consisten en una pregunta de un discípulo y la respuesta de Bodhidharma. Estas notas, por fragmentarias que sean, siguen teniendo una gran importancia: representan el núcleo esencial del mensaje de Buda. Va a ser un poco arduo comprenderlas. Estad muy atentos y en silencio, porque no se trata de palabras corrientes. Cuando un hombre como Bodhidharma habla, las pequeñas preguntas, las preguntas ordinarias, se transforman en grandes preguntas.

Y todo lo que dice sobre esas cuestiones ordinarias tiene un significado inmenso. Cada una de sus palabras debe ser meditada. Esto también te dará una pequeña muestra de la comunión entre el discípulo y el maestro.

Lo primero que notarás es: se hace la pregunta, se da la respuesta, pero el discípulo nunca hace ninguna pregunta sobre la respuesta dada. La respuesta ha sido totalmente aceptada. No es la pregunta de un estudiante, es la pregunta de un discípulo. Así que la respuesta de Bodhidharma no crea más preguntas, simplemente pone fin a la pregunta. El discípulo hace otra pregunta, pero nunca plantea una pregunta sobre la respuesta, relativa a la respuesta.

Eso es lo primero que hay que señalar. Es una parte central de la comunión. Es confianza, es fe. No es creencia, pero sin duda es fe. Y hay una diferencia entre creencia y fe. Cuando crees en algo, la duda persiste en ti. La creencia sólo puede encubrirla, nunca destruirla: resurgirá una y otra y otra vez. Ninguna creencia puede destruir tu duda, porque la creencia está en la cabeza y la duda también está en la cabeza. La fe es del corazón, algo muy superior a la cabeza. La pregunta viene de la cabeza, pero la respuesta se recibe en el corazón, a una altura superior de tu ser. Y entonces la pregunta simplemente desaparece de la cabeza. El corazón sabe cómo confiar, el corazón sabe lo que es la fe.

La fe no es contra la duda, la fe es ausencia de duda. La creencia es contra la duda. La creencia reprime la duda, la fe la disuelve. La creencia es como un ciego que cree que hay luz; la fe es como alguien que ha abierto los ojos y ha visto la luz. En el momento en que ves la luz ya no es cuestión de dudar.

Comunión significa comunión de dos corazones. El alumno funciona desde la cabeza, el discípulo a través del corazón. Y solo el discipulo puede entender al maestro. Y cuando todas las preguntas del discipulo se disuelven el se convierte en un devoto. Entonces la cabeza ha desaparecido totalmente. Entonces solo existe el corazon, funcionando al ritmo del corazon del maestro, en profundo acuerdo. Esto te dara una vision de la comunion.

La pregunta: ¿QUÉ ES LA MENTE DE BUDA?

Se ha planteado una y otra vez a lo largo de los siglos. Durante veinticinco siglos, todos los que se han interesado por Gautama el Buda se han hecho la pregunta: ¿QUÉ ES LA MENTE DE BUDA?

La pregunta es significativa porque la pregunta misma crea una paradoja. La mente-buda es una no-mente. Decir algo sobre la mente búdica es decir algo sobre la no-mente. Vivimos en la mente, el buda ha ido más allá de ella. Ya no es una mente, sólo es una no-mente. Así que la mente-buda no significa un tipo determinado de mente, simplemente significa una trascendencia de la mente. La pregunta es significativa, es muy fundamental; es el comienzo de la indagación, de la verdadera indagación.

El discípulo no pregunta: "¿Qué es Dios?". No pregunta: "¿Qué es el paraíso?". No pregunta: "¿Qué es el pecado?". Hace una pregunta muy existencial: ¿QUÉ ES LA MENTE-BUDDHA? porque comprender la realidad de la mente-buda es comprender el fundamento mismo de la existencia.

Una mente búdica es una conciencia pura. Es como un espejo: simplemente refleja, no proyecta. No tiene ideas, ni contenido, ni pensamientos, ni deseos, ni imaginación, ni memoria. Está presente en lo siempre presente, vive en el presente. Y cuando estás totalmente en el presente, la mente desaparece, pierde todos sus límites. Surge en ti un gran vacío. Por supuesto que ese vacío no es vacío en el sentido ordinario de la palabra, es también una especie de plenitud -vacío en lo que concierne al mundo, pero lleno, sobrelleno, inundado, en lo que concierne a la verdad.

Vacío porque toda la miseria ha sido arrojada fuera, desbordante porque la dicha ha descendido dentro.

¿QUÉ ES LA MENTE BUDDHA? debería ser el comienzo para todos los buscadores. Preguntar sobre Dios, preguntar sobre el infierno y el cielo, son cosas ordinarias. Preguntar por la mente de Buda es preguntar por algo que, si puedes entenderlo, te transformará, te dará un nuevo nacimiento.

La mente es muy astuta. Puede crear tales preguntas que no son más que distracciones de tu ser.

La mente es tan sutil que puede engañarte. Puede hacerte sentir que eres un gran buscador porque estás preguntando: "¿Qué es Dios? ¿Quién creó el mundo? ¿Por qué estamos aquí? ¿Cuál es el propósito de la vida? Y todas estas preguntas son estúpidas. Toda la filosofía consiste en preguntas estúpidas.

Buda dice una y otra vez: "No soy filósofo, soy médico. No quiero intelectualizar, quiero hacerte inteligente. No quiero darte respuestas a las que aferrarte, quiero darte percepciones en las que las preguntas se fundan, se evaporen."

Hay que ser muy consciente de la mente, porque la mente puede hacerte preguntas que te lleven a filosofar en la dirección equivocada. Y entonces no hay fin; puedes seguir y seguir para siempre.

Diez mil años de filosofar, ¡y no se ha llegado a ninguna conclusión!

Sé consciente de que tu mente es un gran engañador. Y del mismo modo que tu mente es una engañadora, también lo son las mentes de los demás. Si haces preguntas equivocadas obtendrás respuestas equivocadas. Hay personas que siempre están dispuestas a ofrecerte lo que pidas. Es la ley ordinaria de la economía: donde haya demanda, habrá oferta. Lo que pides no es la cuestión. Pidas lo que pidas -el mundo es un mercado-, alguien creará la oferta. Tú eres astuto, los demás también lo son. Hay gente más astuta que tú. Los menos astutos se convierten en seguidores, los más astutos se convierten en líderes. Los menos astutos preguntan y los más astutos responden.

Buda dice: "No me interesan tus preguntas a menos que preguntes algo existencial, a menos que preguntes algo para ser transformado - no sólo para ser informado, no sólo para ser más informado."

Porque haces preguntas equivocadas existen tantos maestros en el mundo, y ellos están listos con muchas muchas respuestas, con todo tipo de respuestas. Y las respuestas vienen en todas las formas y tamaños para adaptarse a todos. Pero recuerda: estás tú y tu mente astuta y hay otros que son más astutos.

Para salvaguardar su pinta mientras salía un momento del bar, un hombre dejó una nota: "He escupido en esta cerveza".

Cuando volvió, encontró otra nota: "Yo también".

Recuerda, el mundo está lleno de gente astuta. Estas personas astutas se convierten en políticos, sacerdotes; incluso pueden pretender ser profetas. Puedes evitarlos sólo haciendo la pregunta correcta. No pueden responder a la pregunta correcta porque para responder a la pregunta correcta habrán tenido que experimentar algo. No pueden hacerlo con conocimientos prestados; sólo pueden hacerlo si han experimentado auténticamente la verdad.

Esta es una hermosa pregunta, la pregunta correcta:

¿QUÉ ES LA MENTE DE BUDA?

Bodhidharma responde:

ES TU MENTE.

Lo primero que dice es: No te preocupes por Gautama el Buda. ES TU MENTE.

No se trata de una pregunta sobre la persona histórica llamada Gautama el Buda. Él da un nuevo giro a la cuestión. La hace inmediatamente más existencial, más personal. La pregunta ya no es filosófica, se ha convertido en una pregunta sobre ti. Puede que hayas preguntado por Buda, pero en manos de un Bodhidharma la pregunta se transforma inmediatamente, cambia. Se convierte en una flecha que se dirige hacia tu corazón.

Dice:

ES TU MENTE.

La budeidad no es algo que le sucede a otra persona, la budeidad es tu potencial; es algo que está esperando a suceder dentro de ti. Así que lo primero que dice es: "Es tu mente". La mente búdica no es algo ajeno a ti, es tu núcleo más íntimo, es tu propia naturaleza. Sois budas, puede que no seáis conscientes de ello, puede que estéis profundamente dormidos, pero eso no cambia nada. Un buda dormido sigue siendo un buda. Un buda inconsciente de su propia budeidad sigue siendo un buda.

ES TU MENTE.

No es la mente de otra persona, porque ¿cómo puedes entender la mente de otra persona? En manos de maestros como Bodhidharma, todo se convierte en concreto, en personal. Se saca de su abstracción y se hace concreto y real.

A la gente le gustan las preguntas abstractas porque son más seguras; no te tocan, te dejan de lado.

Puedes preguntar sobre Dios, puedes preguntar sobre quién creó el mundo y cuándo. Y los astutos y los estúpidos siempre están ahí: los astutos para guiar y los estúpidos para ser guiados.

Un teólogo cristiano ha calculado incluso el momento exacto en que se creó el mundo: cuatro mil cuatro años antes de que naciera Jesús, el primero de enero, por supuesto, y en lunes.

Ahora bien, ¿cómo puede haber un primero de enero si antes no ha habido un diciembre? ¿Y cómo puede haber un lunes si no ha habido un domingo que lo preceda? ¡De la nada el lunes! ¡De la nada el primero de enero! Y los cristianos lo han creído, lo han creído tan profundamente que cuando Darwin y otros científicos descubrieron la teoría de la evolución y dijeron que el mundo existe desde hace millones de años, los cristianos se sintieron muy ofendidos. Toda su religión estaba en juego.

"El mundo sólo existe desde hace seis mil años, no más que eso".

Pero los científicos descubrieron y demostraron que no puede ser así, porque en la tierra han encontrado cuerpos de animales, huesos de animales, esqueletos de animales y de hombres, que tienen diez mil años, veinte mil años, cincuenta mil años, cien mil años.

¿Cómo explicarlo?

Pero como te dije, hay gente astuta. Los teólogos cristianos incluso encontraron una salida. Dijeron: "Todo es posible para Dios. Dios creó el mundo exactamente cuatro mil cuatro años antes de Jesús, pero creó huesos, esqueletos, que parecen tener millones de años sólo para poner a prueba la fe de la humanidad." ¿Ves la astucia? Dios creó esos esqueletos para que se pueda decidir quién es realmente fiel al dogma cristiano y quién no. Dios creó esos esqueletos para ver si aún tienes alguna duda dentro de tu ser; entonces la duda aflorará. Es una estrategia de Dios - y nada es imposible para él. Si puede crear el mundo entero, ¿por qué no puede crear esqueletos que sólo parecen tener millones de años, aunque no los tengan?

Cuando leía a esos teólogos cristianos me acordé de uno de mis amigos que vive en Bombay pero tiene una fábrica en Nepal. Crea antigüedades, fabrica antigüedades: estatuas de Buda. Las fabrica ahora mismo en su fábrica de Nepal. Luego se sumergen en ácidos para desfigurarlas, después se entierran profundamente en la tierra durante seis meses, y luego se sacan. Con inscripciones en lenguas antiguas, con fechas que se remontan muy atrás -tres mil años, dos mil años, mil años- en las lenguas que prevalecían en aquella época.

Y luego se venden en todo el mundo.

Cuando me alojé por primera vez con este amigo y vi tantas antigüedades en su casa, le dije: "¿De dónde las has sacado?".

Me dijo: "No puedo mentirte: los fabricamos".

Me quedé perplejo. Le dije: "¿Haces algo tan cristiano? ¿Seguís al Dios cristiano?

También ha hecho lo mismo: fabricó todo cuatro mil cuatro años antes de Jesucristo, pero con marcas, distorsiones, que pueden engañar a la gente."

La gente sigue aferrándose a sus dogmas; pero todo se debe a que empezamos haciéndonos preguntas equivocadas.

Cuando te acerques a un maestro estate muy alerta y pregúntale cosas que realmente te preocupen profundamente, que sean lo último que te preocupe. Pregunta cosas de las que dependan tu vida y tu muerte.

¿QUÉ ES LA MENTE DE BUDA?

Bodhidharma dice:

ES TU MENTE.

Inmediatamente cambia el sabor mismo de la pregunta. Ya no es abstracta, no tiene nada que ver con Buda. Buda puede haber existido, puede no haber existido. Puede que no sea una persona histórica, quién sabe; puede que nunca haya existido, puede que sólo sea una bella ficción. Pero tú no eres una ficción, estás aquí, estás presente; la cuestión tiene que ver contigo.

TU MENTE ES ESO. CUANDO VEAS LA MISMA ESENCIA DE ELLO, PUEDES LLAMARLO TALIDAD.

Ahora Bodhidharma ha comenzado a entrar en ti. Él dice: La mente puede manifestarse de muchas maneras. La manifestación ordinaria es la de la locura: miles de pensamientos y deseos y recuerdos corriendo por dentro, chocando unos con otros, en conflicto. Una gran guerra... a veces muy caliente, a veces muy fría, pero la guerra continúa. Despierto, dormido, siempre está ahí. No eres más que un campo de batalla. Este es el estado ordinario.

Pero si usted VE LA ESENCIA MISMA DE IT.... ¿Qué quiere decir con "esencia misma"?

Tu mente ordinaria cambia a cada momento; nunca es la misma ni siquiera durante dos segundos. En un momento estás enfadado, en otro triste, en otro feliz.... Sigues cambiando, cambias tan fácilmente; eres un flujo. Pero si observas este flujo, entonces surge en ti un tipo de mente totalmente diferente: el presenciar.

Este presenciar es el mismo: viene la tristeza, tú la presencias; viene la felicidad, tú la presencias; viene la desesperación, tú la presencias; viene la alegría, tú la presencias. Ahora bien, el contenido cambia continuamente, pero el testimonio es el mismo testimonio. Siempre es el mismo, nunca cambia. El espejo sigue siendo el mismo. La gente pasa y pasa delante del espejo. Refleja una cara por un momento, luego otra cara, pero el espejo sigue siendo el mismo.

Bodhidharma dice:
CUANDO SE VE LA ESENCIA MISMA DE ELLA, SE LA PUEDE LLAMAR TALIDAD.

Puedes llamarlo tathata, talidad. Talidad" es una forma budista de expresar que hay algo en ti que siempre permanece en su naturaleza intrínseca, sin cambiar nunca. Permanece siempre en su misma esencia, eternamente. Esa es tu verdadera naturaleza. Lo que cambia no eres tú, es la mente. Lo que no cambia en ti es la mente de Buda. Puedes llamarlo no-mente, puedes llamarlo samadhi, satori. Depende de ti; puedes darle el nombre que quieras. Puedes llamarlo conciencia crística.

CUANDO VES SU NATURALEZA INMUTABLE, PUEDES LLAMARLO DHARMAKAYA.

Al ver que nunca cambia, puedes llamarlo la encarnación misma de la ley última, el cuerpo mismo del dharma.

NO PERTENECE A NADA....

No se identifica con nada, no pertenece a nada. El testigo que hay en ti es siempre una trascendencia, siempre un fenómeno superador; lo trasciende todo. Todo lo que se ve, todo lo que se le presenta, nunca es uno con ello.

NO PERTENECE A NADA; POR ESO SE LLAMA EMANCIPACIÓN.

Se llama liberación. La liberación de la mente trae la mente búdica a tu visión. La liberación de la identificación, la liberación del cuerpo, de la mente, de las ideologías, de los prejuicios, de todo lo que te constituye -la liberación de ti- te lleva a la realidad.

Entonces tienes que entender una cosa. Normalmente, cuando piensas en la liberación, piensas: mi liberación. No hay nada de eso; no hay liberación que pueda llamarse mi liberación. Toda liberación es de la idea del ego. No serás liberado, serás liberado de ti mismo.

No es tu liberación, es la liberación de ti, es la emancipación de todo aquello con lo que te has identificado.

Los Upanishads dicen: neti, neti, ni esto ni aquello. Cuando sigues negando y diciendo: "No soy esto, no soy aquello", llega un momento en que no queda nada, nada que reflejar en el espejo, sólo el espejo. Entonces sabes quién eres. Pero ahora no puedes decir: "Esto es lo que soy", porque eso traerá de vuelta el pensamiento. No puedes decir nada al respecto, tienes que guardar absoluto silencio.

Estamos profundamente dormidos; el nombre de ese sueño es ego. Y en nuestro sueño puede ocurrir cualquier cosa, todo tipo de accidentes. Y están ocurriendo. Hablas mientras duermes y te metes en problemas porque hablas mientras duermes. Sigues diciendo cosas que se supone que no debes decir. Decides no volver a decirlas porque te traen problemas, pero vuelves a repetir el mismo patrón: sigues haciendo cosas que has decidido no hacer. Pero tú estás dormido y los demás a tu alrededor también. La gente habla dormida, se responde dormida.

Hay grandes diálogos, grandes peleas, disputas. Y el caso es que si despiertas todas estas tonterías desaparecerán.

La mente búdica es la que ha despertado.

Una hermosa y joven estrella de cine soltera celebraba una gran fiesta en su lujosa casa para todos los hombres que conocía. A medida que la fiesta se prolongaba hasta altas horas de la madrugada, la joven de fornido pecho bebía más y más licor, pero se resistía a las insinuaciones de sus invitados solteros.

Finalmente, a eso de las cinco y media de la mañana, dio las buenas noches al último invitado y se desplomó en el sofá del salón, muerta de borrachera.

A la mañana siguiente se encontró en su propia cama, vestida con su camisón más fino. Sorprendida, bajó a desayunar.

"Wang Lee", preguntó a su criado chino, "¿cómo llegué a mi habitación anoche?".

"Yo te puse ahí, Missy", respondió.

"Caramba", dijo, "debo haber estado realmente de espaldas".

"La primera vez en la espalda, Missy", respondió, "la segunda vez en el lado, la tercera vez en las escaleras, la cuarta vez ...."

Todo el mundo duerme. La gente te está haciendo cosas mientras duermes, tú le estás haciendo cosas a la gente mientras duerme. Todos interfieren en el sueño de los demás. Cuando miras desde el punto de vista de un buda, el mundo parece simplemente un manicomio.

Una elefanta caminaba por la selva cuando de repente oyó una voz detrás de ella. Se dio la vuelta y vio a un ratoncito sentado en el suelo. El ratón le preguntó si podía darle un paseo en su lomo y ella le dijo: "¡Claro, sólo tienes que subir gateando!".

Algún tiempo después, el elefante oyó de pronto reír al ratón. Giró la cabeza y preguntó: "Eh, ¿qué pasa? ¿Por qué te ríes?".

Pero el ratón respondió: "Oh, no importa. Sigue andando".

Así que siguió trotando, pero al cabo de un rato el ratón empezó a reírse de nuevo. Saltó sobre su espalda, ahogándose de risa.

Esta vez el elefante estaba realmente cabreado y le dijo: "¡Escucha, si no me dices por qué te ríes te voy a tirar de mi lomo!".

Así que el ratón finalmente dijo: "¡Ja, ja, ja! Te he violado dos veces y ni siquiera te has dado cuenta".

Pero así es con todo el mundo. Sigues haciendo grandes cosas mientras duermes, pensando que el mundo entero lo está notando, que el universo entero está tomando gran nota de ello, que serás recordado durante siglos, que tendrás un lugar en la historia, que tu nombre será escrito en letras de oro.

En el sueño uno vive en el ego. Al despertar, de repente ves que el ego desaparece. Igual que sale el sol y desaparece la niebla de la madrugada, el ego desaparece cuando te despiertas.

Una mente búdica es una mente que ha despertado.

TRABAJA FÁCIL Y LIBREMENTE, SIN SER NUNCA PERTURBADO POR OTROS; POR LO TANTO, SE LLAMA EL CAMINO VERDADERO.

En el momento en que despiertas, en el momento en que no tienes ego, se eliminan todas las piedras del camino.

La más grande es el ego, y luego hay muchas rocas pequeñas: rocas de codicia y lujuria e ira y celos y posesividad. Todas estas rocas obstaculizan tu flujo natural, tu espontaneidad.

Una vez que estas rocas se han ido, tu río de conciencia comienza a fluir fácilmente, libremente, y entonces nunca eres perturbado por otros.

Es imposible molestar a un buda. Puedes matarlo, pero no puedes perturbarlo. Puedes destruirlo, pero no puedes perturbarlo; eso es imposible.

... SE LLAMA EL CAMINO VERDADERO.

Por eso Bodhidharma dice: SE LO LLAMA EL CAMINO VERDADERO - porque te lleva al estado absoluto, imperturbable, a la calma absoluta, la quietud, la quietud.

NO HA NACIDO Y, POR LO TANTO, NO VA A PERECER, POR LO QUE SE LLAMA NIRVANA.

La mente búdica nunca nace y nunca va a morir. Siempre ha estado ahí, sólo que no eres consciente de ella. Tienes que girarte y mirarla. Estás mirando fuera, continuamente estás mirando fuera, y todo el tiempo está esperando detrás de ti. Sólo un pequeño giro -un giro de ciento ochenta grados, por supuesto-, sólo un pequeño giro, y de repente te enfrentas al Buda.

No puedes encontrar a Buda en Bodh Gaya, no puedes encontrarlo en los grandes templos erigidos en su nombre. Hay templos, los más grandes templos, erigidos en nombre de Buda, pero no encontrarás a Buda allí. Buda está dentro de ti y siempre ha estado ahí. Es tu eternidad, nunca ha nacido, por lo tanto nunca puede morir. Puedes llamarlo nirvana. Aquí, por nirvana Bodhidharma entiende aquello que es eterno.

El ego nace y muere. Puedes armar el ego, puedes desmantelarlo en cualquier momento. No puedes armar tu naturaleza ni desmantelarla; simplemente está ahí.

La segunda pregunta: ¿QUÉ ES TATHAGATA?

Uno de los nombres de Buda es Tathagata. Hemos dado muchos nombres a Buda, sólo para significar diferentes cualidades de la budeidad. Uno de los más utilizados es Tathagata; el propio Buda lo utilizó. Rara vez utilizaba la palabra yo, sino Tathagata. Decía: "Tathagata estaba morando en cierto jardín, y entonces sucedió esto". "Tathagata estaba en camino, avanzando hacia cierta ciudad, y entonces sucedió esto". Utilizaba "Tathagata" más a menudo que la palabra "yo".

La pregunta es: ¿QUÉ ES EL TATHAGATA?

Literalmente significa "el que viene como el viento y se va como el viento", "así viene, así se va". Ese es el significado literal de la palabra Tathagata: una brisa que llega de repente. No estaba allí un momento antes y entonces está allí, y al momento siguiente se ha ido. Y no deja rastro.

No puedes ver la brisa, sólo puedes sentirla. No puedes ver al buda, sólo puedes sentirlo.

De ahí que los que vengan a ver al buda se irán con las manos vacías, porque lo que verán no es el buda.

Ver mi cuerpo no es ver al buda. El cuerpo es sólo una casa donde mora el buda.

Ver la casa no es ver a quien la habita. No puedes ver al que habita en la casa, sólo puedes sentirlo. Por eso, los que vienen con una mente pensante se pierden. Los que vienen con un corazón sensible se conmueven, se conmueven, se transforman.

Es como el viento: no se ve, pero se siente. Puedes sentir su tacto, su frescor. Es tan refrescante, tan rejuvenecedor, ¡te da tanta vida!

Estar en un campo búdico es estar en el campo donde el viento sopla constantemente. Sólo los discípulos pueden verlo. Por "ver" quiero decir que sólo los discípulos pueden sentirlo. Así es como hay que verlo. Y sólo los devotos pueden inhalarlo y exhalarlo. El discípulo lo siente tocando su cuerpo, jugando con su pelo, moviendo su ropa. Lo siente, deduce que está ahí. Pero el devoto lo respira; circula en su ser, se convierte en parte de su ser.

El estudiante viene a ver, el discípulo a sentir, el devoto a ser.

Bodhidharma dice:

EL QUE SABE QUE NO VIENE DE NINGUNA PARTE Y NO VA A NINGUNA PARTE.

¿De dónde viene el viento y adónde va? No tiene destino... no tiene motivo. No va a ninguna parte ni viene de ninguna parte; siempre ha estado aquí.

Swami Ramateertha solía contar una parábola:

Había un gran ateo. En su salón había escrito en letras grandes: Dios no está en ninguna parte.

Su hijo pequeño jugaba un día mientras él leía el periódico. El hijo pequeño estaba intentando aprender a leer, así que intentó leer la frase de la pared: Dios no está en ninguna parte. Pero "en ninguna parte" era una palabra grande, así que la partió en dos. Leyó: "Dios está ahora aquí".

El padre se quedó estupefacto: nunca había leído la frase de ese modo. Todo cambió:

"Dios no está en ninguna parte", y el niño leía: "Dios está ahora aquí". Hay una gran diferencia entre "en ninguna parte" y "ahora aquí". Por primera vez leyó aquella frase con la visión de un niño, con la inocencia de un niño.

Se dice que desde ese día no pudo leer la vieja frase de la vieja manera: "Dios no está en ninguna parte".

Cada vez que miraba tenía que leer: "Dios está ahora aquí". Se convirtió en algo fijo: el impacto del niño era tal.

Un buda siempre está aquí. Siempre ha estado aquí. No vienes de ninguna parte ni vas a ninguna otra. Todo este universo te contiene; somos parte de él.

Bodhidharma dice:

El Tathagata ES UNO QUE SABE QUE VIENE DE NADIE Y VA A NADIE.

Lee "en ninguna parte" como "ahora aquí". El Tathagata es aquel que está ahora aquí y sabe que siempre está ahora aquí. No ha venido y no se va.

Ramana Maharshi se estaba muriendo y un discípulo le preguntó: "Bhagwan, ¿adónde irás?".

Abrió los ojos y se echó a reír. No era el momento de reír. Se estaba muriendo, su muerte era absolutamente segura - se estaba muriendo de cáncer - había un gran dolor. Aun así, se rió y dijo: "¡Idiota! Llevo toda la vida diciéndote que no hay adónde ir, que siempre estamos aquí. Entonces, ¿adónde puedo ir? Aquí estaré. El cuerpo se irá, polvo al polvo, pero ¿adónde puedo ir? Seré parte de este universo como soy parte de él ahora. Ahora bien, el cuerpo te da la idea de que estoy separado; ésa es tu idea, no la mía. Para mí, mi cuerpo no me separa de la existencia, sino que me une".

¿Ves la diferencia entre el ignorante y el sabio? El mismo cuerpo para el ignorante es un muro que te separa de la existencia. El mismo cuerpo para el sabio, para el iluminado, es un puente; te une con la existencia.

Observa tu cuerpo y serás consciente de ello. Tu cuerpo está continuamente inspirando y espirando aire, no sólo por la nariz, sino por todos los poros del cuerpo.

Los científicos dicen que si todos los poros de tu cuerpo están cerrados, si tu cuerpo está muy pintado y todos los poros están cerrados y llenos de pintura pero te dejan la nariz para respirar, morirás igualmente en tres horas, porque sólo la nariz no es suficiente. Cada parte de tu cuerpo necesita su propia respiración.

Estás continuamente en comunicación con la existencia. Si mañana no sale el sol, todos estaremos muertos. No podremos vivir en absoluto, ni siquiera unos minutos, porque sin el sol todo el calor desaparecerá. Y sin calor, la vida es imposible. Nos volveremos tan fríos, tan helados, que la muerte será inevitable. Estamos continuamente en intercambio con la existencia. No estamos separados, somos uno.

Y si esto es así con respecto al cuerpo, ¿qué pasa con la conciencia interior? Esa conciencia interior no está dividida en absoluto. Tu patio está rodeado por un muro, pero tu patio sigue perteneciendo al cielo, forma parte del cielo.

Así, AQUEL QUE SABE QUE VIENE DE NADIE Y VA A NADIE, es Tathagata. Él es siempre como la brisa fresca que sopla. Aquellos que puedan entender esto, serán refrescados por la brisa. Bailarán bajo la brisa del Buda, bajo su luz solar. Reirán con el Buda, bailarán con el Buda.

PREGUNTA - la tercera pregunta: ¿QUÉ ES BUDA?

Buda es conciencia, simple conciencia. Es despertar, es despertarse. Buda no tiene nada que ver con Gautam Siddhartha; es sólo uno de los budas. Muchos más le han precedido, muchos más le han sucedido. Y un día u otro tú también te convertirás en un buda. Puedes llegar a serlo ahora mismo, porque lo eres. Sólo es cuestión de reconocer tu realidad, de recordar.

Bodhidharma dice:

EL QUE REALIZA LA VERDAD, Y NO RETIENE NADA QUE DEBA SER REALIZADO.

Esta es una de las declaraciones más hermosas que jamás se hayan hecho. ¡Qué respuesta! ¡Qué gran perspicacia! No hay nada que lograr, porque ya eres el buda. Los logros son siempre de algo que no eres. No puedes alcanzar la budeidad, sólo puedes despertarte y descubrir que ya eres un buda. Y entonces, por supuesto, te reirás. Te reirás porque has estado intentando ser algo que siempre has sido.

En el Zen hay un dicho:

CUANDO EL GRAN VIENTRE TRUENA CON FUERTES RUGIDOS DE RISA, MILES DE LOTOS BLANCOS LLUEVEN POR LOS MUNDOS.

Y cuando sucede, CUANDO LA GRAN BARRIGA TRUFA CON SONOROS GRUÑIDOS DE RISA...

cada vez que una persona se despierta, cada vez que ve la estupidez en la que ha vivido durante siglos:

Primero, tratando de encontrar cosas que ya tenía dentro de sí; segundo, tratando de renunciar a cosas para conseguir algo que no tiene nada que ver con esas cosas. Primero, tratar de conseguir dinero, poder, prestigio.... Cuando uno ya es un buda, ¿qué más riqueza puede tener, y qué más poder, y qué más gloria?

Primero, uno intentaba conseguir estas cosas. Fracasando en conseguirlas o teniendo éxito en conseguirlas, uno llega a conocer la futilidad de todo ello. El fracaso trae frustración y el éxito trae frustración.

Nada fracasa como el éxito, recuérdalo. Y entonces uno empieza a renunciar a estas cosas, como si renunciar a estas cosas fuera una condición para alcanzar aquello que ya eres. Eso no es una condición en absoluto. No hay necesidad de perseguir sombras y no hay necesidad de escapar de las sombras.

Las sombras son sombras; sólo hay que reconocerlo.

Por eso les digo a mis sannyasins: No escapes del mundo. El mundo es sólo una sombra. Déjalo estar ahí, no puede perturbarte. Sólo sé consciente de quién eres, y eso es suficiente.

EL QUE SE DA CUENTA DE LA VERDAD....

Ya ves lo paradójico de la afirmación:

EL QUE REALIZA LA VERDAD, Y NO RETIENE NADA QUE DEBA SER REALIZADO.

La verdad última sólo puede decirse siempre de forma paradójica; la paradoja es la única forma de expresarla: aquel que se da cuenta de que no hay nada que realizar, es un buda.

Una vez Buda preguntó a Subhuti, uno de sus discípulos más significativos: "Subhuti, cuando en los días antiguos Tathagata estaba con otro buda, Buda Dipankara, ¿logró algo? ¿Cuál fue su logro entonces?"

Subhuti dijo: "No, Honrado del Mundo, él no alcanzó nada. No consiguió nada. Cuando Tathagata estaba con otro buda, Buda Dipankara, no había logrado, alcanzado, realizado, nada en absoluto."

Buda se rió y dijo: "Subhuti, has comprendido muy bien la verdad, porque no hay nada que lograr, nada que alcanzar".

Entonces Buda preguntó a Subhuti: "¿Qué has conseguido viviendo conmigo?".

Y Subhuti dijo: "Honrado sea el mundo, nada. No he logrado nada viviendo contigo. Por eso me inclino ante ti, toco tus pies, porque me has hecho consciente de que no hay nada que lograr, no hay nada que alcanzar. Todo lo que es ya ES. Es como debe ser".

No se puede desear la Budeidad; no se puede ambicionarla. Si uno es ambicioso, ésa es la barrera.

Hay que relajarse, estar quieto y ver que el universo ya te ha proporcionado todo lo que necesitas. Incluso el buda supremo ya está incorporado.

La cuarta pregunta: ¿QUÉ ES EL DHARMA?

¡Simples preguntas de discípulos inocentes!

Bodhidharma dice:

NUNCA SE PRODUJO, Y NUNCA SE REDUCIRÁ; POR LO TANTO, SE LLAMA DHARMA, LA NORMA DEL UNIVERSO.

DHARMA significa simplemente la ley última que mantiene el universo unido, que mantiene el universo en armonía, en concordancia, la norma que hace del universo un cosmos y no un caos.

La definición de dharma es totalmente diferente de la definición de religión. Normalmente religión se traduce como dharma, dharma se traduce como religión. El cristianismo es una religión, el hinduismo es una religión, pero lo que Buda entiende por dharma no es una religión. No es definible, contenible en un credo. No es un dogma, es una verdad muy científica.

Es como la gravitación. No puedes hacer una religión de la gravitación. Nadie adora la gravitación, nadie hace templos para la gravitación, aunque la gravitación haya hecho tanto por ti. Si no hubiera gravitación ninguno de nosotros estaría aquí, simplemente volaríamos. Es la gravitación la que te mantiene atado a la tierra, de lo contrario estarías perdido. Incluso las montañas, incluso los árboles, se desarraigarían sin nada que los sujetara a la tierra. La Tierra misma caería en fragmentos y todo el universo sería simplemente un caos: no habría orden de ningún tipo. Y la vida no es posible sin orden. Y la conciencia es imposible a menos que exista algo parecido a una ley última que lo mantenga todo unido.

Dharma significa simplemente la ley. No puedes adorarla, sólo puedes comprenderla. Puedes vivirla, pero no puedes adorarla. Ésa es la gran contribución de Buda al mundo: la religión, según él, es la ley. Tienes que vivirla. Tienes que vivir según la ley, según la norma del universo. Siempre que vayas en contra de ella, estarás en la miseria, y siempre que estés en sintonía con ella, estarás en la dicha.

Su definición de dicha y miseria es muy sencilla. Estar en sintonía con la ley última es dicha; esa misma armonía es dicha. Y estar en desarmonía, desviarse de la ley, es miseria. El infierno es cuando huyes de la ley universal y el cielo es cuando corres hacia ella. Y cuando te has convertido en uno con ella, es el nirvana; es la cumbre última de la dicha, de la verdad, de la conciencia:

satchitanand.

Hay que estar muy muy atento para ser consciente de la ley última. ¿Ves la meditación de los árboles que te rodean? ¡Qué quietud! Igual que tú me escuchas, ellos me escuchan a mí, sin que se mueva ni una hoja. Los pájaros cantan. El universo entero está quieto y, sin embargo, es una canción...

silenciosa, pero musical. Una tremenda armonía lo impregna todo. Desde la hoja de hierba hasta la estrella más grande es la misma ley.

Pero tienes que ser un poco más consciente. Y entonces la propia tierra sobre la que te mueves se convierte en sagrada.

Entonces los árboles son dioses. Los pájaros son budas. Entonces cada persona que conoces es un buda en potencia.

¿Cómo puedes hacer daño a alguien? ¿Cómo puedes ser destructivo con alguien, irrespetuoso con alguien?

¡Imposible! Entonces no es etiqueta; entonces es comprensión simple y natural.

Pero la gente es tan inconsciente que le resulta difícil ver lo más grande que le rodea por dentro y por fuera.

El dueño de una gran tienda de muebles fue a Nueva York a comprar unas existencias y conoció a una chica muy guapa en el ascensor del hotel. Pero ella era francesa y no se entendían ni una palabra.

Así que sacó un lápiz y un cuaderno y dibujó un boceto de un taxi. Ella asintió con la cabeza y se rió, y se fueron a dar una vuelta por el parque.

Luego hizo un dibujo de una mesa en un restaurante con un signo de interrogación y ella asintió, así que se fueron a cenar.

Después de cenar, dibujó a dos bailarinas y ella quedó encantada. Fueron a un club nocturno, bailaron y pasaron una velada encantadora.

Al final, pidió el lápiz y dibujó una cama con dosel.

Estaba estupefacto. Nunca ha sido capaz de entender cómo ella sabía que él estaba en el negocio de los muebles.

Uno tiene que ser consciente, ¡de lo contrario puede perderse lo obvio! Y el dharma es lo obvio, Dios es lo obvio. No es algo complicado, complejo. No está lejos, está muy cerca. Es el dharma lo que late en tu corazón, es el dharma lo que late en tu sangre. Es el dharma el que respira, es el dharma el que vive en ti. Es el dharma del que estás hecho, la materia misma de la que estás hecho. Y, sin embargo, no eres consciente de ello.

La última pregunta: ¿QUÉ ES LA SANGHA?

SANGHA significa comuna.

Bodhidharma dice:

SE LLAMA ASÍ POR LA BELLEZA DE SU ARMONÍA.

Una sangha, una comuna, es la hermandad de aquellos discípulos y devotos que se han reunido en torno a un buda. Es la hermandad de las abejas que han acudido al florecimiento del buda.

Han olido el perfume desde lejos. Algo misterioso ha tirado de ellos hacia el centro. Dondequiera que esté el buda, es el centro del mundo en ese momento.

El centro del mundo sigue cambiando, porque dondequiera que esté el buda, allí está el centro del mundo. En ese momento, ese lugar funciona como el centro de toda la existencia. Y cualquiera que sea un poco consciente, sólo un poco consciente, se sentirá atraído, encantado, magnetizado, hipnotizado. Y pronto la gente empieza a reunirse alrededor de un buda.

Alrededor de un buda se reúnen muchos círculos. El primer círculo es el de los devotos, el segundo el de los discípulos, el tercero el de los estudiantes y el cuarto el de los espectadores curiosos.

Justo en el centro hay un hombre que ha llegado a saber quién es. No es un sacerdote, no es un predicador.

No es un psicoanalista, un terapeuta. Es simplemente aquel que ha despertado, cuyos problemas han desaparecido, que tiene la perspicacia de ver a través de ti y a través de ti. Basta con estar con él para transformarse. Basta con estar con él para estar cargado, magnetizado.

Esta hermandad se llama sangha, una comuna - una comuna porque la comunión está sucediendo.

Un buda irradia rayos de conciencia a su alrededor, crea vibraciones de un plano totalmente distinto.

Los que se ven afectados por esas vibraciones, los que se interesan por los rayos que les llegan y quieren buscar y buscar la fuente de esos rayos, ellos forman la sangha.

Siempre que hay un buda, surge automáticamente una sangha; no se puede evitar. No debe evitarse, no es necesario evitarla, porque es la única forma en que un buda puede compartir su ser con los demás, su comprensión con los demás.

No resuelve sus problemas particulares; simplemente resuelve la raíz misma de sus problemas. No es un experto. Si le planteas un problema concreto, no se interesa por él. Lo que le interesa es: ¿Por qué surgen los problemas en tu vida? ¿Por qué resolver un problema? - porque resolviendo uno, no se resuelve nada; habrá muchos más. Y si intentas resolver los problemas uno por uno, te llevará millones de vidas. E incluso entonces no hay esperanza, porque en el momento en que resuelves un problema, surgen otros. Cuando resuelves otros, el primer problema que creías haber resuelto ha vuelto a surgir en una nueva forma.

Un buda es alguien que no tiene problemas, que vive una vida no problemática, que vive inocentemente como un niño. Su inocencia es contagiosa. Permite que la gente se acerque a él, que se contagie. Derrama su ser en aquellos que están disponibles y preparados para recibirle. Estar con él es más de lo que se necesita. Estar con un buda es un cambio tan radical, pero es algo invisible. El mundo permanece absolutamente ajeno a ello.

Sólo unas pocas personas, sensibles, despiertas, inteligentes, toman conciencia de la existencia de un buda. Y en el momento en que toman conciencia, lo arriesgan todo. Dan el paso, porque entonces no hay nada que pueda retenerles.

Bodhidharma dice:

SE LLAMA ASÍ POR LA BELLEZA DE SU ARMONÍA.

Y alrededor de un buda encontrarás la hermandad en absoluta armonía. No se impone ninguna disciplina, y sin embargo hay disciplina, gran disciplina. No se impone ningún orden, y sin embargo hay orden, inmenso orden. La sola presencia de un buda es suficiente. Crea amor en los discípulos, en los devotos. Crea oración, gratitud.

Si no se dispone de un buda, es muy difícil alcanzar ese estado en el que puedes ver que no hay nada que alcanzar. Si un buda está disponible, es muy fácil: puedes cabalgar sobre el viento. Si un buda está disponible, puedes convertirte en parte de su ser.

Y él ya está en la otra orilla. Él sólo existe en el cuerpo contigo en esta orilla; su conciencia está en la otra orilla. Si te acercas más y más y te vuelves realmente íntimo, entregado, poco a poco tu conciencia también empieza a alcanzar la otra orilla.

Y esa es la perfección de un sannyasin: vivir en la orilla, pero no ser de esta orilla.

Suficiente por hoy.

Porque te quiero

L a primera pregunta:
AMADO MAESTRO,

Pregunta 1:

A VECES QUIERO GRITAR: "¡PARA, MAESTRO! ¡NO TAN RÁPIDO! ¡NO ESTOY A LA ALTURA!"

NO LLEVO AQUÍ NI DIEZ DÍAS ANTES DE TENER QUE ENFRENTARME A MIS APEGOS, MI POSESIVIDAD, MIS CELOS, MI MIEDO A MORIR Y LA DESCONFIANZA, ADEMÁS DE LA DIARREA. JUSTO EN EL MOMENTO EN QUE TEMO QUE ME HAYAS PEDIDO DEMASIADO, TODO PASA; LO QUE TEMÍA QUE FUERA DEMASIADO DIFÍCIL DE AFRONTAR SE DESVANECE Y NO ESTOY ALLÍ - LA ALEGRÍA Y LA GRATITUD SE APODERAN DE MÍ. TODO LO QUE ESTÁ SUCEDIENDO ES UN REGALO - EL REGALO QUE NECESITABA PARA CRECER. LLEGA LA SENSACIÓN DE QUE TODO ES POSIBLE.

GRACIAS, AMADA.

Amitabh, es un viaje arduo, el viaje al núcleo último de tu ser. Es una tarea cuesta arriba, es avanzar hacia la cima. Y cuando te diriges hacia la cima, tienes que despojarte de muchas cosas, tienes que ser cada vez más liviano. No puedes seguir llevando basura contigo.

Poco a poco, los apegos, la posesividad, los celos, la codicia, el miedo, la ira, todo tiene que ser abandonado, porque a medida que avanzas hacia altitudes más elevadas las cosas empiezan a hacerse más y más pesadas. A medida que avanzas hacia capas más puras del ser, muchas cosas de las que nunca habías sido consciente se vuelven tan claras, y te sientes tan estúpido por cargar con ellas, que las has cargado durante vidas juntas.

Es difícil abandonarlos, porque uno se acostumbra a sus hábitos. Esos hábitos pueden estar creando miseria, pero aún así es difícil abandonarlos porque se han vuelto tan familiares; se han convertido en parte de tu estilo de vida. Te identificas con ellos; sin ellos serías otra persona. Y uno tiene miedo, miedo de ser otra persona. Uno siempre tiene miedo de ir hacia lo desconocido. El miedo a la muerte no es más que el miedo a lo desconocido.

¿Cómo puedes tener miedo de la muerte, Amitabh? Aún no te has encontrado con ella. Usted no ha visto su cara - si es feo o hermoso. No puedes decir nada - si va a ser una maldición o una bendición. No tienes ni idea, ¿cómo puedes tener miedo a la muerte?

No, nadie tiene miedo a la muerte. En realidad, la gente tiene miedo de perder su apego a la vida, a su estilo de vida. Una cosa es cierta: que la muerte te cambiará totalmente, que la muerte te llevará a una dimensión de la que eres absolutamente inconsciente. Una cosa es cierta: que la muerte no te dejará intacto tal como eres. Te quitará el cuerpo, te quitará la mente, te quitará todo lo que creías que eras. Sólo dejará en ti la conciencia más pura. De ahí el miedo a la muerte y de ahí el miedo a profundizar en la meditación: son lo mismo.

La meditación hace el mismo trabajo que la muerte. La meditación es una muerte voluntaria: empiezas a morir, a desaparecer, a evaporarte por voluntad propia. Y estar cerca de mí no tiene otro propósito. Estar cerca de mí es estar cerca de tu muerte.

Los antiguos sutras orientales dicen que el maestro no es más que la muerte, y el discípulo es aquel que está dispuesto a morir. Pero la muerte es un requisito previo para renacer. Jesús no puede resucitar si no es crucificado.

Una vez, un misionero cristiano me preguntaba: "¿Cómo se explica que Dios permitiera que crucificaran a Jesús?".

Los cristianos no saben cómo explicarlo. Por un lado, dicen que Jesús es el hijo unigénito de Dios... y que el padre debió ser absolutamente cruel para permitir que Jesús fuera crucificado.

Todo el mundo esperaba que aquel día se produjera un milagro; incluso los enemigos pensaban que algo iba a suceder. Miles de personas se reunieron para ver el milagro. Habían visto a Jesús, habían conocido a Jesús, le habían mirado a los ojos, habían sentido su vibración. Era un hombre excepcional:

tenía algo de sobrenatural. Tenía algo de lo que no se dispone normalmente:

una profundidad, una altura. Tenía raíces que se adentraban en la tierra y alas para volar hasta lo último. La gente había sentido todo esto: la gracia, la belleza, la grandeza de su ser. Habían sentido la paz, el silencio, que le rodeaban. Habían sentido el amor nutritivo que fluía continuamente de su ser hacia los demás. Algo tenía que pasar: Dios no podía abandonar a Jesús, Dios tenía que hacer algo.

Estaban esperando el último momento.

Parece que hasta el propio Jesús esperaba que pasara algo, porque en los últimos momentos dijo: "¿Por qué me has abandonado? ¿Qué he hecho?" Eso demuestra que en el fondo, en algún lugar, él también esperaba que pasara algo, que tal vez en el último momento se salvaría.

Pero parece que no ha pasado nada. Dios parece absolutamente frío, indiferente, despreocupado. Por supuesto, los teólogos cristianos, los sacerdotes, se han preocupado por ello. No pueden responder por qué Dios no hizo nada ese día.

Este misionero me preguntaba. Le dije: "Usted no entiende todo el fenómeno. Si Dios hubiera hecho algún milagro y Jesús se hubiera salvado, toda la historia habría sido muy ordinaria. Dios no hizo nada; permitió que Jesús muriera. De hecho, ayudó de todas las maneras posibles a que muriera, porque ésa es la única forma de resucitar."

El verdadero milagro es la resurrección: no salvarte, sino ayudarte a morir como eres para que puedas ser como debes ser. Dios permitió que Jesús muriera en la cruz. Y la historia es hermosa: al tercer día Jesús está de vuelta, resucitado, nuevo, joven, ya no es hijo del hombre sino hijo de Dios. Es tan nuevo, tan fresco, que ni siquiera sus propios discípulos le reconocen.

Se encuentra con dos de sus discípulos que van hacia una aldea, huyendo de Jerusalén, porque ahora tienen miedo de que lo próximo sea que los discípulos sean capturados y los maten. El rumor es fuerte: han matado al maestro, ahora matarán a los discípulos. Todo queda destruido y no queda ni rastro de este hombre y de su obra. Así que escapaban.

Jesús se encuentra con ellos en el camino, creyendo que al menos sus propios discípulos le reconocerán. Pero no le reconocen: hablan con él como si fuera un extraño. Jesús se queda muy perplejo.

Luego entran en un pequeño restaurante para comer algo -están cansados- y Jesús parte el pan.

Entonces le reconocen de repente, porque ésa es la forma en que Jesús solía partir el pan; algo de lo antiguo, entonces sucede el reconocimiento. Entonces se despiertan de repente, como si hubieran salido del sueño o de una ensoñación, y dicen: "¿Eres tú? No te reconocimos por el camino". Y llevaban por lo menos tres horas caminando, hablando... ¡y habían estado hablando de la crucifixión de su maestro con el propio maestro! Jesús debió de reírse por dentro, de que estuvieran hablando del maestro pero no pudieran reconocerlo.

A las personas sólo se las reconoce por sus viejas costumbres. Cuando Jesús parte el pan, inmediatamente los discípulos le reconocen, porque "¡Así es Jesús! ¡Sólo él solía partir el pan de esa manera!". Como si de repente las nubes se dispersaran, la oscuridad desaparece, y ven que Jesús ha vuelto. La forma es tan nueva... ni rastro de la antigua.

Mi opinión es que Jesús debió partir el pan deliberadamente a la antigua usanza para darles una pista.

Dios permitió que Jesús muriera para que la resurrección fuera posible.

Amitabh, voy a ayudarte a morir. Esa es la función de un maestro: tiene que ser una muerte. Y, sí, morir es difícil, duro. Esa diarrea no es más que una cosa de la mente: tienes tanto miedo que el miedo está creando diarrea. Pero es bueno: limpiará el cuerpo. Tu cuerpo, tu mente, ambos necesitan una limpieza profunda.

Por eso siempre que no hay nubes "la alegría y la gratitud se precipitan". Siempre que estés listo para morir encontrarás alegría y gratitud entrando a toda prisa - siempre que aceptes. Si te resistes, entonces hay un problema. Si te resistes, entonces gritarás, tu propio ser gritará: "¡Para, Maestro! ¡No tan rápido!

No estoy a la altura". ¡Nadie está a la altura! ¿Quién quiere morir?

Y abandonar todos tus viejos patrones es una gran muerte, mayor que la muerte ordinaria, física, porque cuando mueres ordinariamente sólo cambias el cuerpo, cambias las vestiduras. Tus viejos hábitos, tus viejos patrones de pensamiento y sentimiento, continúan en una nueva vida, en un nuevo cuerpo. Sólo cambia la superficie, nada más.

La muerte ordinaria es realmente ordinaria; no es gran cosa. Sólo araña la superficie; te cambia la piel, eso es todo. Por lo demás, sigues siendo la misma persona: muerte tras muerte sigues siendo la misma persona.

Pero la muerte que se produce en una relación amorosa con un maestro es absoluta, irrevocable. Es un punto de no retorno. No puedes volver atrás, no puedes caer de nuevo en los viejos patrones; eso se vuelve imposible.

Tienes que seguir adelante. Y, por supuesto, la mente grita: "¡Para, Maestro!". Pero porque te amo, no puedo parar. Porque te amo, tengo que matarte.

"Cariño", exclamó el ardiente zagal, "déjame adorar tu hermoso rostro y te compraré un manguito de marta. Deja que te coja de la mano y te regalaré una bufanda de zorro rojo. Déjame besarte y te regalaré una capa de visón. Déjame...."

"¡Para!" gritó la chica. "¡Ya basta de pieles!"

Sí, Amitabh, muchas veces gritarás: "¡Ya está bien!". Pero no puedo parar. Soy totalmente impotente en ese sentido; no está en mis manos detenerme. Tengo que seguir adelante. Cuanto más grites, más rápido tengo que ir, para que pronto el trabajo esté hecho.

Tus gritos provienen de tu mente. Y tu pregunta es significativa, porque tu corazón está sintiendo una profunda alegría y gratitud. Tu mente está diciendo: "¡No, para!". Tu corazón está diciendo: "Todo lo que está sucediendo es un regalo, el regalo que necesitaba para crecer". Llega la sensación de que todo es posible. Gracias, Amado".

En tu pregunta se expresan dos capas diferentes, dos planos distintos de tu ser: la cabeza y el corazón. Una parte de ti, la parte superficial que tiene miedo a la muerte -el ego, la mente- está llorando, suplicando: "¡Para!". Es debido a este plano superficial de tu ser que has estado escapando una y otra vez de aquí. Por supuesto, la mente es muy astuta y trata de encontrar excusas.

Si no las hay, puede inventarlas; es muy capaz de gestionarlas. Puede crear enfermedades en el cuerpo para que no culpes a la mente. ¿Qué puede hacer?

A Amitabh le ha estado ocurriendo esto durante al menos tres años seguidos. Viene, viene con gran amor, y entonces la mente empieza a jugarle malas pasadas. Y la mente le ha estado haciendo una jugarreta muy sutil: cada vez que viene empieza a perder peso y, naturalmente, llega un momento en que tiene miedo de perder tanto peso que tiene que volver.

Esto es un truco de la mente. Si te das cuenta esta vez, la mente no podrá hacerlo. Y la excusa es tal que nadie puede culparte, no puedes culparte a ti mismo. Es natural: cuando el cuerpo empieza a perder peso tienes que irte.

No hay ninguna razón visible para que su cuerpo pierda peso, porque Amitabh sigue siendo vegetariano en América y aquí también lo es. Incluso la gente que no es vegetariana en Occidente y que viene aquí y se hace vegetariana no pierde peso. Así que un vegetariano que venga a la India no perderá peso; no hay ninguna razón. Los médicos no encuentran ninguna razón. Es algo mental, un truco de la mente, una estrategia sutil.

Y la mente tiene que ser muy sutil, porque el amor de Amitabh por mí es tremendo. Pero a medida que se acerca el momento de la muerte la mente se asusta. Y Amitabh no escuchará a la mente, por lo tanto la mente tiene que apoyarse en el cuerpo. Y el cuerpo siempre sigue a la mente. Si la mente quiere crear cierta enfermedad, el cuerpo simplemente tiene que someterse a la mente, rendirse a la mente.

Ahora se sabe que el noventa por ciento de las enfermedades son creadas por la mente, orientadas a la mente. Muchas enfermedades que ocurren aquí a mi alrededor son más o menos creadas por la mente. Quieres una razón válida para escapar, y cualquier cosa pequeña no servirá porque tu amor por mí es grande. Algo realmente peligroso tiene que ser creado: tu vida tiene que estar en riesgo, sólo entonces te irás.

En un plano tu mente dice: "No estoy a la altura. Para, ¡es suficiente! Ve despacio". Pero hay algunas cosas que sólo pueden hacerse de golpe, de un solo golpe. Cuanto más despacio vayas, más dolorosas serán. Es mejor cortar el nudo de un solo golpe de espada que ir muy despacio y hacer que todo el proceso sea innecesariamente doloroso.

Segundo: tú también eres consciente de otro plano. Tu corazón dice: "Esto es lo que necesitas: necesitas una muerte, porque sólo después de la muerte es posible la resurrección. Lo viejo tiene que cesar para que sea lo nuevo". La mente tiene que desaparecer para que el corazón tome posesión total de tu ser.

Por eso sientes gratitud, sientes alegría, sientes un gran agradecimiento. Y comprendes que es necesario para que crezcas que todas estas cosas -apegos, posesividad, celos, miedo a la muerte, desconfianza- tengan que ser abandonadas. Son feas. Te rodean, son parásitos, te chupan la sangre. No te permiten la libertad, no te permiten lo imposible.

Pero en esos raros y cristalinos momentos en los que el corazón funciona como un amo y no como un esclavo, lo sabes: "Llega la sensación de que todo es posible".

Sí, todo es posible, incluso lo imposible es posible... porque lo que intento realmente es ponerte en orden. Estás desordenado, todo está ahí pero al revés. Hay que poner las cosas al revés, hay que reorganizarlas. Tienes todo lo que puede crear la orquesta, pero cada uno intenta tocar su instrumento dentro de ti como si no formara parte de una orquesta sino que fuera un solista.

El flautista toca su flauta sin tener ni idea de lo que hacen los demás. El intérprete de sitar toca su sitar sin relación alguna con la flauta. El que toca la tabla ignora por completo la flauta y el sitar... y así sucesivamente. Hacen todo lo que pueden, pero sólo crean un caos, un ruido, que es destructivo. Hay que ponerlos a todos en sintonía, y entonces el mismo ruido se convertirá en una gran música.

Sí, Amitabh, todo es posible, porque llevas dentro a un buda. Amitabh es uno de los nombres de buda; significa luz infinita. En Oriente nos gusta dar muchos nombres a los que han llegado a casa. Cada nombre representa un aspecto determinado. Buda se llama Tathagata porque es como un viento que va y viene de ninguna parte a ninguna parte: movimiento eterno, sin principio ni fin. Buda también se llama Amitabh; amitabh significa luz infinita, luz pura, que no conoce fronteras.

Cuando desaparece la mente, desaparece toda oscuridad. Cuando la mente muere, sólo queda luz, una luz que no necesita combustible, una luz que no tiene causa. Llevas un buda dentro de ti como una semilla. Es difícil de creer, porque sólo conoces tu mente, y al pensar en un buda y en tu mente, la distancia parece insalvable. Y es insalvable. Si intentamos llegar al buda a través de la mente, la distancia es insalvable, pero si intentamos llegar al buda a través del corazón, no hay distancia en absoluto, no hay necesidad de ningún puente.

El otro día Bodhidharma decía que no existe el logro. ¿Cómo puedes alcanzar lo que ya has alcanzado? No es cuestión de llegar a ser; el llegar a ser no es necesario porque ya tienes el SER. Tu futuro no está en el futuro, ya está en el presente. Tu ahora lo contiene todo: tu pasado, tu futuro, todo lo que has sido y todo lo que serás y todo lo que puedes ser. Tu momento presente contiene infinidad en él.

Justo el otro día hablábamos de Buda preguntando a Subhuti: "Subhuti, ¿qué dices? Cuando vivía con otro buda en mi vida pasada, Buda Dipankara, ¿qué había alcanzado?".

Cualquiera que sólo tenga conocimientos responderá: "Has alcanzado la budeidad. Alcanzaste la verdad, el nirvana". Pero Subhuti dice: "Bhagwan, no alcanzaste nada cuando estabas con el Buda Dipankara, porque no hay nada que alcanzar. Simplemente te diste cuenta de tus tesoros interiores.

Eso no es un logro. Simplemente lo habías olvidado y lo has recordado. ¿Dónde está la cuestión del logro?"

Un olvido y un recuerdo, eso es todo. Toda la historia del hombre, de cada hombre: un olvido y un recuerdo.

Una chica paseaba por un camino rural y casi pisa una rana. Estaba a punto de continuar, cuando él empezó a hablar.

"No siempre he sido una rana", croó. "Una vez fui un hombre alto, moreno y apuesto, pero un genio malvado y mágico me transformó en esta criatura que ahora conoces. El hechizo sólo puede romperse si paso una noche bajo la almohada de una chica hermosa".

La niña, por supuesto, se mostró escéptica, pero los ojos suplicantes de la infeliz rana hicieron que aquella noche se la llevara a casa y la pusiera bajo su almohada.

A la mañana siguiente, cuando se despertó, encontró a su lado a un hombre alto, moreno y guapísimo.

Hasta el día de hoy, su madre no se cree esa historia.

Amitabh, las ranas pueden convertirse en príncipes porque los príncipes se han convertido en ranas. Podéis convertiros en budas porque sois budas convertidos en ranas. Tal vez ranas naranjas... pero la budeidad ya es el caso. No es algo que vaya a suceder en el futuro, ya es el caso.

Sólo tienes que mirar dentro. Pero tus apegos te mantienen ocupado fuera. Tus celos, tu posesividad, no te dan tiempo para mirar dentro, espacio para mirar dentro.

De forma sutil y quirúrgica tengo que ayudarte a salir de tus ilusiones, apegos, celos, posesividad. Una vez que estás fuera de estas ilusiones eres un buda, como todos los demás.

Sí, todo es posible, Amitabh, y yo estoy aquí para ayudarte a hacerlo posible. Lo imposible puede suceder, y estoy intentando crear el espacio adecuado para que suceda. Pero va a haber algunos momentos dolorosos. Tendrás que aceptar esos momentos dolorosos también, porque sólo están creando el contexto adecuado en el que la dicha puede descender en ti. Por eso, una y otra vez, sentirás la alegría y la gratitud.

Permíteme, coopera conmigo. Deja que te corte la cabeza. Entrega tu cabeza. Está sucediendo - poco a poco estás ganando valor. Y no está muy lejos. Pero todo depende de ti. No puedo forzarte a la budeidad, solo puedo ayudarte a descubrirla dentro de tu propio ser. Pero antes de que lo descubras, algunas cosas que son obstáculos tienen que ser abandonadas, y no serás un perdedor.

En el camino hacia la budeidad nadie ha perdido nunca nada. Y lo que perdemos no vale la pena conservarlo: lo que ganamos es tan infinito, es tan eterno, que uno nunca siente pena por lo que se ha perdido. Llevamos guijarros, guijarros de colores, pensando que son diamantes preciosos. No lo son. Primero hay que vaciar las manos y luego seguirán lloviendo diamantes. Siempre están lloviendo, sólo que tus manos no están vacías. Tus manos están tan llenas de piedras ordinarias que no hay espacio para los diamantes.

Sé un poco más vacío. Y esta vez no permitas que la mente te juegue malas pasadas.

La segunda pregunta:

AMADO MAESTRO,

Pregunta 2:

CREO EN LA DISCIPLINA, LA LEY Y EL ORDEN, Y POR ESO ESTOY DUDANDO EN DAR EL SALTO A SANNYAS. ¿QUÉ DEBO HACER?

Suresh, sannyas es la mayor disciplina que existe; es el mayor orden posible. Sannyas pertenece a la ley última, lo que Buda llama aes dhammo sanantano, la inagotable ley última.

Tú dices: "Creo en la disciplina, la ley y el orden...."

Si realmente entiendes lo que es la disciplina, lo que es el orden y la ley, entonces no es cuestión de dudar. Entonces sannyas es el único camino para ti; no habrá otro camino, ninguna alternativa. Pero no entiendes lo que es la disciplina. Crees, pero no entiendes. De hecho, si entiendes no hay necesidad de creer.

La creencia es un estado de no comprensión. La gente cree porque no sabe. No crees en el sol, no crees en los árboles, no crees que los árboles son verdes; simplemente lo sabes.

Pero crees que Dios existe, que el cielo y el infierno existen. Son creencias, porque no lo sabes.

La creencia es un sustituto del conocimiento; te engaña. Te mantiene en un estado de ignorancia porque te ayuda a fingir. Y si has estado fingiendo el tiempo suficiente, tu propia creencia te engaña tan profundamente que no sospechas, no dudas. Tu creencia empieza a convertirse en tu sabiduría, y la creencia nunca puede convertirse en tu sabiduría.

Recuerda una cosa: creer es un planteamiento equivocado. No creas en Dios. ¿Por qué creer en Dios cuando a Dios se le puede conocer? No creas en el amor cuando el amor se puede vivir. No creas en mí cuando puedes experimentar la verdad de mi presencia ante ti. Cuando puedes estar en comunión conmigo, ¿por qué creer en mí? Creer es una barrera, no un puente. Si crees en mí nunca me comprenderás.

Deja de creer, Suresh, y empieza a saber. Sannyas es un salto de la creencia a la comprensión. Eras un cristiano creyente o un hindú o un mahometano; sannyas es un salto desde tu cristianismo, hinduismo, mahometanismo. Sannyas es un salto de la creencia a la búsqueda real y auténtica de la verdad.

Creer significa simplemente que otros te lo han dicho y tú les has creído: quizá tus padres, tus profesores, sacerdotes, políticos, amigos, o simplemente el clima que te rodea, el condicionamiento social. Has nacido en una determinada sociedad, en una determinada estructura; te has imbuido de su espíritu sin saberlo.

Igual que respiras aire, respiras creencias. Pero no has experimentado nada. Y estas creencias pueden ser peligrosas, porque si eres un hombre sincero puedes empezar a imponer tus creencias en tu vida. Puedes empezar a crear un carácter, a cultivar un carácter.

Y eso es lo que debes estar haciendo, Suresh: debes estar tratando de vivir una vida muy disciplinada. Pero si un hombre es consciente, no necesita vivir una vida disciplinada. Sólo necesita vivir una vida consciente, y la disciplina le sigue como una sombra.

Una vida disciplinada es rígida, congelada, fría, muerta. Te limitas a hacer las cosas mecánicamente. A veces puede convenir a la situación, muchas más veces es absolutamente irrelevante. Entonces el hombre disciplinado, el llamado hombre disciplinado, siempre se queda atrás. La situación exige otra cosa, pero su disciplina reacciona a su manera, así que nunca está en profunda comunión con la realidad. Siempre está aislado, alienado.

Sucedió: Un místico sufí, Junnaid, iba a hacer una peregrinación, una peregrinación sagrada a la Kaaba. Dijo a sus discípulos: "Tardaremos un mes en llegar a la Kaaba, y ayunaremos para que cuando lleguemos a la Kaaba nuestros cuerpos estén absolutamente purificados."

Los discípulos estuvieron de acuerdo. El viaje comenzó. Al tercer día llegaron a un pueblo. Todo el pueblo había venido a recibirlos, porque Junnaid tenía allí un discípulo que era un hombre muy pobre. Como Junnaid venía por primera y quizá última vez a su pueblo e iba a ser su invitado, vendió su campo, su casa, todo, para dar un banquete a todo el pueblo. No sabía en absoluto que Junnaid estaba ayunando y que le seguían cientos de discípulos.

Junnaid vio la alegría del discípulo. Estaba extasiado, aunque lo había apostado todo sólo para dar un banquete a todo el pueblo en bienvenida a su maestro. Junnaid no dijo nada, ni siquiera mencionó que estaba ayunando. Cuando Junnaid no dijo nada, los discípulos también guardaron silencio, pero hervían por dentro.

Comenzó el banquete. Junnaid comió bien y dio las gracias al discípulo y lo bendijo. Los otros discípulos también tuvieron que comer ya que Junnaid estaba comiendo. No podían decir: "Estamos en ayunas", cuando el propio maestro se había olvidado del ayuno. Además, la comida estaba deliciosa, ¡y ellos también habían pasado hambre durante tres días! Pero en el fondo también estaban enfadados: "¿Qué clase de disciplina es ésta?"

Cuando partieron, lo primero que hicieron en el camino fue preguntarle al maestro: "Esto no lo podemos entender. ¿Te has olvidado del ayuno? Ni siquiera lo has mencionado".

Dijo: "No, yo nunca olvido nada, pero su alegría era tal y su éxtasis era tal... y le habría dolido tanto el corazón si yo hubiera dicho: 'No voy a comer'. Había preparado la comida con tanto amor. No hay problema -dijo Junaid-, podemos mantener el ayuno tres días más. Olvídate de esos tres días. Empezaremos a ayunar hoy y lo haremos durante un mes. No hay ningún problema. ¿Por qué perjudicar al pobre por algo tan simple? Podemos mantener el ayuno tres días más".

Pero los discípulos dijeron: "Pero es una cuestión de disciplina: ya que habíamos hecho el voto, deberíamos haberlo cumplido."

Junaid dijo: "Vivid conscientemente, no viváis según una disciplina muerta. Estabais irritados, lo vi en vuestras caras. Estabais enfadados conmigo -yo os observaba- porque os limitabais a seguir una regla muerta: 'Hemos hecho un voto, así que hay que cumplirlo'. Nosotros somos los amos. Nosotros hacemos el voto, nosotros podemos romperlo. Y la situación era tal que lo que hicimos fue lo correcto. Nuestro ayuno es ordinario; su amor era algo realmente sagrado. Comer o no comer no importa mucho, pero su alegría te la perdiste, su éxtasis no pudiste compartirlo. Se ha perdido una gran oportunidad.

"Si vuelve a ocurrir", dijo el maestro, "porque podemos cruzarnos con otros discípulos en otras ciudades, no te preocupes. Yo actúo en el momento. Veo la situación y actúo: ésa es mi disciplina.

No actúo según el pasado".

Y las personas que actúan de acuerdo con el pasado no están necesariamente en orden, en disciplina, de acuerdo, porque las personas que tienen una mente respetuosa con la ley pueden ser muy astutas y siempre pueden encontrar formas de saltarse las leyes. Pueden encontrar resquicios para librarse de obedecer la ley; no hay mucho problema en ello.

En las escrituras budistas hay diez mil reglas principales y treinta y tres mil reglas secundarias para el discípulo. Ahora bien, incluso recordarlas es imposible: ¡cuarenta y tres mil reglas en total! ¿Cómo vas a recordar esas reglas? ¿Y por qué fueron creadas? No fue Buda quien las creó, sino la tradición, los sacerdotes que le siguieron. E incluso cuarenta y tres mil reglas no son suficientes, porque la gente sigue haciendo cosas. Siempre pueden encontrar la manera de hacer lo que realmente quieren hacer: Donde hay voluntad hay un camino. Ninguna ley puede impedírselo. Y cada ley puede interpretarse de tal manera que es muy fácil escabullirse de cualquier cosa.

Durante una inspección, un teniente descubrió que la bolsa de la ropa sucia de un joven soldado estaba llena de libros.

Como era muy estricto en cuanto a que cada cosa estuviera en su sitio, reprendió al culpable en términos inequívocos. Cuando estaba a punto de quedarse sin aliento, preguntó: "¿Cómo puede justificar que haya llenado su lavandería de libros?".

En voz baja, el muchacho respondió: "Con el debido respeto, señor, son libros sucios".

Es muy fácil jugar con las palabras. Es muy fácil salirse de cualquier disciplina que te hayas impuesto. Y siempre se permiten excepciones.

Un discípulo se iba de peregrinación. Preguntó a Buda: "Estaré lejos de ti durante muchos meses.

Lo único que me da miedo es la existencia de las mujeres. Aquí contigo puedo mantenerme disciplinado, pero solo tengo miedo, miedo de mí mismo. Si veo a una mujer, ¿qué se supone que debo hacer?".

Buda dijo: "Mira al suelo a un metro de distancia, no mires a la mujer. Eso será suficiente para evitar a la mujer. Basta con que mires al suelo un metro delante de ti para caminar. Y no verás la cara ni la belleza ni si es un hombre o una mujer".

El discípulo dijo: "Así es, pero a veces puede darse una situación en la que no me dé cuenta de que viene una mujer y antes de mirar hacia abajo ya la haya visto. ¿Qué hacer entonces? Entonces ni siquiera mirar al suelo servirá de nada. Y la posibilidad está ahí....". Así que preguntó: "¿Entonces qué hacer?".

Buda sonrió y dijo: "Entonces no hables con ella. Sigue adelante y no mires atrás".

Pero el discípulo preguntó: "Pero puede darse la situación de que la mujer empiece a hablar. Entonces, sólo por etiqueta... y un bhikkhu, un discípulo de Buda, tiene que ser elegante y culto. Si una mujer pregunta algo, ¿no debo escucharla? ¿No debo responderle?"

Buda dijo: "Vale, puedes hablar, pero no la toques".

El discípulo dijo: "Sólo una cosa más: en cierta situación puede ocurrir que tengas que tocar a una mujer. Por ejemplo, ha ocurrido un accidente. Una mujer ha caído en una zanja, o un carro de bueyes ha caído en una zanja y la mujer está debajo del carro de bueyes. ¿Crees que debería seguir adelante sin decir nada, sin tocarla? - porque tendré que sacarla de la zanja o de debajo del carro y entonces tendré que tocarla. ¿Qué me dices de eso?"

Buda se rió y dijo: "Entonces haz sólo una cosa: permanece consciente".

El bhikkhu dijo: "Está bien, eso puedo hacerlo".

Ahora, las cosas pequeñas que no puede hacer, pero la conciencia, "Sí", dice, "que puedo hacer". ... Porque, ¿quién puede ver tu consciencia? Es simplemente un fenómeno interno; sólo tú sabes si eres consciente o no. Ahora ha pedido permiso para hacerlo todo. Creando situaciones imaginarias ha pedido excepciones.

Así que aunque hay treinta y tres mil reglas menores y diez mil reglas mayores, los budistas han estado haciendo todas las mismas cosas que hacen otros que ni siquiera han oído hablar de estas cuarenta y tres mil reglas.

Las normas no sirven de nada. Si se imponen desde fuera, son totalmente inútiles. No sólo son inútiles, sino que te agobian, y te agobian innecesariamente.

¡Abandona la mente legal! Si realmente quieres conocer la ley, la ley última, y si quieres vivir de acuerdo con la ley última, no seas legal. Las leyes hechas por el hombre no valen nada.

La joven estaba depositando un billete de cincuenta dólares en el banco.

"No puedo aceptar esto", dijo el cajero, "es falso".

"¡Dios mío!", exclamó la mujer, "¡Me han violado!".

Ahora cambia inmediatamente la interpretación. Tu ley, tus palabras, todo depende de ti.

Cuando llaman al siguiente paciente, entra un esqueleto. "¡Mmmm!", dice el médico. "Un poco tarde, ¿no?".

¡Debió de ser un hombre muy legal!

Suresh, dices: "Creo en la disciplina, la ley y el orden, y por eso estoy pensando pero dudando en dar el salto a sannyas".

Mucha gente piensa que mi sannyas no tiene disciplina, ni ley, ni orden. Están totalmente equivocados. Sí, no te he dado treinta y tres mil reglas menores y diez mil reglas mayores para vivir. Te doy un solo mandamiento: Sé consciente. Incluso Buda tuvo que hacer eso después de ver al hombre tratando de encontrar salidas; finalmente tiene que decir: "Entonces sólo sé consciente". Él lo dijo sólo al final, yo lo digo desde el principio. Para que no tengas que buscar excusas, excepciones, estrategias, trucos, para que no tengas que ser diplomático, simplemente lo digo desde el principio.

Este es el único mandamiento, el undécimo. Y el undécimo es suficiente; los otros diez no son necesarios en absoluto. Sé consciente y deja que tu disciplina surja de tu conciencia. Y llegará una disciplina que tendrá belleza.

No será como una flor de plástico, será una rosa de verdad. Tendrá perfume, tendrá vida. Y vendrá un cierto orden, pero no impuesto, no cultivado - natural.

El otro día Bodhidharma decía: Cuando conoces la ley suprema, el Dharma, cuando eres consciente de ella, cuando estás en sintonía con ella, tu vida se vuelve simple, fácil, natural, fluida.

No hay obstáculos, no hay obstrucciones, no hay bloqueos. Eso es el orden.

El orden no es como las vías del tren, donde el tren sigue avanzando sobre los raíles, los mismos raíles, todos los días. El orden es como un río que baja del Himalaya y se dirige hacia el océano. El río está vivo. No sigue un mapa determinado, no discurre como un canal, no está hecho por el hombre. Simplemente fluye libremente, pero llega hasta el océano. Y un canal siempre parece feo, artificial, porque no tiene los giros naturales, las sorpresas repentinas; es recto, geométrico. El río real es zigzagueante, a veces va hacia el sur y a veces se desplaza hacia el norte.

Si eres demasiado legal dirás: "Esto es una pérdida de tiempo, de terreno y de energía". Si eres demasiado legal empiezas a creer sólo en líneas rectas: el camino más corto es ir recto de un punto a otro. Pero el río va en zigzag, toma una ruta larga, a veces fluye rápido y a veces va muy perezoso. Y atraviesa diferentes estados de ánimo, diferentes climas y diferentes tierras. Da giros repentinos. Va bailando: no confinado, no como un esclavo, no como un prisionero, encadenado, siguiendo al policía. Va en libertad. Cada paso tiene su propia belleza.

Mi sannyasin es como un río, no como un canal. Sí, hay una disciplina, pero muy sutil: la del amor, la de la comprensión, la de la meditación. Sí, hay un orden, pero no impuesto, no cultivado: natural, espontáneo. Sí, hay una ley, pero no la ley hecha por políticos estúpidos o sacerdotes estúpidos: la ley de la propia naturaleza, la ley de Dios.

Buda llama a Dios La Ley Última. Mi sannyasin está trabajando en cómo sintonizar más con la naturaleza, con el todo, cómo abandonar este ego, cómo no estar separado del todo, porque para mí, ser uno con el todo es ser santo.

Suresh, no hay necesidad de dudar. Pruebe lo que le digo. Experimenta con ello y llega a tus propias conclusiones. Pero nunca crea. Experimenta, experimenta y tu experiencia demostrará la verdad de lo que estoy diciendo.

La tercera pregunta:

AMADO MAESTRO,

Pregunta 3:

SOY UN HOMBRE TEMEROSO DE DIOS, PERO USTED DICE QUE HAY QUE ABANDONAR TODO TEMOR. ¿HAY QUE ABANDONAR TAMBIÉN EL TEMOR A DIOS?

Ramchandra, el miedo es miedo: no importa de qué, de quién. El objeto no hace ninguna diferencia; tu subjetividad está llena de miedo. Y si eres temeroso de Dios nunca podrás ser amante de Dios.

En todas las lenguas del mundo existe este feo tipo de frase: Temeroso de Dios. Esto es feo, porque el miedo y el amor, como la luz y la oscuridad, no pueden existir juntos. Si hay miedo no se puede amar a Dios.

¿Cómo puedes amar a Dios si le tienes miedo? Puede que te sometas y te rindas, pero en el fondo habrá resistencia, ira. En algún lugar de tu inconsciente persistirá la idea de vengarte. No puedes perdonar a un Dios al que temes.

Y el miedo es justo lo contrario del amor. El odio no es realmente lo contrario del amor, te sorprenderás, el miedo es exactamente lo contrario. El odio es el amor al revés; el miedo es justo lo contrario. No puedes tener miedo de Dios si entiendes lo que es Dios. Todo el universo es Dios. De hecho, no existe Dios como persona; toda la existencia está impregnada, rebosante, de una cualidad llamada divinidad. Está en las flores, en la hierba y en las estrellas; está en ti, está en todas partes. Toda la existencia está hecha de lo que se llama piedad. Dios no es una persona, ¿cómo puedes tener miedo?

Y si sigues una vida religiosa por miedo, será la vida de un esclavo, no la de un hombre que es libre. Y si empiezas con miedo no podrás terminar en libertad; terminarás en esclavitud. Y todo lo que hagas por miedo será erróneo; será falso, superficial.

La joven pareja navegaba en canoa en medio del lago cuando se desató una repentina borrasca.

Aterrorizado por la intensidad del viento y la lluvia, el chico empezó a rezar: "Oh Señor, sálvanos y dejaré de fumar... dejaré de beber... Dejaré de fumar....".

En ese momento, la joven gritó: "¡No renuncies a nada más! Creo que la tormenta ha terminado".

Por miedo no es posible nada radical.

He oído una historia sobre Mulla Nasruddin. Él también venía de un viaje lejano en un pequeño barco, y se levantó una gran tormenta y parecía que no había posibilidad de sobrevivir.

Nasrudín tenía un hermoso palacio, un palacio de mármol del que estaba muy orgulloso, en la capital de su país. Incluso el rey estaba celoso de él y le había ofrecido todo el dinero que quisiera, "pero dame el palacio a mí".

Pero Nasruddin insistía en que no iba a ceder el palacio a nadie a ningún precio. Le habían hecho grandes ofertas, pero siempre las había rechazado.

Ahora que su vida estaba en peligro, rezó a Dios y le dijo: "¡Escucha! Daré el palacio a los pobres. Venderé el palacio y distribuiré el dinero entre los pobres".

En el momento en que lo dijo, la tormenta empezó a amainar. Cuando la tormenta empezó a amainar, Nasruddin empezó a tener dudas: ¡Esto es demasiado! Y tal vez la tormenta iba a amainar de todos modos. He arriesgado innecesariamente mi palacio.

Pero entonces se llevó una gran sorpresa: la tormenta volvió a arreciar. Entonces empezó a tener miedo de verdad.

Me dijo: "¡Escucha! No te molestes con mis pensamientos -soy un hombre necio-, pero todo lo que he dicho lo voy a hacer. Te prometo que venderé la casa y distribuiré el dinero entre los pobres".

La tormenta volvió a amainar. De nuevo quiso recapacitar, pero ahora tenía miedo.

Llegó a la orilla y al día siguiente informó a toda la capital de que iba a subastar su palacio. Acudieron todos los ricos, el rey, el primer ministro, los ministros y el general, porque todos estaban interesados en su palacio. Y todos se sorprendieron de lo que estaba haciendo; pensaron que estaba loco.

Justo delante del palacio había guardado un gato, y dijo a la gente que se había reunido: "El precio del gato es de diez lakh de rupias, y el del palacio sólo de una rupia, pero voy a venderlos juntos."

Todo parecía una locura: el gato, diez lakh de rupias... ¡un gato cualquiera! Debió atrapar a cualquier gato errante. Pero la gente pensaba: ¿Por qué preocuparse? Eso no es asunto nuestro.

El rey los compró. Se pagaron diez lakh de rupias por el gato y una rupia por el palacio.

Nasruddin dio una rupia a un mendigo y dijo a Dios: "¡Mira! Lo que prometí lo he cumplido".

Si haces las cosas por miedo no podrás hacerlas con el corazón. Serás astuto, encontrarás maneras.

Y cuando el miedo desaparezca volverás a ser el mismo.

Por favor, Ramchandra, no seas temeroso de Dios. Ama a Dios: ese es mi mensaje esencial.

Hasta ahora, la religión se ha basado en el miedo. Por eso la tierra ha permanecido irreligiosa o sólo superficialmente religiosa. La religión ha seguido siendo algo así como una cara pintada: falsa, pseudo. Y la razón básica por la que ha fracasado es el miedo.

Los sacerdotes han basado la religión en el miedo y la codicia, que son dos aspectos de la misma moneda.

Por miedo han creado la idea del infierno, para que la gente sea realmente temerosa de Dios. Y también han creado la idea del cielo para que la gente sea realmente codiciosa. Y la codicia crea miedo. La codicia significa: si no sigues a Dios, si no rezas a Dios regularmente, puedes perderte todas las alegrías del cielo. Perderte las alegrías del cielo es una situación que crea mucho miedo. Y serás arrojado al infierno, al fuego del infierno.

Y en las escrituras han inventado tantos métodos de tortura que parece que Adolf Hitler debió de leer todas las escrituras del mundo, de lo contrario, ¿cómo había dado con tantos métodos para torturar a la gente? Sólo se pueden encontrar en las escrituras religiosas. Debió pedir consejo a sacerdotes entendidos, porque todo lo que está escrito en las escrituras lo consiguió hacer en sus campos de concentración, en sus cámaras de gas. Y lo único que no está escrito en las escrituras también se las arregló para hacerlo.

En las escrituras no está escrito que haya ventanas en el infierno a través de las cuales se pueda ir y mirar para ver lo que ocurre dentro. El hizo ventanas en sus camaras de gas. Esas ventanas tenían el tipo de cristal a través del cual se puede mirar, pero a través del cual las personas que están siendo gaseadas dentro no pueden mirar a los espectadores. Y miren la inhumanidad del hombre: miles de personas esperaron durante meses para mirar a través de esas ventanas y miles de personas vinieron a ver a través de esas ventanas. Hicieron cola durante horas para poder entrar y ver cómo la gente desaparecía entre el humo.

Esas cámaras de gas eran tales que en cuestión de segundos mil personas en una cámara de gas se convertían en humo y no quedaba nada. Era casi como un entretenimiento para la gente; la gente disfrutaba mucho viéndolo.

El diablo debería aprender algo de Adolf Hitler. Puede ganar mucho dinero si hace unas ventanas en el infierno y vende entradas. Las entradas estarán agotadas durante casi un siglo. ¿A quién no le gustaría echar un vistazo al infierno?

Los sacerdotes han basado su religión en dos instintos básicos y feos: el miedo y la codicia. Y ambos no tienen nada que ver con la verdadera religión. La verdadera religión es la libertad de la codicia y la libertad del miedo.

Ramchandra, tendrás que deshacerte de todo miedo. Sí, el miedo a Dios está incluido en ello. Tiene que ser abandonado si realmente quieres entender lo que es Dios. Pero toda nuestra vida está tan cubierta de miedo....

Amamos por miedo, rezamos por miedo.

Hay personas como Dale Carnegie que escriben libros que se venden por millones. Creo que su libro Cómo ganar amigos e influir sobre las personas se ha vendido sólo al lado de La Biblia: millones de ejemplares en casi todos los idiomas del mundo. ¿Por qué la gente lee semejante basura? ¿Y qué enseña en esos libros? ¡Astucia, diplomacia!

Sugiere que, aunque no ames a tu mujer, eso no es lo importante. Al menos, cada vez que tengas ocasión de decirle "te quiero", díselo. Repítalo tantas veces como sea posible, porque ella sólo oye sus palabras, no conoce su corazón. Tu mujer no es veterinaria. El veterinario tiene que mirar y decidir él mismo sobre la enfermedad del animal, no puede preguntarle: "¿Cómo estás?

¿Cómo te sientes? ¿Cómo duermes?" Tu mujer no es veterinaria; depende de tus palabras. Ella no sabe lo que te pasa por dentro; eso es cosa tuya. Pero si le dices simplemente: "¡Cariño, te quiero!", si lo repites diez veces al día, cada vez que te cruzas con ella -y lo dices con gran fervor.... Sé un actor, eso es lo que está diciendo. Y ella te creerá, y vuestra vida será tranquila; habrá menos conflictos. ¡A esto lo llama amor! Esto es sólo miedo al conflicto, miedo a que algo perturbador pueda suceder. Así que mantén las cosas tranquilas.

Que digas una y otra vez: "Te quiero", es como un lubricante. Y ten miedo, ése es el mensaje; si no tienes miedo tendrás problemas. Las esposas tienen miedo de sus maridos y los maridos tienen miedo de sus esposas. Los padres tienen miedo de sus hijos y los hijos tienen miedo de sus padres. Los niños temen a sus profesores y los profesores temen a sus alumnos. Todo el mundo tiene miedo de todo el mundo: parece como si el miedo fuera el único clima en el que vivimos.

Un viajante de comercio que no se sentía bien acude al médico para hacerse un chequeo. Un examen rutinario no reveló ninguna dolencia en particular. El médico interroga a su paciente sobre sus hábitos de vida.

"Ahora voy a ponerme personal", dijo el doctor. "¿Con qué frecuencia mantiene relaciones sexuales?"

"Todos los lunes, miércoles y viernes, regularmente", respondió el vendedor.

"Bueno", continuó el doctor, "su problema puede estar ahí. Le sugiero que elimine los miércoles".

"Oh, no", respondió el vendedor, "no podría hacerlo. Es la única noche de la semana que estoy en casa".

La gente es cariñosa incluso... incluso el amor no es más que miedo: una diplomacia, una estrategia, para que las cosas funcionen bien. Y por eso rezas con regularidad. Mañana, tarde, sigues rezando, esperando que Dios escuche tus plegarias. No hay nadie que escuche tus plegarias. Tu oración no es más que un monólogo. Rezas al cielo vacío. Nadie va a recompensarte por tus oraciones, recuérdalo.

Ramchandra, si realmente sabes lo que es la oración, entonces la oración en sí misma es su propia recompensa. No hay nadie más que te recompense; la recompensa no está en el futuro, no está en la otra vida. Pero rezar en sí mismo es un fenómeno tan hermoso que ¿a quién le importa el futuro y a quién la recompensa? Eso es codicia, la idea de recompensa. La oración en sí misma es una celebración tan grande, produce tanta alegría y éxtasis, que uno reza por la oración misma. No se reza por miedo ni por codicia; se reza porque se disfruta. Ni siquiera nos preocupamos de si Dios existe o no.

Si disfrutas bailando, no te preguntas si Dios existe o no. Si disfrutas bailando, ¡simplemente bailas! Que alguien vea o no la danza desde el cielo no es asunto tuyo. Si las estrellas, el sol y la luna van a recompensarte por tu baile, no te importa. La danza es suficiente recompensa en sí misma. Si te gusta cantar, canta; que alguien te escuche o no es lo de menos.

Así es la oración. Es una danza, es una canción, es música, es amor. Disfrútalo y se acabó.

La oración es el medio y la oración es el fin; el fin y el medio no están separados. Sólo entonces sabrás lo que es la oración. Y la oración es mucho más importante que Dios.

Patanjali dice: Dios es sólo una excusa para rezar. Es como una clavija en la pared para colgar el abrigo.

Si no está la percha, puedes colgar el abrigo en otro sitio. Puedes colgarlo en la puerta, en la ventana, en cualquier sitio. Patanjali tiene una gran perspicacia cuando dice que Dios es sólo una clavija: Dios ha sido inventado porque de otro modo te resultaría difícil rezar. Normalmente piensas que la oración es un medio para llegar a Dios; Patanjali dice que Dios es sólo un medio para que puedas orar. Pero es sólo para los principiantes, para ayudarles.

Es como cuando un niño pequeño va a la escuela a aprender el abecedario: le damos algunas pistas útiles.

Decimos: "D es por burro". Ahora bien, D no tiene nada que ver con burro en particular; burro no es el dueño de D. D es tanto para perro como para burro, y D es para muchas cosas. "D es por burro" es sólo para ayudar al niño, porque puede visualizar al burro más fácilmente. Se ríe y disfruta -conoce perfectamente al burro- y así se acuerda de D.

Pero si un adulto que lee siempre lee "D de burro" y luego sigue, entonces algo ha ido mal. Entonces tendrá dificultades, no podrá leer nada. M de mono y D de burro"... si sigue leyendo así, los burros y los monos se mezclarán tanto que no podrá entender nada. No, el niño aprende pronto que sólo era un recurso.

Según Patanjali, uno de los más grandes maestros del mundo, Dios es un dispositivo, un dispositivo para ayudarte a rezar. Una vez que hayas aprendido a rezar, olvídate de Dios; la oración en sí misma es suficiente, más que suficiente.

Rezar significa rendirse. Rezar significa inclinarse ante la existencia. Rezar significa gratitud. Rezar significa agradecer. Rezar significa silencio. Rezar significa que "Soy feliz de serlo". Rezar significa simplemente que "Este tremendo regalo de la vida es mucho para un indigno como yo. No lo merezco y, sin embargo, lo desconocido lo ha derramado sobre mí". Al verlo, surge la gratitud.

Ramchandra, me preguntas: "Soy un hombre temeroso de Dios, pero tú dices que hay que dejar todo miedo.

¿Hay que abandonar también el temor de Dios?".

Sí, absolutamente sí. Sólo entonces sabrás lo que es Dios, y sólo entonces sabrás lo que es el amor, y sólo entonces sabrás lo que significa ser religioso, de qué se trata.

La última pregunta:

AMADO MAESTRO,

Pregunta 4:

¿NO PUEDE EL PSICOANÁLISIS AYUDAR A LAS PERSONAS A CONOCERSE A SÍ MISMAS? ¿ES REALMENTE NECESARIA LA RELIGIÓN?

Sugeet, el psicoanálisis puede ayudar un poco, puede preparar el terreno, pero no puede ser un sustituto de la religión. En Occidente se está convirtiendo en un sustituto de la religión, y eso va a destruir algo inmensamente bello. La religión es un fenómeno totalmente diferente del psicoanálisis. La religión no es análisis en absoluto, la religión es meditación. No es pensamiento, no es análisis.

El psicoanálisis se ocupa de la mente y de ayudarla a adaptarse a la sociedad, a lo que se considera normal. Puede serlo, puede no serlo. Normalmente se piensa que la media es lo normal, pero la media no es necesariamente lo normal. La palabra normal viene de "norma"; norma significa la ley. Normal es aquel que vive de acuerdo con la ley, la ley suprema, la norma suprema.

Un Buda es normal, un Jesús es normal, un Zaratustra es normal, un Bodhidharma es normal. Tú no eres normal, simplemente eres normal. No sigues la norma, no sabes nada de la norma. Pero el psicoanálisis simplemente te ayuda a adaptarte a la sociedad en la que vives, te hace la vida un poco más fácil.

Se dice que Sigmund Freud dijo: "No podemos hacer feliz al hombre, porque no hay posibilidad de que el hombre sea feliz. Lo único que podemos hacer es que sea menos infeliz". Se trata de una afirmación significativa, y viniendo del fundador del psicoanálisis tiene gran importancia. Y es verdad.

De Freud hay que decir una cosa: que siempre es sincero. Aunque su sinceridad vaya en contra de muchas cosas que él quiere, vaya en contra de su propio psicoanálisis, sigue siendo sincero.

Nunca se esconde detrás de fachadas y máscaras. Es un hombre sencillo en ese sentido. Tiene algo de religioso.

Pero por lo demás, el psicoanálisis puede ayudarte en problemas particulares: puede darte una pequeña visión de tus problemas, puede hacer que los aceptes. Puede hacerte bajar de tu estado febril a la media, y eso también a un coste muy grande y años de trabajo.

La meditación puede hacerlo en cuestión de días, y la meditación puede hacer mucho más. No te ayuda a adaptarte a la sociedad; te ayuda a adaptarte a Dios, a la piedad. La sociedad significa la multitud. Adaptarse a la multitud no es crecer, es justo lo contrario de crecer. La multitud consiste en lo más bajo, y para ajustarte a lo más bajo tienes que permanecer en lo más bajo. La religión te lleva a las alturas. Te lleva hacia el cielo, te da alas.

La religión siempre será necesaria. El psicoanálisis puede no ser necesario algún día. El psicoanálisis es un fenómeno temporal; es sólo la mente contemporánea la que lo necesita. Durante siglos el hombre ha vivido sin psicoanálisis. En Oriente no hemos dado a luz ningún sistema como el psicoanálisis; hemos vivido sin él, seguimos viviendo sin él. Es sólo la mente occidental contemporánea, que se ha vuelto demasiado tensa, la que necesita el psicoanálisis. Es algo así como una fase que va a pasar.

El psicoanálisis pronto formará parte de la historia, pero la religión permanecerá para siempre. La religión es algo sin lo cual el hombre no puede ser hombre.

Y el propio psicoanalista está en la misma trampa que tú. Necesita la religión tanto como tú.

Necesita la meditación tanto como tú, o quizá más que tú, porque tiene que convivir con enfermos mentales. Se contagia de todas sus enfermedades.

Paciente: "La gente parece pensar que soy descarada, provocativa y atrevida".

Psiquiatra: "Entiendo perfectamente, señorita. Ahora quiero tomar algunas notas. ¿Le importaría bajarse de mi regazo unos minutos?".

Si convives con gente así el tiempo suficiente, puede que les estés ayudando, puede que les aportes fragmentos de conocimiento, pero mientras tanto también te están cambiando a ti.

Se suicidan más psicoanalistas que en cualquier otra profesión. Hay más psicoanalistas que se vuelven locos que en cualquier otra profesión. Es muy extraño. Que los psicoanalistas se vuelvan locos es suficiente condena del psicoanálisis.

Una chica preciosa entró en la consulta del psiquiatra. Nada más cerrar la puerta, el médico le arrancó la ropa y la atacó.

Al cabo de quince minutos se levantó y dijo: "Bueno, eso resuelve mi problema. ¿Cuál es el tuyo?"

Ahora bien, ¿cómo pueden ayudarte estas personas y cuánto pueden ayudarte? Profesionalmente saben mucho sobre la mente, pero no saben nada sobre el alma. De hecho, la psicología, el psicoanálisis, la psiquiatría, no deberían llamarse como se llaman, porque "psique" significa alma y ellos no creen en el alma. 'Psicología' significa la ciencia del alma.

La religión es la ciencia del alma, la psicología no es la ciencia del alma. La psicología es la ciencia de la mente - y ni siquiera es una ciencia todavía, sólo está en un estado muy primitivo, crudo, justo al principio. La religión es la ciencia del alma. Es un esfuerzo por ayudarte a encontrarte y fundirte con la totalidad de la existencia, llámala Dharma, Tao, Dios o como quieras. Es un esfuerzo por destruir todas las barreras entre tú y el todo para que puedas empezar a sentir que el todo se fusiona contigo y tú te fusionas con el todo.

Cuando simplemente te conviertes en una ola en el océano hay una gran alegría, porque todo el miedo a la muerte desaparece. Ya no estás separado, así que no puedes morir. Cuando eres sólo una ola en el océano, toda la ansiedad desaparece, porque la ansiedad sólo es posible si piensas en ti mismo como un individuo, separado. Cuando sólo eres una ola en el océano, el océano cuida de ti. A veces estás ahí manifestado y a veces estás ahí no manifestado, pero estás ahí siempre y para siempre.

La religión es un fenómeno totalmente diferente; el psicoanálisis no puede convertirse en un sustituto de ella. Es bueno que el psicoanálisis ayude un poco -la gente necesita ayuda- pero no es religión, porque el psicoanálisis nunca te transforma. La religión es la ciencia de la transformación. Necesitas una transformación radical, necesitas una mutación, necesitas un nuevo nacimiento. La psicología no puede convertirse en eso.

La religión no es más que el proceso de renacer. Naces de nuevo, naces en Dios, resucitas. La religión es muerte y resurrección.

Suficiente por hoy.

Sólo soñar

PREGUNTA: ¿QUÉ ES LA MEDITACIÓN EN EL VACÍO?

RESPUESTA: UNO OBSERVA LAS COSAS EN EL MUNDO FENOMÉNICO, PERO SIEMPRE HABITA EN LA VACUIDAD. ESO ES MEDITACIÓN EN LA VACUIDAD.

PREGUNTA: ¿CÓMO SE PUEDE MORAR EN EL DHARMA?

RESPUESTA: NO SE DEBE PERMANECER NI EN EL DHARMA MORADA NI EN EL DHARMA NO MORADA. DEBE VIVIR NATURALMENTE EN EL DHARMA. ESTO ES LO QUE SE LLAMA MORAR EN EL DHARMA.

PREGUNTA: ¿CÓMO PUEDE UN HOMBRE VIVIR COMO NO-HOMBRE Y UNA MUJER COMO NO-MUJER?

RESPUESTA: NO HAY DIFERENCIA EN LA NATURALEZA BÚDICA ENTRE UN HOMBRE Y UNA MUJER, NI UNA ENTIDAD DESIGNADA COMO HOMBRE O MUJER. LA MATERIA FÍSICA PRODUCE LA HIERBA Y LOS ÁRBOLES AL IGUAL QUE LOS SERES HUMANOS. EN COMPARACIÓN SE DICE "HIERBA" O "ÁRBOLES". DAS TODO TIPO DE NOMBRES A TUS ILUSIONES. BUDA DIJO: "SI UNO VE QUE TODO EXISTE COMO UNA ILUSIÓN, PUEDE VIVIR EN UNA ESFERA SUPERIOR A LA DEL HOMBRE ORDINARIO".

PREGUNTA: SI UNO ALCANZA EL NIRVANA DE UN ARHAT, ¿TIENE LA REALIZACIÓN ZEN?

RESPUESTA: EL SOLO ESTA SOÑANDO Y TU TAMBIEN.

PREGUNTA: SI UNO PRACTICA LAS SEIS PARAMITAS, Y PASA POR LAS DIEZ ETAPAS DE LA BODHISATTVA, Y

COMPLETA DIEZ MIL VIRTUDES, DEBE SABER QUE TODAS LAS COSAS NO NACEN, POR LO TANTO, NO VAN A PERECER.

TAL REALIZACION NO ES NI INTUICION NI INTELECTUALIDAD. NO TIENE NADA QUE RECIBIR Y NO HAY NADA QUE LO RECIBA. ¿TIENE ESTE HOMBRE REALIZACION ZEN?

RESPUESTA: EL SOLO ESTA SOÑANDO Y TU TAMBIEN.

PREGUNTA: SI UN HOMBRE POSEE DIEZ PODERES, Y LOGRA CUATRO FORMAS DE INTREPIDEZ, Y COMPLETA DIECIOCHO SISTEMAS DE LA ENSEÑANZA, ES IGUAL A BUDA QUE ALCANZÓ LA ILUMINACIÓN BAJO EL ÁRBOL PIPPALA. PUEDE SALVAR A LOS SERES SENSIBLES Y LUEGO ENTRAR EN EL NIRVANA. ¿NO ES UN BUDA VERDADERO?

RESPUESTA: EL SOLO ESTA SOÑANDO Y TU TAMBIEN.

LA PREGUNTA MÁS IMPORTANTE que se ha planteado el hombre es "¿Qué es la meditación?". La palabra inglesa meditation no está tan cargada de significado como la palabra original sánscrita dhyana.

"Meditación" tiene una connotación errónea. En cuanto se dice meditación, surge inmediatamente la idea: "¿Sobre qué?". La meditación, en el sentido inglés de la palabra, es siempre sobre algún objeto. Pero en el sentido sánscrito de la palabra dhyana, no hay objeto como tal; por el contrario, ser absolutamente sin objeto, estar completamente vacío de todo contenido, es dhyana.

Por eso, cuando el mensaje de Buda llegó a China, la palabra quedó sin traducir, porque tampoco existía un equivalente en la lengua china. Y la lengua china es mucho más rica que cualquier otra lengua del mundo. Sin embargo, no había ninguna palabra que pudiera considerarse sinónima de la palabra dhyana, por una sencilla razón: faltaba esa palabra porque dhyana no se ha practicado nunca en ningún otro lugar excepto en este país. Este país sólo ha aportado una cosa al mundo, y es el arte de dhyana. Y esa única contribución es suficiente, más que suficiente.

Se puede poner toda la ciencia en un lado y aún así no pesará más que la sola palabra dhyana. Se puede poner todo el conocimiento del mundo en un lado, pero la palabra dhyana seguirá pesando más. Tiene un significado infinito, es una visión totalmente nueva de la conciencia: una conciencia sin contenido, una conciencia sin ningún pensamiento, deseo; un océano sin ondas, olas, completamente silencioso y quieto, reflejando todo el cielo con todas las estrellas. Eso es dhyana.

En China se dejó sin traducir, pero cuando escribes una palabra de un idioma en otro, aunque no la traduzcas, cambia de color, de forma. Eso es natural; ha ocurrido muchas veces.

Ahora bien, ustedes conocen la palabra India; es simplemente una pronunciación diferente de Sindu, el gran río que ahora pasa por Pakistán. Cuando los persas cruzaron ese río por primera vez lo pronunciaron Indu, no Sindu. De Indu pasó a ser Indus, de Indus pasó a ser India. Y luego pasó otro grupo lingüístico y no lo pronunció sindu, sino hindú; de ahí hindú, hinduismo, indostán. Pero todos han surgido del nombre Sindu. Ahora parece tan lejano que el hinduismo y la India parecen no estar relacionados en absoluto.

Cuando se estaba preparando la Constitución india, hubo un gran debate sobre cómo llamar a este país: ¿India o Indostán? ¡Gran controversia sobre la misma palabra! - porque ambas surgen de la misma palabra, el nombre del gran río que ahora pasa por Pakistán, Sindu. Viajó en una dirección y se convirtió en Hindú e Indostán, viajó en otra dirección y se convirtió en Indo, India.

Lo mismo ha ocurrido con dhyana. Buda nunca habló sánscrito; ésa fue también una de sus originalidades. En la India, el sánscrito siempre ha sido la lengua de los sacerdotes, de los cultos, de los sofisticados. Buda fue el primero en provocar un cambio radical: empezó a hablar en la lengua del pueblo.

El sánscrito nunca ha sido una lengua del pueblo, siempre ha sido la lengua de los estratos más altos de la sociedad. Y lo han custodiado con sumo cuidado, para que nunca caiga en manos del pueblo llano. Una de las estrategias de los sacerdotes de todo el mundo ha sido que su lengua no fuera entendida por la gente común, porque si la gente común entiende su lengua, quedarán expuestos, porque lo que dicen es simple, muy ordinario, pero en una lengua que no entiendes parece como si estuvieran diciendo algo soberbio, algo muy sobrenatural.

Si lees los Vedas en tu idioma te sorprenderás: no hay mucho allí - no más del uno por ciento de los sutras es significativo, el noventa y nueve por ciento es simplemente basura. Pero si lo escuchas cantado en sánscrito quedarás encantado, simplemente hipnotizado. Lo mismo ocurre con el Corán. Si lo oyes en árabe tendrá algo mágico. Traducido a tu propio idioma te desconcertará: parece muy ordinario. Los sacerdotes siempre han sido conscientes de que sus escrituras sólo pueden ser valoradas, apreciadas, respetadas y veneradas si no se traducen al lenguaje de la gente corriente.

Buda también es uno de los revolucionarios en ese sentido. Empezó a hablar en el idioma de la gente. La lengua de la gente que rodeaba a Buda era el pali; en pali dhyana se convirtió en jhana - más redondeado, más usado. Cuando una palabra se usa más, empieza a tener una redondez, pierde sus esquinas. Es como una roca en el río que fluye: poco a poco se vuelve más redonda, más suave; alcanza la belleza, alcanza una granja encantadora. Dhyana es áspero, jhana es redondo, suave, fácil de pronunciar. Así que cuando los mensajeros budistas llegaron a China, jhana se convirtió en ch'an en chino. Y cuando la misma palabra llegó a Japón desde China se convirtió en ZEN. La raíz es dhyana.

En español tampoco hay una palabra equivalente. Se puede usar "meditación" porque es la más aproximada, pero hay que usarla con mucho cuidado, porque "meditación" en sí significa meditar sobre algo, y dhyana significa estar en meditación, no meditar sobre algo.

No es una relación con un objeto, es el vacío absoluto; ningún objeto, ni siquiera Dios. Simple carencia de objeto, el espejo que no refleja nada, el espejo simplemente en su naturaleza, tal como es. Cuando llegas a esa simplicidad, a esa inocencia, estás en meditación.

No puedes hacer meditación, sólo puedes estar en meditación. No se trata de hacer algo, sino de ser. No es un acto, sino un estado.

El discípulo pregunta a Bodhidharma, el maestro:
¿QUÉ ES LA MEDITACIÓN EN EL VACÍO?

Debía de estar perplejo. Mucha gente me pregunta: "¿Sobre qué debemos meditar? ¿En qué forma?

¿Qué debemos visualizar? ¿Qué mantra debemos cantar, o qué forma de pensamiento debemos crear dentro de nuestra mente, para poder concentrarnos en ella?". Preguntan por la concentración, pero creen que preguntan por la meditación. Y hay miles de libros escritos sobre concentración, pero todos utilizan la palabra meditación. Esta es una de las palabras más malinterpretadas - y la experiencia es tan rara que nunca entenderás que alguien está usando la palabra en un sentido absolutamente equivocado.

He encontrado cientos de libros que utilizan la palabra meditación como si fuera un estado superior de concentración. No tiene nada que ver con la concentración; de hecho, es justo lo contrario de la concentración. En la concentración hay un objeto. Tienes que centrarte en el objeto, tienes que estar absolutamente concentrado en él, toda tu conciencia cayendo sobre el objeto, sin perder el objeto ni un solo momento: eso es concentración. La concentración tiene su propio valor. Es un gran método en manos de la ciencia, pero no tiene ningún valor religioso. Tiene valor científico, tiene valor artístico, pero ningún valor religioso. La ciencia no puede dar un solo paso sin concentración.

El arte no puede crear sin concentración.

El artista se concentra tanto en su pintura, escultura o música que se olvida del mundo entero. En su concentración, todo lo demás queda excluido, entre corchetes; sólo una cosa permanece en su mente, como si el mundo entero consistiera en esa única cosa. Esa cosa es el mundo entero por el momento; no existe nada más.

Hay una historia antigua:

Un libro muy famoso, uno de los más grandes jamás escritos, es un comentario sobre los Brahma Sutras escrito por Vrihaspati. El nombre del comentario es muy extraño: el nombre del comentario es Bhamati. Es extraño porque no tiene nada que ver con los Brahma Sutras, una de las mayores exposiciones de la filosofía del advaita, el no dualismo.

Bhamati es el nombre de la esposa de Vrihaspati. ¿Qué relación puede haber entre el comentario sobre los Brahma Sutras y la esposa de Vrihaspati? Hay algún secreto oculto en él. Vrihaspati debió de ser un hombre de profunda concentración, un gran filósofo. Se casó porque su padre estaba envejeciendo y quería que Vrihaspati se casara. Y en los viejos tiempos la obediencia era el camino más sencillo; era algo natural - la gente solía seguir los deseos de sus padres. No era cuestión de decir que no, así que Vrihaspati dijo que sí.

Estaba casado con Bhamati, pero no era un hombre que necesitara una esposa o una familia. Toda su concentración estaba en el gran comentario que estaba escribiendo sobre los Brahma Sutras. Estaba tan absorto que llevó a su esposa a casa y se olvidó por completo de ella.

La esposa se hizo cargo de todos los cuidados de Vrihaspati. Eso ya no es posible, ¿quién puede cuidar de un marido que la ha olvidado por completo? Él no tenía ni idea de quién era ella o cuál era su nombre.

Ni siquiera le había preguntado su nombre. Ella le servía como una sombra. Nunca se ponía delante de él porque podría distraerse, molestarse.

Y no dejaba de escribir su comentario. Tenía prisa porque había hecho el voto en su corazón de que el día que terminara el comentario renunciaría al mundo, y quería renunciar al mundo lo antes posible. Día tras día, escribía. Seguía escribiendo hasta altas horas de la noche. A veces la vela se consumía, y la esposa se acercaba por detrás y ponía una vela. De vez en cuando veía la mano de la mujer trayendo comida, llevándose el thali y los platos, pero él estaba tan concentrado en su trabajo que nunca preguntó. "¿Quién es esta mujer?"

Es una bonita historia; si ocurrió realmente o no, no es lo importante. Pero no creo que las esposas pudieran haber sido tan amables ni siquiera en aquellos viejos tiempos. Uno espera... pero las esperanzas nunca se cumplen.

Pasaron los años y llegó la noche en que el comentario estaba terminado. Vrihaspati cerró el libro, vino la esposa y quitó la vela. Ahora estaba libre del comentario y de la absorción.

Preguntó a la mujer: "¿Quién eres? ¿Y por qué sigues sirviéndome así?".

La mujer dijo: "Me siento absolutamente bendecida de que al menos preguntes mi nombre. Es más de lo que podía pedir. Te habrás olvidado... han pasado muchos días. Y estabas tan absorto en tu trabajo, ¿cómo puedes acordarte, cómo puede uno esperar acordarse? Soy Bhamati, te casaste conmigo hace unos años. Desde entonces te he estado sirviendo".

Y las lágrimas rodaron por las mejillas de Vrihaspati, que dijo: "Ahora es demasiado tarde, porque he hecho el voto de que el día en que se completara el comentario renunciaría al mundo. Es demasiado tarde; ya no puedo ser tu esposo. He renunciado al mundo. Cerrar el libro es cerrar este capítulo de mi vida. Ahora soy un sannyasin. Pero te estoy tremendamente agradecido. Eres una mujer excepcional.

Sólo por gratitud llamaré a mi comentario Bhamati".

De ahí que su comentario sobre los Brahma Sutras se llame Bhamati. A primera vista no hay ninguna relación entre Bhamati y los Brahma Sutras, pero así lo llamó Vrihaspati. Y le dijo a su esposa: "Así tu historia será recordada durante siglos". Sí, han pasado muchos siglos, y yo la he recordado, y ahora tú la recordarás. Una mujer rara, y un hombre raro, y una historia rara....

Esto es concentración, concentración absoluta. Es posible estar tan concentrado en algo que todo lo demás quede excluido. Se dice de Thomas Alva Edison, un gran científico, el más grande, porque descubrió al menos mil cosas él solo.... Nadie ha hecho tanto. Muchas de las cosas que utilizas son inventos de Edison: la bombilla eléctrica, el gramófono, la radio... muchas cosas.

Solía estar tan absorto en su trabajo que una vez olvidó su propio nombre. Es muy difícil olvidar tu propio nombre aunque quieras. Está tan arraigado en la memoria que forma parte del inconsciente. Incluso cuando duermes recuerdas tu nombre. Si todos os quedáis dormidos, como puede ocurrir si sigo hablando de la meditación .... ¿Qué haréis? ¿A dónde escaparéis? Empezaréis a dormiros. Si todos os dormís y de repente llamo a alguien por su nombre - llamo, "¡Mukta!" - entonces nadie más oirá; sólo Mukta oirá. Mukta abrirá los ojos y dirá: "¿Quién está molestando? ¿Y por qué a mí?" Incluso en el sueño profundo recuerdas tu nombre. Es muy difícil olvidarlo. Pero Edison olvidó una vez su propio nombre. Alguien tuvo que recordárselo.

Durante la primera guerra mundial estaba en una cola; cuando llamaron por su nombre, miró a un lado y a otro. El empleado volvió a llamar, y entonces un hombre que estaba detrás de él le dijo: "Por lo que sé por los periódicos -he visto su foto-, usted parece ser Thomas Alva Edison".

Me dijo: "¡Sí, tienes razón! Estaba pensando, ¿quién es este hombre? Me parece haber oído este nombre antes. Puedo reconocer el nombre pero olvidé por completo que es mi propio nombre". Dijo: "Lo siento mucho".

Esto le puede pasar a un científico. Solía tomar notas, porque trabajaba en muchas cosas a la vez, pero luego olvidaba dónde había puesto las notas. Y utilizaba trozos de papel -ese era su hábito, algo excéntrico-, pequeños trozos de papel para escribir grandes cosas. Todo su estudio estaba lleno de trozos de papel, y había que conservar cada uno de ellos porque nadie sabía lo que había escrito en ellos. Su mujer tenía que tener mucho cuidado de que no se perdiera ningún trozo, porque él preguntaba: "¿Dónde está ese trozo de papel?" y lo buscaba durante horas, porque había muchos trozos de papel.

Su mujer le dijo: "¿Por qué no usas un cuaderno?".

Me dijo: "Qué gran idea, ¿por qué no me lo habías dicho antes?". Solía llevar un cuaderno, pero luego se olvidaba de dónde lo guardaba. Su concentración era tan total en lo que estuviera trabajando. No es meditación, recuerda.

La ciencia necesita concentración. La meditación es justo lo contrario de la concentración. Concentración significa excluir el mundo entero y volcar la conciencia en un único objeto. Meditar significa no tener ningún objeto, no excluir nada, no poner nada entre paréntesis. Uno simplemente se relaja, abierto, alerta, disponible, disponible para todo lo que es. La lejana llamada del cuco, el ruido del tren, alguien tocando el claxon o un niño riendo. Uno está disponible para todo y, sin embargo, está lejos, trascendental.

La primera pregunta que se hace el discípulo es:

¿QUÉ ES LA MEDITACIÓN EN EL VACÍO?

Puede comprender lo que es la meditación, porque entonces podrá entenderla como concentración. Pero la condición es "en la vacuidad"; eso crea el problema. Meditación en el vacío": tienes que estar completamente vacío, sin pensamientos, sin deseos, sin objetos, sin contenido de la mente. No eres más que un vacío; todo pasa a través de ti sin obstáculos, sin bloqueos. Los vientos vienen y van a través del templo vacío, los rayos del sol vienen y van a través del templo vacío, la gente viene y pasa a través del templo vacío, y el templo permanece vacío. Todo va y viene como sombras que pasan, y nada te distrae. Hay que recordar ese punto.

En la concentración todo te distrae. Si estás concentrado trabajando en algo y tu mujer empieza a hablarte, eso es una distracción. Si tu hijo quiere hacerte una pregunta, es una distracción. Si un perro empieza a ladrar en el vecindario, eso es una distracción. Si estás intentando concentrarte, todo es una distracción, porque la concentración es un estado antinatural, forzado; por lo tanto, cualquier cosa puede distraerte.

Pero la meditación es un flujo natural y espontáneo; nada puede distraerte. Esa es la belleza de la meditación: la distracción es imposible. El perro puede ladrar, y el niño puede hacer una pregunta, y los aviones pueden seguir volando en el cielo haciendo todo tipo de ruidos, y nada te distrae porque no estás concentrado en absoluto. ¿De dónde puedes distraerte? Si estás concentrado, puedes distraerte. Si no estás concentrado, ¿cómo puedes distraerte? Fíjate bien.

La meditación no entiende de distracciones. Esa es su gracia, su belleza, su grandeza: nada puede perturbarla. Si tu meditación puede ser perturbada eso significa simplemente que te estás concentrando y aún no has saboreado la meditación. La meditación es tan vasta que puede contenerlo todo, absorberlo todo y, sin embargo, permanecer vacía.

El discípulo pregunta:

¿QUÉ ES LA MEDITACIÓN EN EL VACÍO?

El discípulo debe haber pensado en la meditación en términos de concentración. Así es como ocurre siempre: el maestro dice una cosa, el discípulo entiende otra. También es un proceso natural. No me quejo de ello; tiene que suceder, porque el maestro habla desde un plano y el discípulo comprende desde un plano diferente. Algo que viene de las alturas tiene que bajar a la oscuridad del valle, y el valle está obligado a afectarlo.

¿Qué decir de un diálogo entre maestro y discípulo cuando incluso en un diálogo entre personas corrientes, cuando hablas con la gente, sientes constantemente que no te han entendido? A veces, cuanto más lo intentas, más imposible te resulta, sobre todo cuando estás íntimamente relacionado con la gente. Un marido hablando con su mujer, la mujer hablando con el marido; los padres hablando con los hijos, los hijos hablando con los padres. Parece que no hay ninguna posibilidad de comunicación.

El marido dice una cosa, la mujer inmediatamente saca otra conclusión. La mujer dice algo y el marido empieza a hablar de otra cosa. Sus mentes están preocupadas. Siguen malinterpretándose el uno al otro. De ahí que haya tantas discusiones sin entendimiento alguno.

Llamó a su médico y empezó a gritar histérico: "¡Mi hijo de cinco años se acaba de tragar un anticonceptivo!".

"No te preocupes. Enseguida voy".

Cuando el médico estaba a punto de salir de su consulta, su teléfono volvió a sonar y la misma persona anunció: "Olvídelo, doctor. He encontrado otro".

Es muy difícil saber exactamente el significado del otro.

Grant había ido a Francia de vacaciones, conoció a una guapa francesa, se casó con ella y regresó con su novia a Cleveland. Después de estar en este país sólo tres semanas, la pobre parisina fue a una clínica para someterse a una operación.

Al salir del éter, preguntó al médico: "¿Cuándo podremos mi marido y yo reanudar nuestra vida sexual habitual?".

"Tendré que mirar en mi libro de medicina", tragó saliva el médico. "Es usted el primer paciente que me pregunta eso después de una amigdalectomía".

No conoces a los franceses ni su forma de hacer el amor.

He oído una historia:

Un profesor francés de sexología hablaba con un profesor americano del mismo tema con el que se encontró en una conferencia. El francés decía: "Hay cien maneras de hacer el amor".

El americano se quedó perplejo: "¿Cien?". Y cuando el francés empezó a relatar todas las formas, se quedó cada vez más perplejo. La centésima manera era: el marido haciendo el amor con su mujer colgado de la lámpara de araña.

El americano dijo: "Hay ciento una maneras de hacer el amor".

El francés no podía creerlo; dijo: "Eso no es posible, porque nadie sabe más de amor que nosotros". Pero el americano insistió en que había ciento y pico. Así que el francés dijo: "Sí, vale, empieza a relacionar".

El americano dijo: "La primera es: la mujer tumbada boca arriba y el marido encima".

El francés dijo: "¡Espera! ¡Nunca se me había ocurrido!".

Personas diferentes, mentes diferentes, condicionamientos diferentes, preocupaciones diferentes, prejuicios diferentes. Por eso, cuando hablas, las palabras no pueden tener el mismo significado. Cuando dices algo, lo dices con un significado; cuando llega al otro tiene el significado que él da a esas palabras. Esto es así en la conversación ordinaria: qué decir de un buda hablando con un discípulo.

El buda está en la otra orilla y el discípulo en ésta. El buda está despierto y el discípulo está profundamente dormido y roncando. El buda habla como un despierto y el discípulo escucha como un dormido. En sus sueños distorsiona el significado, da sus propias ideas, impone sus propios conceptos, filosofías, sus propias conclusiones sobre las palabras.

Por lo tanto, a menos que la relación entre maestro y discípulo sea la de una profunda relación amorosa, la comunicación no es posible; es imposible. Sólo en una relación amorosa profunda, en una intimidad profunda en la que el discípulo está simplemente en un letgo, en la que deja su mente a un lado y escucha sin interferir en absoluto, sin dar nunca sus propios significados, sólo escuchando atentamente, sin preocuparse de si lo que se dice está bien o mal, o de lo que significa, sólo entonces puede escuchar y esa escucha puede ser una experiencia transformadora. Por parte del discípulo se necesita un gran silencio, sólo entonces se puede entender lo que dice el maestro.

La pregunta del discípulo es:

¿QUÉ ES LA MEDITACIÓN EN EL VACÍO?

Debió de oír a Bodhidharma hablar de meditación una y otra vez, porque en Oriente los maestros sólo hablan de meditación. Puedes hacer cualquier pregunta y tarde o temprano llevarán el tema a la meditación, y será más temprano que tarde. Puedes preguntar sobre Dios y ellos hablarán de meditación. Puedes preguntar: "¿Quién soy yo?" y ellos hablarán de meditación.

Puedes preguntar: "¿Quién creó el mundo?", y te hablarán de meditación, porque Oriente conoce la clave.

La meditación es la clave de todos los misterios de la vida y de la existencia; por lo tanto, no tiene sentido seguir hablando de otros temas. Si logramos que el discípulo comprenda lo que es la meditación, entonces abrirá y desbloqueará todas las puertas por sí mismo, y podrá ver y experimentar por sí mismo.

Y sólo tu experiencia es liberadora, porque sólo entonces es auténticamente tu verdad.

Jesús dice: La verdad libera. Ciertamente, la verdad libera. Absolutamente, la verdad libera. Estoy de acuerdo con él, pero su afirmación parece quedarse a medias. La declaración completa debería ser: La verdad libera, pero la verdad tiene que ser la tuya. Si es la verdad de otro, en lugar de liberarte te ata, te encadena, te encarcela.

Bodhidharma dice:

UNO OBSERVA LAS COSAS EN EL MUNDO FENOMENICO, PERO SIEMPRE MORA EN LA VACIEDAD. ESO ES MEDITACIÓN EN LA VACUIDAD.

Una respuesta simple, sólo la respuesta esencial, pero si puedes entender la respuesta de una manera existencial, nunca volverás a ser el mismo. Palabras sencillas, pero que pueden convertirse en una escalera hacia el otro mundo.

UNO OBSERVA LAS COSAS EN EL MUNDO FENOMENAL, PERO SIEMPRE MORA EN LA VACUIDAD. ESO ES LA MEDITACIÓN....

Mira el mundo entero como si estuviera hecho de sombras. Realmente está hecho de sombras. Está hecho de sueños. Como creemos en él, adquiere realidad en la misma proporción en que creemos en él. En el momento en que desaparece tu creencia, también desaparece aquello en lo que creías.

Ves a una mujer y proyectas belleza en ella, y parece tan hermosa, tan dorada, nada de este mundo, y te enamoras. Y te estás enamorando de tu propio sueño, recuerda; la mujer no tiene nada que ver. Por eso se cree que los enamorados están ciegos y locos, porque nadie más puede estar de acuerdo con ellos.

Majnu estaba loco por una mujer, Laila, tan loco que nunca ha habido un amante tan loco; él encabeza la lista. El rey del país le llamó, porque empezó a sentir lástima por este joven.

Y como estaba tan enamorado de Laila, hasta el rey se había interesado: "¿Quién es esta mujer?". A él también le interesaban las mujeres hermosas, así que hizo averiguaciones. Vio a la mujer y se sorprendió: era muy sencilla, hogareña, muy ordinaria. Entonces sintió aún más lástima por aquel joven. "Es un tonto, o está loco, o se ha quedado ciego. ¿Qué le ha pasado?" Y él era el joven más inteligente de la capital, hermoso, saludable; destruyendo su salud, destruyendo su inteligencia por una mujer ordinaria.

El rey lo llamó a la corte. Le dijo: "Debes de estar loco, porque he visto a tu Laila y no es más que una mujer corriente. Pero lo siento por ti. Esperábamos mucho de ti, pensábamos que llegarías a ser un gran hombre, pero te estás destruyendo a ti mismo. Te daré una de las mejores mujeres de mi familia. Tengo muchas mujeres hermosas".

Llamó a una docena de chicas y le dijo a Majnuj: "Puedes elegir a cualquiera, y esa será tuya".

Majnu miró de una chica a otra y sacudiendo la cabeza dijo: "No. Esta no es Laila, esta tampoco es Laila". Rechazó a las doce chicas. Dijo: "Ninguna es Laila".

El rey dijo: "Sin duda estás loco. Laila no es nada comparada con estas hermosas chicas. Pertenecen a la familia real".

Majnu dijo: "Señor, puedo entender su compasión por mí, pero lamento decirle que no puede ver a Laila a menos que la vea a través de mis ojos".

Se trata de una declaración significativa, de un loco, por supuesto, pero a veces los locos hacen declaraciones muy cuerdas. "A menos que mires a través de mis ojos", dice Majnu, "no podrás ver la belleza de Laila". En cierto modo es verdad, porque la belleza no está ahí en Laila, se proyecta a través de sus ojos. Laila no es más que la pantalla en la que él proyecta una determinada idea.

Todos los amantes lo hacen. Te enamoras de tu propia proyección. Por eso siempre es frustrante.

Si consigues a tu mujer o a tu hombre, te sentirás frustrado. Bienaventurados los que nunca consiguen a su hombre o a su mujer, porque nunca se frustran. Siempre siguen amando, siempre siguen esperando. Malditos los que lo consiguen, porque entonces es muy difícil seguir llevando la vieja proyección. Cuando te acercas a la pantalla y la tocas, ¿cuánto tiempo puedes sentir que hay belleza? Tarde o temprano verás que sólo hay una pantalla lisa, que has estado proyectando. De ahí que todos los amantes, si lo consiguen, se sientan muy frustrados.

Este mundo consiste en nuestras proyecciones. De hecho, cuando Bodhidharma habla del mundo, sólo se refiere a tus proyecciones. No habla de los árboles, las rocas, las montañas y las estrellas, sino de tus proyecciones. Una rosa es una rosa, ni bonita ni fea.

Simplemente es ella misma; tú proyectas tu idea.

Hace sólo cien años nadie pensaba que los cactus fueran bonitos. Pero ahora están "de moda", y la rosa, fuera. Ahora hablar de rosas parece un poco anticuado. Si le dices a tu mujer: "Tu cara es como una rosa", pensará que eres un anticuado. Dile: "Pareces un cactus", y ella pensará: "Sí, eres moderno, estás al día. Entiendes a Picasso y Dalí y el arte moderno".

La gente ahora tiene cactus en sus salones, y antes sólo los ponían en las vallas de sus campos y jardines para protegerlos. Ahora los cactus han entrado en los salones.

De repente se descubre la belleza. Durante siglos nadie había pensado -ni Shakespeare ni Kalidas, ni Milton ni Tennyson-, nadie había hablado del cactus ni alabado al cactus. Pero ahora hemos empezado a proyectar bellezas sobre el cactus. Estamos cansados de las rosas; ya basta. Después de miles de años lo hemos dicho todo sobre las rosas; hemos terminado con ellas. No se puede decir nada nuevo sobre las rosas. Ya se ha dicho todo lo que se podía decir, y se ha dicho tan bien que no hay forma de mejorarlo. Y tenemos una gran necesidad de proyectar.

De ahí que las modas cambien, porque todo el mundo tiene necesidad de proyectar sus ideas. De ahí que necesitemos nuevas pantallas.

Y la idea de belleza sigue cambiando. En cada país hay una idea diferente de la belleza. Lo que es bello para un americano no lo es para un indio; y lo que es bello para un indio no lo es para un africano; y lo que es bello para un africano no lo es para un chino. Ideas diferentes.

Entonces, ¿existe algo parecido a la belleza objetiva? No existe. La existencia simplemente está ahí sin adjetivos; no hay ni "bueno" ni "malo", no hay ni "bello" ni "feo". De ahí que Bodhidharma diga: Deja de gustar y de disgustar. Deja de elegir, deja de proyectar, y el mundo desaparecerá. No es que los árboles no estén ahí y las montañas no estén ahí, no es que puedas atravesar los muros. Los muros estarán ahí y los árboles estarán ahí y las montañas estarán ahí; todo estará ahí en su absoluta verdad pero tus sueños no estarán ahí en absoluto. Y nos hemos apegado tanto a nuestros sueños, por eso la meditación parece difícil.

Paciente: "Doctor, toda la noche sueño con béisbol, y eso ocurre noche tras noche".

Psiquiatra: "Bueno, eso tiene fácil remedio. ¿Tiene alguna actriz favorita?"

Paciente: "Sí, Elizabeth Taylor."

Psiquiatra: "Bueno, entonces, todo lo que haces es pensar en ella por la noche."

Paciente: "¡Qué! ¡Y perder mi turno al bate!"

Lo he oído: Mulla Nasruddin dio un codazo a su mujer en la cama una noche y le dijo: "¡Rápido, trae mis gafas!".

La esposa dijo: "¡En mitad de la noche...! ¿Para qué quieres tus gafas?".

Me dijo: "No pierdas tiempo, ¡trae mis gafas!".

Pero la esposa insistió: "Primero tengo que saber por qué, para qué: en mitad de la noche, ¿qué vas a ver?".

Me dijo: "Vas a destruirlo todo. Estaba teniendo un sueño. Tres mujeres hermosas: Elizabeth Taylor, Sophia Loren... a dos podía reconocerlas; a la tercera, la más hermosa, no podía reconocerla. ¡Tráeme mis gafas! Sabes que mis ojos ya no son lo que eran. Me estoy haciendo viejo y no veo las cosas con claridad".

La gente vive en sueños. Sólo hay dos tipos de personas en el mundo: los que viven en sueños y los que viven en la consciencia. Ser un sannyasin significa el comienzo de vivir en la consciencia.

Bodhidharma dice:

UNO OBSERVA LAS COSAS EN EL MUNDO FENOMÉNICO, PERO SIEMPRE HABITA EN EL VACÍO.

Uno sigue viendo sombras, sueños, proyecciones, pero recuerda que todo eso son cosas de sueños.

Al recordarlo, en el fondo uno se queda completamente vacío. El espejo nunca se aferra a ningún reflejo; por muy bello que sea el rostro que se mira en el espejo, nunca se aferra a él. El rostro se refleja.

Cuando la persona se ha movido, el rostro desaparece. El espejo permanece vacío, al igual que el meditador:

lo refleja todo y, sin embargo, permanece vacío, porque no se aferra.

La segunda pregunta: ¿CÓMO SE PUEDE MORAR EN EL DHARMA?

Bodhidharma dice:

UNO NO DEBE PERMANECER NI EN EL DHARMA MORADA NI EN EL DHARMA NO MORADA.

DEBE VIVIR NATURALMENTE EN EL DHARMA ESTO ES LO QUE SE LLAMA HABITAR EN EL DHARMA La forma de expresarlo de Bodhidharma puede parecer un poco extraña, pero no puede evitarlo; tiene que decirlo tal como es.

El discípulo pregunta:

¿CÓMO SE PUEDE MORAR EN EL DHARMA?

Dharma, recuerda, se traduce normalmente como religión. Eso tampoco es correcto. Dharma no es religión, la religión es una actitud hacia la realidad. Dharma no es una actitud hacia la realidad, Dharma es simplemente vivir de forma natural, espontánea. Vivir en sintonía con la naturaleza es Dharma.

Esa es la experiencia de Bodhidharma, esa es mi experiencia también: vivir con naturalidad, sin interferir en tu espontaneidad, vivir momento a momento sin estar dominado por el pasado o el futuro es Dharma. Bodhidharma dice: Olvídate del Dharma residente y del Dharma no residente. Eso es meter la mente dentro, crear categorías. Vive de forma sencilla y natural.

Cuando le preguntaron: "¿Qué es el Dharma?", se cuenta que un maestro zen respondió: "Cuando tengo hambre, como, y cuando tengo sueño, duermo".

¡Qué respuesta tan tremendamente hermosa! ¡Qué altura, qué profundidad! Uno nunca esperaría una respuesta así - y tan simple, tan inocente: "Cuando tengo hambre, como". El maestro está diciendo: Sé natural, eso es Dharma.

A otro maestro zen le preguntaron: "Antes de iluminarte, ¿qué solías hacer?".

Me dijo: "Solía cortar leña y acarrear agua del pozo".

Y entonces le preguntaron: "Ahora que te has iluminado, que eres un Buda, ¿qué haces?".

Dijo: "¿Qué otra cosa puedo hacer? Corto leña y saco agua del pozo".

El interrogador se quedó naturalmente perplejo; dijo: "Entonces, ¿cuál es la diferencia? Antes de la iluminación solías hacer lo mismo, y después de la iluminación estás haciendo lo mismo, entonces ¿cuál es la diferencia?"

Y el maestro se rió y dijo: "La diferencia es grande. Antes tenía que hacerlo, ahora todo sucede de forma natural. Antes tenía que esforzarme, antes de que me iluminara era un deber que había que cumplir de alguna manera, hecho a regañadientes, de mala gana. Lo hacía porque me lo habían ordenado; mi amo me había ordenado cortar leña, así que la cortaba. Pero en el fondo estaba enfadado: ¿Hasta cuándo me va a obligar este viejo loco a cortar leña y a acarrear agua del pozo? ¿Hasta cuándo? - aunque en apariencia no dije nada.

"Ahora simplemente corto leña porque conozco su belleza, su alegría. Acarreo agua del pozo porque es necesario. Ya no es un deber, es mi amor. Amo al anciano. Empieza a hacer frío, el invierno llama a las puertas, necesitaremos leña. El amo es cada día más viejo; necesita más calor. Tendremos que calentar su casa. Corto leña por amor. Por amor le traigo agua del pozo. Pero ahora se ha producido una gran diferencia. No hay reticencia, no hay resistencia; no hay ego, no sigo las órdenes de nadie, no soy obediente, simplemente respondo al momento y a su necesidad".

Bodhidharma dice: Vivir naturalmente es morar en el Dharma.

No necesitas ser cristiano, hindú o budista, sólo tienes que ser natural, tan natural como tu respiración. Vive tu vida. No vivas según ciertos mandamientos. No vivas según las ideas de los demás. No vivas porque la gente quiere que vivas así. Escucha a tu propio corazón. Guarda silencio y escucha la pequeña voz interior y síguela. Y eso es vivir en el Dharma.

La tercera pregunta: ¿CÓMO PUEDE UN HOMBRE VIVIR COMO NO-HOMBRE Y UNA MUJER COMO NO-MUJER?

Buda ha dicho: Cuanto más profundizas, más te das cuenta de que no eres el cuerpo, no eres la mente, ni siquiera eres el corazón. Sólo eres un ser, una conciencia, un testigo puro.

Por lo tanto, en la meditación no hay nadie que sea hombre o mujer. En la meditación estás tan profundamente en tu ser que desde esa cima todas las diferencias -diferencias biológicas, diferencias fisiológicas- desaparecen.

Bodhidharma dice:

NO HAY DIFERENCIA EN LA NATURALEZA BÚDICA ENTRE UN HOMBRE Y UNA MUJER, NI UNA ENTIDAD DESIGNADA COMO HOMBRE O MUJER. LA MATERIA FISICA PRODUCE LA HIERBA Y LOS ARBOLES AL IGUAL QUE LOS SERES HUMANOS. EN COMPARACIÓN SE DICE 'HIERBA' O 'ÁRBOLES'.

DAS TODO TIPO DE NOMBRES A TUS ILUSIONES. BUDA DIJO: "SI UNO VE QUE TODO EXISTE COMO UNA ILUSIÓN, PUEDE VIVIR EN UNA ESFERA SUPERIOR A LA DEL HOMBRE ORDINARIO".

El hombre ordinario vive en el cuerpo, pensando que es el cuerpo, en la mente, pensando que es la mente. En el momento en que empiezas a trascender el complejo cuerpo-mente, empiezas a ser extraordinario.

Empiezas a vivir en planos superiores, y desde planos superiores las cosas son totalmente diferentes.

Hay una historia en la vida de Buda....

Estaba meditando bajo un árbol; era una noche de luna llena. Un grupo de jóvenes vino de picnic al bosque. Habían traído con ellos a una prostituta, y mucho vino y comida deliciosa. Bebieron, comieron y bailaron. Bebieron tanto que se olvidaron de la prostituta. La prostituta escapó, pero tuvo que escapar desnuda, porque antes de empezar a beber le habían quitado la ropa.

Como la noche se acercaba cada vez más a la mañana y empezaba a soplar una brisa fresca, se pusieron un poco alerta y recordaron: "¿Dónde está la prostituta?". Su ropa estaba allí, pero ella había desaparecido. Así que fueron en su busca. Sólo había un camino para que la prostituta escapara al pueblo y recordaron que habían visto a cierto hombre meditando bajo un árbol. Así que se dirigieron hacia él, porque ella debía de haberse cruzado con él. No sabían que se trataba de Gautama el Buda.

Le preguntaron a Buda: "Señor, ¿has visto a una mujer desnuda, una mujer hermosa, yendo hacia la ciudad? - Porque éste es el único camino posible. Habíamos traído una mujer con nosotros; se ha escapado, y estaba desnuda".

Buda dijo: "Sí, alguien pasó, pero me es imposible decir si la persona que pasó era un él o una ella. Sí, alguien pasó, pero me es difícil decir si la persona estaba desnuda o vestida".

Los jóvenes se quedaron perplejos; dijeron: "Si has visto a la persona, debes de haber visto...

porque la mujer era realmente hermosa. Debiste ver que era una mujer, y debiste ver que estaba desnuda".

Buda dijo: "Has llegado un poco tarde. Antes veía mujeres y hombres. Y, por supuesto, cuando ves a una mujer desnuda, ¿cómo puedes no reconocerla? Pero esos días ya pasaron. Estaba en meditación, así que cuando alguien pasa estoy obligado a verlo".

Buda solía meditar con los ojos entreabiertos. Siempre siguió el camino del medio.

Existen tres posibilidades. Puedes meditar con los ojos cerrados. Buda ha dicho: No hagas eso, porque hay muchas posibilidades de que te quedes dormido.

Con los ojos cerrados, la mente tiende a dormirse, a ensoñarse, a soñar, porque durante siglos, durante toda la vida, los ojos cerrados se han asociado con el sueño y la ensoñación. Así que en el momento en que cierras los ojos, inmediatamente se desencadena en ti un proceso de sueño. Es muy difícil permanecer despierto con los ojos cerrados, por eso Buda ha dicho: No hagas eso.

La otra posibilidad es concentrarse con los ojos abiertos, pero eso es concentración. La concentración se puede hacer con los ojos abiertos; puedes enfocar los ojos en algo. Pero la meditación es un estado relajado.

Con los ojos abiertos, completamente abiertos, habrá una cierta tensión en los ojos.

Los ojos forman parte del cerebro: el ochenta por ciento de la energía cerebral funciona a través de ellos.

Si tus ojos están tensos, tu cerebro estará tenso. Por eso, si tienes que ver la tele durante horas, te cansas mucho. Vas al cine y durante horas sigues viendo y te olvidas de parpadear.

Por eso te cansas: no parpadeas, no puedes permitírtelo, en la pantalla pasan tantas cosas. No quieres perderte nada, así que dejas de parpadear. Mirar la pantalla durante tres horas sin parpadear cansa los ojos y también el cerebro.

Ahora, investigaciones recientes demuestran que las personas que ven la televisión cuatro, cinco o seis horas al día están abocadas a sufrir daños cerebrales. Hay muchas posibilidades de que se conviertan en víctimas de un cáncer cerebral.

Tanta tensión puede dañar el delicado y frágil sistema nervioso del cerebro.

Buda dijo: Medita con los ojos entreabiertos; ése es el estado más relajado.

No puedes ver nada con claridad; todo se vuelve vago. Y eso es lo que Buda quiere que sepas: que todo es vago, sombrío, onírico. No puedes quedarte dormido porque tienes que mantener los ojos entreabiertos, y no puedes estar cansado y tenso porque no estás forzando a tus ojos a estar completamente abiertos. Los ojos entreabiertos son el estado más relajado. Pruébalo y verás. Siempre que te sientes con los ojos entreabiertos, sentirás que desciende sobre ti una gran relajación.

Entonces Buda dijo: "Estaba meditando con los ojos entreabiertos. Alguien pasó, alguien ciertamente pasó, pero no puedo hacer ninguna distinción si la persona era un hombre o una mujer. Porque ya no estoy identificado con mi propio cuerpo, de ahí que no piense también en términos del cuerpo con los demás. ¡Y a quién le importa si la persona estaba desnuda o vestida! No me interesan sus cuerpos".

Normalmente ocurre justo lo contrario. Cuando ves pasar a una mujer hermosa, empiezas a desvestirla, al menos en tu mente. Empiezas a penetrar en su ropa, empiezas a visualizarla: cómo será cuando esté desnuda. Por eso una mujer oculta tras la ropa es mucho más bella que cuando está desnuda. Por una cierta razón: cuando está vestida, tu imaginación puede imaginar cualquier cosa; tienes plena libertad para imaginar. Pero cuando está desnuda, la imaginación no tiene margen. Y la sexualidad del hombre tiene sus raíces en su imaginación. Por eso, cuando una mujer esconde su cuerpo, te interesas más por ella, porque empiezas a imaginar... las curvas -que pueden no estar ahí-, la proporción -que puede no estar ahí-.

La ropa es muy engañosa; se ha descubierto que la ropa crea más sexualidad en el mundo. Es por la ropa que la gente está obsesionada con lo sexual. Si la ropa desaparece del mundo, la sexualidad se reducirá a su proporción natural. Si la ropa desaparece del mundo, nadie se interesará por la pornografía. La pornografía interesa por la ropa. Si la gente se vuelve un poco más natural, no digo que vaya desnuda a la oficina, pero si la gente es natural, al menos en casa estará desnuda. Al menos jugarán desnudos con sus hijos en su propio jardín.

Si los niños conocen a sus padres desnudos desde el principio, nunca se interesarán por revistas como PLAYBOY. Esas revistas les parecerán estúpidas. Pero los curas están en contra de la desnudez. Parece que hay una conspiración entre los curas y la gente que trafica con la obscenidad; hay un trato secreto. La obscenidad sólo puede existir, y las cosas obscenas sólo pueden seguir siendo interesantes, si los curas siguen condenando la desnudez. Permitid la desnudez en todas las playas y pronto no veréis a nadie interesado en la desnudez en absoluto. Y como la imaginación ya no tiene libertad, verás las cosas más como son.

Ahora mismo te imaginas, por lo tanto, que la mujer del vecindario te interesa más que tu propia mujer. Tu vecino está más interesado en tu mujer que él en la suya. Parece que todo el mundo está interesado en la mujer de los demás, en el marido de los demás. Nadie está interesado en su propia mujer o marido. Ya conoces toda la geografía de la mujer o del hombre. Conoces toda la topografía. Ya no hay nada que descubrir; es territorio conocido. La imaginación muere, y con la imaginación desaparece el noventa y nueve por ciento del sexo. Y será una gran cosa en el mundo si el noventa y nueve por ciento de la sexualidad desaparece, porque entonces el noventa y nueve por ciento de tu energía estará disponible para propósitos más elevados.

Lo que estoy diciendo está destinado a ser malinterpretado, está siendo malinterpretado. Llevo años diciendo estas cosas, pero se me ha condenado por ello. Y lo irónico es que si se me escucha, resultaré ser el mayor peligro para la sexualidad en el mundo. Si se me permite, el mundo puede llegar a ser absolutamente no-sexual. El sexo estará ahí, pero la sexualidad desaparecerá.

El sexo es un fenómeno biológico, la sexualidad es un fenómeno psicológico. En una sociedad primitiva, donde la gente está desnuda, hay sexo pero no sexualidad. Y en las sociedades cultas hay sexualidad y poco sexo.

Buda dijo: "Alguien pasó, alguien ciertamente pasó, pero como ya no me interesa la sexualidad, no puedo decir absolutamente, no puedo garantizar que la persona fuera una mujer".

Meditar significa ir cada vez más profundo, más cerca de tu ser. El ser no es ni "hombre" ni "mujer"; el ser es simplemente trascendental a todas las categorías.

La cuarta pregunta: SI UNO ALCANZA EL NIRVANA DE UN ARHAT, ¿TIENE LA REALIZACIÓN ZEN?

El discípulo sigue pensando en términos de la mente, en categorías. Cuando piensas, siempre estás lleno de "si" y "peros". Cuando sabes, no hay "si" ni "pero".

El discípulo pregunta:

SI UNO ALCANZA EL NIRVANA....

En primer lugar, el nirvana nunca se alcanza -es tu naturaleza-, simplemente se descubre, más bien se recuerda. No se alcanza. Y EL NIRVANA DE UN ARHAT....

Los eruditos budistas dividen el nirvana en dos categorías. Los eruditos no pueden permanecer sin crear categorías; ese es todo su trabajo, toda su función. Según los eruditos, hay dos tipos de budas: uno se llama arhat y el otro BODHISATTVA. Un arhat es aquel que alcanza la budeidad y desaparece en lo último, que no se preocupa por los demás, que no se preocupa por compartir su percepción con los demás. Y el bodhisattva es aquel que alcanza la budeidad pero resiste la tentación de desaparecer en lo último y ayuda a la gente, es compasivo. Ahora bien, incluso con el nirvana, la mente del erudito ha creado categorías; ha creado una división, una dualidad.

Bodhidharma simplemente responde a su manera única e inimitable. Él dice:

ÉL SÓLO ESTÁ SOÑANDO Y TÚ TAMBIÉN.

Estos eruditos son soñadores. Un verdadero buscador no tiene nada que ver con "si" y "peros". Un verdadero buscador no se preocupa por lo que sucede después del nirvana; primero se mueve hacia él, lo conoce a través de su propia experiencia, y luego sucede lo que sucede. Uno se vuelve natural y permite que suceda, uno permanece en un letgo. Uno no sigue pensando y filosofando.

La quinta pregunta: SI UNO PRACTICA LAS SEIS PARAMITAS, Y PASA POR LAS DIEZ ETAPAS DE LA BODHISATTVA, Y COMPLETA DIEZ MIL VIRTUDES, DEBE SABER QUE TODAS LAS COSAS NO NACEN, POR LO TANTO NO VAN A PERECER.

TAL REALIZACION NO ES NI INTUICION NI INTELECTUALIDAD. NO TIENE NADA QUE RECIBIR Y NO HAY NADA QUE LO RECIBA. ¿TIENE ESTE HOMBRE REALIZACION ZEN?

Todas las preguntas especulativas, preguntas fuera de la mente, irrelevantes, insignificantes, sin sentido, absurdas.

Pero parecen grandes preguntas y los eruditos dedican toda su vida a ellas.

En la Edad Media hubo una gran controversia entre los teólogos cristianos. La controversia sigue ahí, indecisa, aún no se ha llegado a ninguna conclusión, pero todo el asunto empezó a parecer tan insensato que se abandonó el proyecto. Pero en la Edad Media, durante trescientos años, la controversia fue tal que todo el mundo cristiano se vio envuelto en ella. El problema era: ¿cuántos ángeles pueden bailar en la punta de una aguja? Ahora parece tonto, pero no era tonto para esa gente. Y eran grandes eruditos, personas que conocían las escrituras y las sutilezas de la lógica. Para ellos era realmente una gran pregunta, porque los ángeles no tienen peso y los ángeles tienen la capacidad de hacerse grandes o pequeños como deseen, así que ¿cuántos ángeles caben en la punta de una sola aguja? Ahora tirarán la pregunta al cubo de la basura, pero durante trescientos años la gente siguió preocupada por ella.

Estas preguntas son del mismo tipo. SI UNO PRACTICA LAS SEIS PARAMITAS... los seis métodos de ser perfecto.... Y los budas dicen que ya eres perfecto, así que no es cuestión de practicar la perfección. Y el que practica la perfección seguirá siendo imperfecto; su perfección será sólo superficial, en el fondo será imperfecto. Reprimirá sus imperfecciones y cultivará una especie de perfección y permanecerá dividido. No es verdaderamente perfecto. No puedes ser otra cosa que lo que eres. Ya sois perfectos. Sois dioses disfrazados. Sois budas dormidos.

Despierta, y no hay necesidad de practicar nada.

En tu sueño puedes seguir practicando mil y una cosas y no va a pasar nada.

Cuando despiertes, te darás cuenta de que todo ese esfuerzo ha sido inútil.

Ahora estas SEIS PARAMITAS....

... Y ATRAVIESA LAS DIEZ ETAPAS DEL BODHISATTVA.

No hay etapas en absoluto. ¿Hay etapas entre el sueño y el despertar? No hay etapas; o estás dormido o estás despierto. Es un salto, un salto cuántico. ¿Hay etapas cuando el agua se evapora? No hay etapas. A noventa grados el agua es agua. A noventa y nueve grados el agua sigue siendo agua aunque caliente. A noventa y nueve coma nueve grados el agua sigue siendo agua aunque esté totalmente caliente. Y un paso más, sólo un paso, un solo salto, y el agua se evapora. No hay etapas graduales en la evaporación. Un hombre está vivo o muerto; nunca encuentras a alguien que esté medio muerto o un cuarto muerto o una décima parte muerto. No se alcanza por partes.

He oído una historia:

En la segunda guerra mundial, un general inglés derribó un avión alemán y el piloto resultó gravemente herido. El general inglés habló con el piloto -también era general, así que le dio todo el respeto debido a un general del ejército enemigo-. Le llevaron al hospital, le atendieron, pero una de sus piernas estaba tan dañada que hubo que cortársela, amputársela. El general inglés preguntó al alemán: "¿Puedo ser de alguna ayuda?".

El alemán dijo: "Esto mostraría algo de gran compasión hacia mí si pudieras enviar mi pierna de vuelta a mi hogar, porque este ha sido el deseo más largo en mí - ser enterrado en mi propia patria."

El general inglés dijo: "Eso no es ningún problema".

Embalaron la pierna y la enviaron a Alemania, a su casa. Pero luego tuvieron que cortarle una mano y también la enviaron. Luego otra pierna, luego otra mano.

Cuando se estaba enviando la última mano, el general inglés preguntó: "¿Puedo hacerle una pregunta? ¿Intentas escapar de parte a parte?".

No puedes escapar parte por parte, y no puedes iluminarte parte por parte. No es un proceso gradual, es una iluminación repentina. Pero los eruditos necesitan algo de trabajo, así que siguen dividiendo.

Los budas siguen diciendo que es un salto cuántico y los eruditos siguen dividiendo: hay diez etapas de bodhisattva y diez mil virtudes. Basta con una virtud: la conciencia. Hablan de diez mil virtudes; sólo hay una virtud: estar despierto. Todo lo demás viene por sí solo.

El discípulo pregunta:

... DEBE SABER QUE TODAS LAS COSAS NO NACEN, POR LO TANTO NO VAN A PERECER. TAL REALIZACION NO ES NI INTUICION NI INTELECTUALIDAD. NO TIENE NADA QUE RECIBIR Y NO HAY NADA QUE LO RECIBA. ¿TIENE ESTE HOMBRE REALIZACION ZEN?

Bodhidharma dice:

ÉL SÓLO ESTÁ SOÑANDO Y TÚ TAMBIÉN.

Bodhidharma ni siquiera se molesta en responder y explicar. No es un filósofo, simplemente deja de lado la pregunta. Él dice: No digas tonterías. Estás soñando, y no sólo estás soñando:

si hay alguien que piensa que está en la novena etapa de bodhisattva, también está soñando.

Si alguien piensa que ha alcanzado las seis paramitas, las seis perfecciones, también está soñando. De hecho, la persona que piensa: "He alcanzado la budeidad", simplemente está soñando, porque la budeidad no es algo que deba alcanzarse.

Cuando te das cuenta de ello, simplemente te das cuenta de que no había nada que conseguir desde el principio. Desde el principio eres un buda

-siempre has sido un buda-, sólo te habías dormido, sólo habías olvidado quién eres. Sólo es cuestión de recordar, de reconocer, de redescubrir.

La última pregunta: SI UN HOMBRE TIENE DIEZ PODERES, Y LOGRA CUATRO FORMAS DE INTREPIDEZ, Y COMPLETA DIECIOCHO SISTEMAS DE LA ENSEÑANZA, ES IGUAL A BUDA QUE ALCANZÓ LA ILUMINACIÓN BAJO EL ÁRBOL PIPPALA. PUEDE SALVAR A LOS SERES SENSIBLES Y LUEGO ENTRAR EN EL NIRVANA. ¿NO ES UN BUDA VERDADERO?

Bodhidharma debe estar sintiendo mucha pena por este hombre, porque sigue haciendo la misma pregunta de diferentes maneras. Es la misma estupidez, llamada erudición. Una y otra vez trae la misma pregunta en diferentes formas. Pero los maestros son siempre pacientes; tienen que serlo, de lo contrario sería imposible trabajar con los discípulos.

Bodhidharma dice de nuevo:

ÉL SÓLO ESTÁ SOÑANDO Y TÚ TAMBIÉN.

Una afirmación simple pero con un gran potencial. En el momento en que empieces a pensar que te has iluminado, ten cuidado. Si crees que te has iluminado, entonces todavía no te has iluminado. Si crees que te has convertido en un buda y empiezas a demostrar que te has convertido en un buda, debes saber perfectamente que aún no lo eres. Un buda no necesita pruebas; no argumenta a favor de ello, simplemente lo sabe. Y no hay manera de demostrarlo. Sabe que no es algo grandioso lo que ha hecho; no es gran cosa. Es un fenómeno sencillo: ha mirado dentro. Podría haber mirado en cualquier momento, cualquier día, y habría encontrado al buda dentro.

Cuando Buda se iluminó, la primera pregunta que le hicieron fue: "¿Qué has conseguido?"

Se rió. Dijo: "Nada. No he conseguido nada; al contrario, he perdido muchas cosas".

Naturalmente, el interrogador se escandalizó. Dijo: "Siempre hemos oído que llegar a ser un buda es alcanzar lo perfecto, lo último, lo eterno... y tú estás diciendo que, en lugar de alcanzar algo, has perdido muchas cosas. ¿Qué quieres decir?"

Buda dijo: "Exactamente lo que he dicho. He perdido mi ego, he perdido mi conocimiento, he perdido mi ignorancia. He perdido mi condición de hombre, he perdido mi cuerpo, mi mente, mi corazón. He perdido miles de cosas y no he ganado ni una sola, porque todo lo que he ganado siempre ha sido mío, es mi naturaleza. Lo antinatural se ha perdido y lo natural ha florecido. No es un logro en absoluto. Pensar en términos de logro es permanecer en un sueño".

Bodhidharma tiene razón:

ÉL SÓLO ESTÁ SOÑANDO Y TÚ TAMBIÉN.

Recuerda estas palabras de Bodhidharma, deja que resuenen en tu ser, porque soñarás estas cosas muchas veces.

Mucha gente sigue escribiéndome: "Maestro, esto ha sucedido. ¿Es este el primer satori o el segundo o el tercero? He experimentado una gran luz. ¿A qué distancia estoy ahora de la budeidad?". Todos los días me preguntan.

Recuerda a Bodhidharma. La próxima vez que te surja una pregunta así y empieces a escribirme una carta, no me la envíes, escribe encima de tu carta: "Estoy soñando".

Suficiente por hoy.

El vuelo más alto

La primera pregunta:
AMADO MAESTRO,

Pregunta 1:

¿QUÉ ES UN POETA? ¿QUÉ ES LA POESÍA?

Devaprem, hay tres formas de ver la existencia: verla, sentirla, serla. La primera es la ciencia, la segunda el arte, la tercera la religión.

La ciencia observa el universo de forma objetiva. Observa el universo como si estuviera ahí, fuera.

De ahí que la ciencia concluya que sólo existe la materia y nada más. El propio método de la ciencia la limita; es una gran limitación. Si miras de forma objetiva sólo puedes captar la objetividad de la existencia. Eso es la materia. La materia es la objetividad de la existencia.

La palabra objeto es significativa; significa lo que te obstruye, lo que se te opone. Todo lo que obstruye tu visión es un objeto. De ahí que la ciencia se vuelva antagónica con el mundo, que empiece a intentar conquistarlo, porque el objeto es el enemigo y tiene que ser conquistado. Es debido al enfoque científico que el hombre se ha alienado tanto de la naturaleza. Y ahora se siente tan aislado y solo que parece que el suicidio es la única forma de librarse de toda la miseria que este aislamiento ha creado.

El segundo enfoque, la segunda vía, es la del arte, la estética, la poesía. Es un enfoque subjetivo de la existencia. El arte no se ocupa de lo que está ahí, sino de lo que está aquí, dentro de ti. No se ocupa de la rosa en sí, sino de cómo la sientes. Cuando ves la rosa, ¿qué ocurre en tu mundo interior? Cuando ves el amanecer, ¿cómo se refleja en tu ser? Cuando el cuco empieza a llamar desde lejos, ¿cómo resuena en tu interior?

El arte se ocupa de tu respuesta: no de lo que está ahí, sino de lo que está dentro de ti. El arte está más cerca de casa que la ciencia, aunque no exactamente en casa, sino en el camino. Es un punto intermedio entre la ciencia y la religión. El arte te da más libertad que la ciencia. El poeta tiene más libertad que el matemático, el músico tiene más libertad que el físico. El científico está obstruido por sus propios objetos. El científico no puede ir más allá de la materia y la materia define su mundo. Pero el poeta puede elevarse, puede ir más allá, puede crear sus propios mundos.

La ciencia descubre, el arte crea. La ciencia sólo puede descubrir lo que ya existe. El arte crea, de ahí que el arte te acerque al creador.

Y siempre que hablo de poesía me refiero a la esencia del arte. La poesía es la esencia del arte. El escultor crea poesía en la piedra, el músico crea poesía en el sonido, el pintor crea poesía en el color del lienzo. Todos son poetas. Sus medios difieren, sus expresiones difieren, pero su enfoque básico no es el de la aritmética, sino el de la poesía.

Como la ciencia se ha vuelto demasiado predominante, el arte casi ha desaparecido. Ya no prospera, ya no está tan vivo como siempre lo ha estado en el pasado. La ciencia se ha apoderado de todo. De ahí el gran aburrimiento que se siente en el mundo, porque a menos que uno sea creativo está destinado a aburrirse.

Sólo una persona creativa sabe cómo abandonar el aburrimiento; la persona creativa no conoce el aburrimiento en absoluto.

Está emocionado, encantado, en constante estado de aventura. Y las pequeñas cosas le crean estados de éxtasis. Una mariposa basta para desencadenar un proceso en su ser. Basta una pequeña flor para que brote una primavera en su corazón. Un lago silencioso que refleja las estrellas, y el poeta mismo se convierte en un lago silencioso y empieza a reflejar millones de estrellas.

La ciencia es la causa fundamental de la creación del aburrimiento en el mundo. En primer lugar, crea aislamiento: el hombre ya no forma parte de la naturaleza, se sitúa fuera de ella; se convierte en un mero observador, un espectador, ya no participa. Y a menos que participe en la celebración, a menos que participe en la danza, está abocado al aburrimiento. Aislado de la existencia, antagonista de la existencia, intentando conquistarla, simplemente te estás matando. Y te hartas, te aburres. La vida pierde sentido, no hay significado; sólo hay cosas sin ningún significado, y la vida parece sólo un accidente sin valor intrínseco. Sí, las cosas tienen precio, pero nada tiene valor en lo que respecta a la ciencia.

Para la poesía, las cosas son valiosas, no tienen precio. ¿Cómo se puede poner precio a una hermosa flor de rosa? Es imposible. Su belleza es inconmensurable; no es posible fijar su precio.

Sí, el valor está ahí... y recuerda, el valor no es el precio, el valor es tu apreciación. La rosa y la estrella y la luna y el sol no son comercializables. No puedes venderlas, no puedes comprarlas. Puedes disfrutarlos, pero no puedes poseerlos.

Precio significa que puedes poseer una cosa, puedes venderla y comprarla; es una mercancía. Valor significa que no es una mercancía; es una experiencia, es un fenómeno de amor.

La ciencia vive de la lógica, la poesía vive del amor. La poesía es un acercamiento amoroso a la existencia.

La ciencia es una especie de violación; la poesía es una relación amorosa. Sí, en la violación también se pasa por el mismo acto de penetración que en el amor, pero hay una distancia tan grande; la brecha es insalvable. Puedes violar a una mujer, puede que incluso se quede embarazada, pero no será para conocer el misterio de la mujer. No conocerás la alegría del amor. Y si la violación se convierte en tu propio estilo de vida, te estarás perdiendo algo de enorme valor. Tu vida permanecerá vacía, hueca.

La poesía es un romance con la existencia. A la existencia hay que persuadirla, seducirla; no conquistarla, amarla. Y el amor nunca trata de conquistar; al contrario, el amor es entrega. El poeta está más cerca de casa porque empieza a rendirse, empieza a amar, empieza a vivir subjetivamente. Empieza a vivir desde el centro. El científico vive desde la circunferencia.

Siento un profundo respeto por la poesía y por las personas que tienen visiones poéticas, los poetas de todo tipo:

músicos, escultores, pintores, cantantes, bailarines, actores. Todo aquel que sea creativo de cualquier manera es un poeta. La poesía es la esencia de todo arte. Pero aún queda un paso por dar.

La religión es trascendental. No es ni objetiva ni subjetiva, porque ambas son mitades de un todo. La ciencia ha elegido una mitad, la exterior, la objetiva; la poesía ha elegido la otra mitad, la subjetiva, la interior. Pero ambas son mitades y una mitad nunca puede ser plena. Se necesita el todo para llegar a ser el todo. La religión es un todo. No es objetiva ni subjetiva; es trascendental. Va más allá de ambos y los incluye. Abarca ambas y, sin embargo, no está limitada por ninguna de ellas. Ése es el vuelo más alto posible para la conciencia humana.

La religión disuelve todas las dualidades, y la dualidad de lo subjetivo y lo objetivo es la dualidad fundamental de dentro y fuera. La religión disuelve ambas y entonces sólo hay un único fenómeno.

Lo de dentro está fuera y lo de fuera está dentro; no hay distinción ni brecha. Lo de dentro se está convirtiendo en lo de fuera a cada momento y lo de fuera se está convirtiendo en lo de dentro a cada momento, igual que la respiración. Hace un segundo estaba fuera, ahora está dentro y de nuevo está fuera. El aliento entra, sale, entra, sale. Así, la existencia se fusiona continuamente. Es una unidad orgásmica, no son dos.

El científico se acerca a la realidad como una mente masculina. Es el enfoque masculino: conquistar la naturaleza.

Y el poeta se acerca a la realidad con la mente femenina: entregarse, ser receptivo, abrirse a la realidad, estar en un letgo, relajarse. La religión no es ni masculina ni femenina; es sólo un testimonio de ambas. Pero el científico está muy lejos de la religión; el poeta está un poco más cerca.

Por eso a veces hablo de la poesía y del poeta, porque antes de llegar a ser trascendental tendrás que aprender a ser poético. La ciencia es enseñada por la sociedad, por la escuela, el colegio y la universidad. Falta la poesía. Como no tiene valor de mercado, nadie se interesa por ella. Si tienes un enfoque poético, tu enfoque es tan privado que no puede ser utilizado por la sociedad. Y de hecho puedes ser un poco problemático para la sociedad, porque estarás aportando tu visión privada y tu visión privada puede ser una perturbación.

La sociedad vive con lo colectivo; el objeto es colectivo. La rosa como objeto es un fenómeno colectivo, pero cuando te acercas a la rosa lo haces a tu manera. Otra persona se acercará a su manera única.

La poesía es privada; es individual, no es colectiva. Y la sociedad tiene que ser siempre consciente, estar alerta, vigilante, de que no hay que apoyar las visiones privadas porque se vuelven disruptivas, crean el caos: hay que imponer a la gente la visión colectiva. El cristianismo es una visión colectiva, el hinduismo es una visión colectiva, el comunismo es una visión colectiva.

Imponer una cosa colectiva a todo el mundo para que todos se parezcan y todos vivan igual; entonces todos son conformistas.

El poeta es básicamente un rebelde. El verdadero poeta está obligado a ser un revolucionario. Vincent van Gogh ha pintado sus árboles tan altos que llegan más allá de las estrellas. Alguien le preguntó: "Nunca hemos visto árboles así. ¿Qué clase de árboles son éstos y cómo pueden ir más allá de las estrellas?".

Se dice que Van Gogh dijo que "no importa si un árbol tiene éxito o no. Este es el deseo del árbol que he pintado, esta es la ambición del árbol, este es el espíritu mismo, el anhelo del árbol. Todo árbol anhela ir más allá de las estrellas. Lo he visto en los árboles, he escuchado a los árboles, los he observado. Entiendo su lenguaje y el mensaje de todos los árboles, desde el más pequeño hasta el más grande, es claro y fuerte: todos intentan ir más allá de las estrellas. Que lo consigan o no es otra cosa. Eso no me preocupa, me preocupa el sentimiento interior del árbol".

Vincent van Gogh tiene razón desde el punto de vista poético, pero no desde el punto de vista científico. Científicamente parece absurdo, pero poéticamente tiene toda la razón. Dice: "Los árboles no son más que los anhelos de la tierra de encontrarse con las estrellas, los deseos de la tierra de salvar la distancia que la separa de otras estrellas. Puede tener éxito, puede no tenerlo, eso no viene al caso". Eso es irrelevante para van Gogh.

El poeta tiene su propia visión; es privada, no es colectiva. De ahí que todos los que creen en la colectividad sean antipoéticos.

Platón, el primer colectivista del mundo, escribe en su libro utópico La República -que es su idea de la sociedad tal y como deberían ser las sociedades futuras- que en su república no se permitirá la entrada a los poetas, a los poetas en particular. Nadie más está impedido, pero los poetas están impedidos; no deberían estar permitidos en la república platónica. ¿Por qué? ¿Por qué teme tanto a los poetas? Por la sencilla razón de que el poeta aporta la visión individual, privada, y eso puede crear trastornos. Platón quiere imponer un cierto patrón, un tipo de estilo de vida, a todo el mundo. Quiere una especie de unidad, impuesta por la fuerza, y los poetas no son de fiar en ese sentido.

No es casualidad que en la Rusia soviética, después de la revolución, muriera la poesía. Antes de la revolución, Rusia había dado los más grandes poetas y novelistas que el mundo ha conocido, de hecho incomparables. Ningún otro país puede competir. ¿Quién puede competir con León Tolstoi, Máximo Gorki, Fiódor Dostoievski, Antón Chéjov, Turguéniev? ¿Quién puede competir con estos gigantes? Ningún otro país ha producido artistas tan grandes. Si hubiera que elegir a diez grandes novelistas del mundo, cinco serían rusos, pero anteriores a la revolución.

Tras la revolución, de repente la actividad poética se vino abajo. El país de Dostoievski y Tolstoi y Máximo Gorki y Turguéniev simplemente desapareció de la tierra. Dejó de producir ese tipo de hombres, esa calidad; dejó de elevarse. Se impuso el comunismo, se impuso una visión colectiva. Ahora todos los poetas tenían que servir al comunismo, todos los pintores tenían que servir al comunismo, todos los cantantes tenían que cantar canciones en alabanza del comunismo. Ahora el gobierno era el factor decisivo sobre qué era verdadera literatura y qué era verdadero arte y quién era un verdadero poeta. Iban a decidir los estúpidos funcionarios del gobierno, los que no tienen ni idea de poesía. Si hubieran tenido alguna idea de la poesía, no habrían sido funcionarios del gobierno.

Piense en un recaudador, un comisario, un gobernador... ¿cree que estas personas pueden tener ideas poéticas? Parecen mundos aparte. Y las personas que leían a Marx, Engels y Lenin, ¿pueden tener alguna idea de la poesía? Marx es tan poco poético en sus escritos que resulta tedioso leerle. Yo he pasado por la tortura, así que te lo digo por experiencia propia. ¿Quién ha leído Das Kapital?

Es tan feo, que realmente se necesitan agallas para recorrerlo; de lo contrario, bastan dos o tres páginas y uno se siente acabado. Ni siquiera los comunistas lo leen. Lo sé, muchos de mis amigos son comunistas y no lo han leído. Es un tedio, un aburrimiento, no tiene nada de poesía, nada de belleza.

Jesús tiene poesía, habla poesía. Buda tiene poesía, vive la poesía. Marx no tiene nada de poesía, sólo una lógica seca y aburrida. Incluso la lógica no es muy aguda. La gente que ha estado viviendo de esa basura, ¿va a decidir sobre Dostoievski, sobre Tolstoi, sobre Turguéniev? No serán capaces de entender a esta gente, están condenados a la incomprensión.

En Rusia, la poesía murió; ésa ha sido una de las mayores pérdidas para la humanidad. En China está muerta, porque ahora los poetas están al servicio del Estado. Se les recompensa, se les respeta, se les han dado grandes puestos en las universidades, pero con la condición de que no sean poetas de la libertad.

Tienen que ser poetas de la esclavitud, tienen que servir al Estado.

Y un verdadero poeta no puede servir a nadie, sólo sirve a la poesía. Escribe, canta, no por otro motivo que el arte por el arte; no hay motivo ni objetivo en ello. Su canto es como el canto de los pájaros al amanecer, el florecimiento de las flores, el zumbido de las abejas. Sí, exactamente así: totalmente libre, natural, espontáneo.

Estoy absolutamente a favor del modo de vida poético, porque te acerca a la religión. Pero no te detengas ahí... porque el poeta sólo tiene vislumbres de la verdad, sólo vislumbres, vislumbres lejanos, como si una ventana se abriera de repente con un viento fuerte y se volviera a cerrar, como si en una noche oscura y oscura estuvieras perdido en un bosque y hubiera nubes en el cielo, nubes oscuras, y luego hubiera truenos y relámpagos.

Cuando hay relámpagos, por un momento todo es luz, puedes verlo todo: los árboles, el camino, las rocas, las montañas. Pero es sólo un momento, y entonces el relámpago desaparece y la oscuridad se hace más profunda y oscura que nunca. Estás aturdido, aún más en la oscuridad. Puedes tropezar con una roca, porque antes del relámpago tenías mucho cuidado, te movías con cautela, pero ahora que después de un destello sabes que estás en el buen camino puedes ser menos cuidadoso, menos consciente. Puedes tropezar con una roca, puedes caer en una zanja, puedes extraviarte. Y el relámpago, naturalmente, te hace ver menos; es tan repentino que te ciega.

El poeta sólo tiene experiencias relámpago. De vez en cuando se eleva a las alturas de la conciencia, pero luego cae - y cae mal, cae más profundo de lo que estaba antes. El poeta sólo tiene experiencias iluminadoras. El místico está iluminado: se ha convertido en la luz misma; ahora ya no habrá nunca más oscuridad. Pero el rayo puede darte una idea de lo que será estar lleno de luz.

El poeta tiene vislumbres, el místico permanece en esas alturas. No son vislumbres lejanos, ha llegado al Everest, ha hecho allí su ermita, allí se queda. Aunque a veces venga a visitarte a tu oscuro valle, lleva consigo sus alturas, sus cumbres. Su Everest le sigue; se ha convertido en su propio clima.

El científico es el más lejano, el poeta está en el medio y el místico está en el centro mismo de la existencia.

Pasa de ser científico a ser poeta. Pero tampoco te detengas ahí, sigue avanzando.

Buda dijo: CHARAIVETI, CHARAIVETI. Camina, camina, hasta que llegues a un punto en el que no haya adónde ir, hasta que llegues a ese punto, a ese punto último en el que no hay manera de ir a ninguna parte.

Entonces, asiéntate, sólo entonces, asiéntate. Entonces estás en casa. Entonces la vida es una dicha, entonces la vida es una bendición, entonces la vida es una bendición.

La segunda pregunta:

AMADO MAESTRO,

Pregunta 2:

¿QUIÉN SOY?

Sanjaya, ¿cómo voy a saberlo? ¿Cómo puedo responder a esta pregunta? Nadie más puede responder por ti, excepto tú. No puedo responder en tu nombre. Yo sé quién soy, pero ¿cómo puedo decir quién eres tú?

Tendrás que bucear en lo más profundo de tu ser. Y las personas que han estado respondiendo en tu nombre son tus enemigos, porque empezarás a coleccionar y acumular sus respuestas, te volverás conocedor, y volverse conocedor es impedir que surja la sabiduría.

Sí, hay miles de respuestas disponibles. Yo también puedo responderos muy fácilmente: que sois un alma, eterna, sin muerte; que sois hijos de Dios, hijos de la inmortalidad - AMRITASYA PUTRA. Puedo deciros todas esas cosas hermosas que se han dicho a lo largo de los siglos, pero no os van a ayudar. Si os aferráis a ellas, no os habré ayudado, os habré obstaculizado. No he sido un maestro para ti, sino un enemigo, no un amigo.

No puedo responder por ti. No es una pregunta que pueda responder nadie más que tú mismo.

Tienes que entrar en ti mismo. Tienes que buscar. Tienes que preguntar e indagar: "¿Quién soy yo?". Es una pregunta muy privada, absolutamente privada, y sólo tú eres capaz de conocer la respuesta, y no a través de las escrituras, recuerda, sino a través de una profunda indagación en tu propio ser. Esa indagación es la meditación.

Ramana Maharshi solía dar una sola meditación a sus discípulos: Siéntate en silencio y sigue preguntando en tu interior: "¿Quién soy yo?". Primero verbalmente y luego, poco a poco, deja que las palabras desaparezcan y que la pregunta se convierta en un sentimiento: "¿Quién soy yo?" - sólo un sentimiento, sólo un interrogante en el fondo de tu corazón. Y sigue preguntando. Un día incluso ese sentimiento desaparece. No hay pregunta; de repente no tienes preguntas.

La pregunta "¿Quién soy yo?" te ayudará a destruir todas las demás preguntas y, finalmente, se suicida: te quedas sin pregunta. Y ése es el momento en que surge en ti la respuesta.

Entonces, aunque sepas la respuesta, no podrás comunicársela a nadie más. Es incomunicable.

Tú me preguntas: "¿Quién soy yo?".

Eres Sanjaya; éste es tu nombre. Eres un hombre; tienes el cuerpo de un hombre. Eres una persona educada; tienes un título de médico. Cualquiera puede responder a estas cosas, pero tú no eres así. Eres hindú; has vivido la vida de un supuesto religioso hindú. Conoces el Gita; lo has leído tantas veces que simplemente puedes repetirlo de memoria. Y en el Gita Krishna ha respondido tantas veces quién eres que tú también debes conocer esas respuestas.

Desconfía de las personas que responden a tus preguntas más profundas. Los demás sólo pueden responder a preguntas superficiales. Si alguien empieza a hablarte de lo más profundo de ti, detenlo inmediatamente.

No es asunto suyo y te va a liar.

Un soltero envió su declaración de la renta.

Uno de los agentes de Hacienda se dio cuenta de que había declarado una deducción de seiscientos dólares por la crianza de un bebé. Le escribió una carta diciendo: "Evidentemente, debe de tratarse de un error taquigráfico".

La carta de respuesta decía: "Señor, ¿me lo está diciendo?"

¿Lo pillas?

Cuando alguien te diga quién eres, detenlo inmediatamente. No es asunto suyo, y todo lo que te diga va a perjudicarte; es venenoso.

El verdadero maestro no te dirá quién eres, aunque por supuesto te sacudirá y te hará tomar conciencia.

Los dos pacientes se encontraron en el recinto del manicomio.

"Buenos días, Fosdike, ¿cómo estás?"

"Estoy bien, Cartwright, pero no me llamo Fosdike".

"El mío tampoco es Cartwright".

"No te preocupes, probablemente no seamos nosotros mismos hoy".

Pero esta es la situación del mundo entero: la tierra entera es casi como un manicomio; nadie sabe quién es. Las personas que no saben quiénes son siguen hablando a los demás de su yo más íntimo. No hacen más que repetir escrituras, hermosas escrituras, como loros; pero en sus manos todas las escrituras pierden su verdad.

Cuando alguien que está despierto dice algo, hay una verdad en ello, pero cuando la gente que no está despierta lo repite, se convierte en falso. La verdad repetida por aquellos que no han experimentado se convierte en falsa.

La verdad prestada se convierte en falsedad.

Sanjaya, sólo se puede decir una cosa: que estás en una profunda inconsciencia. La inconsciencia tiene que romperse, el hielo tiene que derretirse. Una vez que tu inconsciencia se rompa, una vez que te hayas vuelto un poco consciente, serás capaz de ver quién eres - serás la primera persona en saber quién eres. Fíjate en la desafortunada situación: que tenemos que preguntar a los demás quiénes somos.

El capitán le dijo al prisionero que sería liberado si cumplía tres condiciones: "Primero, debes beber este galón de whisky Kentucky rotgut sin parar. Si sobrevives a esto, debes salir a la jaula de los animales donde un león tiene un diente malo. Debes quitarle el diente con las manos desnudas, sin anestesia. Y finalmente, si sobrevives a las dos primeras condiciones, debes salir por la parte de atrás a una tienda donde una mujer que nunca, repito nunca, ha sido satisfecha sexualmente está esperando a que la satisfagas. Si cumples las tres, te dejaré libre".

El prisionero se estremeció, pero sintiendo que no tenía otra opción accedió a intentarlo. Primero se bebió el whisky, volviéndose de todos los tonos del espectro cromático. Luego salió dando tumbos por la puerta principal. Durante una hora sólo se oyeron gritos y rugidos, gritos y más rugidos.

Finalmente, el prisionero regresó, con la ropa hecha jirones y el cuerpo cubierto de sangre.

"Vale", murmuró. "Ahora, ¿dónde está la señora con el diente malo?"

La tercera pregunta:

AMADO MAESTRO,

Pregunta 3:

¿SE PUEDE APRENDER A MEDITAR, O ES, COMO EL AMOR, UN ESTADO DEL SER QUE VIENE COMO UN REGALO?

Prem Prabhati, la meditación no puede aprenderse de forma positiva, pero sí de forma negativa. Esto es muy importante de entender: el método básico de meditación es negativo.

¿Qué quiero decir cuando digo que la meditación puede aprenderse negativamente, sólo negativamente? Quiero decir que la mente puede desaprenderse, y en el momento en que desaprendes la mente estás aprendiendo meditación.

Desaprender la mente es aprender meditación; cuando la mente se ha desaprendido completamente, has aprendido meditación. No se puede pasar directamente al aprendizaje de la meditación. Todo lo que se necesita es eliminar la mente.

La mente es como un bloque. El río está ahí pero bloqueado, no puede fluir. Está cubierto de rocas; esas rocas no le permiten ninguna salida. Está surgiendo dentro de ti, está anhelando el océano, quiere salir de esta prisión. Por eso todo el mundo se siente tan inquieto. Esta inquietud no es más que tu conciencia anhelando encontrarse con lo último. El río quiere llegar al océano. La semilla quiere brotar, pero está cubierta, bloqueada por una gran roca. Esa roca es tu mente. Y es una gran roca porque la has estado acumulando durante muchas muchas vidas. Tu meditación está simplemente aplastada bajo ella.

No puedes alcanzar la meditación directamente, pero puedes quitar esta roca trozo a trozo. Puedes coger un cincel y un martillo -eso es lo que te voy a proporcionar- y seguir martilleando la roca. Poco a poco la roca desaparecerá. El día que la roca desaparezca, de repente un flujo, un flujo fresco de agua, empezará a correr hacia el océano. Eso es la meditación.

Por lo tanto, Prabhati, en un sentido la meditación no se puede aprender. No puedes practicarla, porque toda práctica es de la mente. Todas las prácticas fortalecen la mente, la hacen más fuerte. Y la mente tiene que ser debilitada; su poder sobre ti tiene que ser destruido. Hay que ponerla en su sitio: no es la maestra, sólo se ha convertido en la maestra. Tienes que dejar de cooperar con ella, tienes que dejar de darle más y más alimento.

A eso me refiero con desaprender la mente. No la apoyes. No te aferres a ella. No confíes en ella. No te dejes poseer por ella. No vivas de acuerdo a sus dictados. Y entonces, lentamente, el amo se libera del esclavo. Ese amo es tu cualidad meditativa.

Me preguntas: "¿Se puede aprender a meditar, o es, como el amor, un estado del ser que viene como un regalo?".

Ya está ahí. No viene como un regalo, nadie te lo "regala", es tu propia naturaleza, svabhava, es tu propio ser. Y lo mismo ocurre con el amor.

Cuando se ha producido la meditación, el amor es su aroma, su perfume. Una persona meditativa es naturalmente amorosa; no puede ser de otra manera. Una persona amorosa es naturalmente meditativa. Si no es así, entonces estás engañado, entonces llevas monedas falsas. Si un hombre piensa que es meditativo y no es amoroso, entonces su meditación no es más que una práctica mental, algo falso, pseudo. Algo que no es meditación se hace pasar por meditación. Ha sido engañado por su mente. Si un hombre piensa que es muy amoroso y no es meditativo, su amor no es más que otro nombre para la lujuria. No sabe nada del amor; no puede saber en la naturaleza misma de las cosas.

AES DHAMMO SANANTANO. Esta es la ley suprema: la meditación trae el amor de forma natural, es su aroma, su fragancia. Y el amor sólo existe alrededor de la flor llamada meditación, nunca de otra manera.

Están juntos.

O buscas el amor o buscas la meditación. Y sólo puedes buscar uno, porque las cosas ya son demasiado complicadas. Si empiezas a buscar las dos cosas, las complicarás aún más, te confundirás más. Por eso te digo que busques sólo una. Si puedes encontrar uno, el otro se encuentra sin ningún esfuerzo por tu parte. O encuentras el amor o encuentras la meditación y el otro te seguirá como una sombra.

Pero no se aprenden de forma directa, como se aprenden las matemáticas, la geografía, la historia o un nuevo idioma. Esa no es la manera de aprender meditación o amor; se aprenden de manera indirecta. Si quieres aprender meditación, tendrás que desaprender los caminos de la mente. Si quieres aprender a amar, tendrás que desaprender las formas de no amar que están muy arraigadas en ti. La ira, la posesividad, los celos... tendrás que desaprenderlos.

Y nunca llega como un regalo porque ya está dado; es tu naturaleza más íntima. Sí, es una gracia, un regalo, pero no va a suceder en el futuro, ya ha sucedido. Nunca has estado sin ello, NO PUEDES estar sin ello. El amor y la meditación constituyen tu verdadero núcleo esencial.

La cuarta pregunta:

AMADO MAESTRO,

Pregunta 4:

ME ASOMBRA SU MEMORIA. ¿A QUÉ ATRIBUYE SU EXTRAORDINARIA MEMORIA?

Gayan, ¿de qué estás hablando? ¡Debo tener la peor memoria posible! La razón por la que no puedes detectarlo es sólo porque no me importa.

Justo el otro día te contaba una historia sobre Vrihaspati y su esposa - y no se trata de Vrihaspati. Pero no me importa. Justo cuando la estaba contando me acordé: ¡se trata de Vachaspati, no de Vrihaspati! ¿Y qué? Vrihaspati o Vachaspati, suenan igual. Y tampoco se trata de eso; el nombre de la persona no importa. Ya sea que lo llame Vrihaspati o Vachaspati, el punto es el mismo. Yo hablaba de una mente concentrada; no hay que preocuparse de a quién pertenecía.

Una vez, en Ahmedabad, pronuncié un discurso. Mencioné un pequeño cuento de Marcel. Cuando salí de la sala y entraba en el coche, se me acercó un profesor y me dijo: "Señor, ese cuento no lo escribió Marcel, lo escribió Kafka".

Le dije: "Perfectamente de acuerdo. Así que puedes corregirlo - al menos por ti mismo puedes corregirlo. Por lo que a mí respecta, no importa".

Me dijo: "¡Pero si el cuento lo escribió Kafka!".

Le dije: "Estoy de acuerdo. Y si alguien dice que lo escribió Jean-Paul Sartre, estaré de acuerdo. Incluso puedo estar de acuerdo si alguien viene y me dice: 'Señor, esa historia la escribió usted'. Estaré de acuerdo. No importa. La cuestión es que la historia se utilizó para indicar algo".

Mi memoria no es buena, pero sigo hablando con tanta confianza... que la confianza te engaña.

El padre Ferrucio y el padre Messina estaban sentados en una gruta charlando.

"¿Cree que el Papa permitirá alguna vez que los curas se casen?", preguntó el padre Ferrucio.

"No ocurrirá en nuestra época", respondió el padre Messina. "¡Quizá en la de nuestros hijos!".

Sí, yo también tengo ese tipo de memoria.

Mrs. Brown apenas podía creer lo que veían sus ojos. ¡Un ratón! ¡Un ratón en su casa! Era una ama de casa perfecta, todo el mundo lo decía; su hogar impecable era el orgullo de su vida. Pero, sí, ¡era un ratón el que acababa de correr por el suelo de la cocina!

La señora Brown se estremeció y llamó a su marido. "Charlie", le dijo, "baja a la tienda y compra una ratonera. Pero", añadió rápidamente, "¡por el amor de Dios, no les digas para qué sirve!".

¡Ese es el tipo de memoria que tengo!

El experto en memoria había tenido su turno en la sala del pueblo. El público no se había mostrado entusiasmado y las preguntas formuladas al final del espectáculo realmente enfurecieron al hombre.

Cuando una anciana se acercó y le preguntó a qué atribuía su extraordinaria memoria, pensó que había llegado el momento de dejarlo.

"Bueno, señora", explicó sin sonreír, "cuando estaba en el ejército del aire, una vez tuve que hacer un salto récord en paracaídas desde una altura nunca antes intentada. Justo cuando saltaba del avión, el piloto se asomó por un lateral y gritó: "¡Eh, te has olvidado el paracaídas!".

"Lo crea o no, señora, eso me enseñó una lección y nunca he olvidado nada desde entonces".

Gayan, no tengo buena memoria. Y una buena memoria tampoco es necesariamente un signo de inteligencia. De hecho, ocurre justo lo contrario. Se ha descubierto que las personas que tienen muy buena memoria son personas poco inteligentes. Le sorprenderá, pero éste es uno de los descubrimientos más extraños que se están imponiendo cada vez más: que las personas que tienen muy buena memoria no son inteligentes, porque la memoria es un fenómeno mecánico, no necesita inteligencia. Es como un disco de gramófono.

La memoria forma parte de tu mente; tu mente sigue grabando. Un buen sistema de grabación, un muy buen registro, no significa que tenga inteligencia. Sí, tu mente es un buen registro; es un bioordenador. Y algunas mentes son muy buenas grabadoras, tan buenas que a veces parecen increíbles, increíbles.

Lord Curzon, uno de los virreyes de la India, ha escrito en su autobiografía.... Ahora no me creas:

puede ser Lord Curzon, ¡puede ser otra persona! Y no sé si Lord Curzon ha escrito alguna autobiografía o no, pero aun así voy a contarles la historia.

Lord Curzon ha escrito en su autobiografía.... ¡Y la historia es cierta! Lord Curzon o no Lord Curzon, pero la historia es cierta.

Había un hombre muy famoso en Rajastán cuya memoria era increíble. Era absolutamente inculto, y muy estúpido también, pero su memoria era simplemente, absolutamente rara, única - quizás nunca ha habido un hombre, antes de él o después de él, que pueda probar que su memoria es tan cien por cien correcta.

Lord Curzon oyó hablar de él y lo llamó a la corte del virrey para que demostrara su memoria. Y Curzon planeó una situación tan complicada que cualquiera, por buena que fuera su memoria, estaría abocado al fracaso. Era imposible tener éxito, tal era la situación creada.

Treinta personas debían examinar al hombre, treinta personas cada una de las cuales conocía una lengua diferente. Cada persona tenía que recordar en su mente una frase de su idioma. Y este hombre de Rajastán sólo sabía rajastaní, el dialecto local de su estado, ningún otro idioma; y estas personas de la corte -alguien sabía francés, alguien sabía latín, alguien griego, alguien alemán- Curzon les dijo que hicieran las frases en sus propios idiomas lo más difíciles posible.

Este hombre primero tenía que acercarse al primer hombre de la fila al que se le había dicho que dijera la primera palabra de su sentencia: "Susúrrale al oído la primera palabra de tu sentencia". Luego, un gran gong, para perturbar su mente y que se olvide. Entonces llega a la otra persona y dice su primera palabra. Otro gong. Va alrededor de estas treinta personas y luego vuelve a la primera otra vez. Ahora dice su segunda palabra... y el gong. Y da una vuelta... vuelve otra vez, y el hombre dice su tercera palabra. Y al final, cuando han terminado sus frases, tiene que repetir cada una de ellas: treinta frases en treinta idiomas, ¡y no sabe nada de esos idiomas!

Incluso las personas que las decían tenían que escribir sus frases, porque cuando él volvía podían olvidar si habían dicho la tercera palabra o la cuarta.

¡Y sabes que siempre se me olvida qué pregunta es! Después de la segunda viene la cuarta, después de la cuarta viene la quinta. Sólo una cosa no está sucediendo, que está obligado a suceder algún día:

después del quinto viene el primero. Eso aún no ha sucedido, pero puedes estar seguro de que sucederá algún día.

Así que tenían que escribir sus frases para recordarlas, porque una frase podía constar de veinte palabras y la persona venía veinte veces... y además el gong les martilleaba la cabeza.

Así que tenían que escribir sus frases y marcar qué palabra habían dicho.

Y el hombre repitió por separado treinta frases en treinta idiomas sin ningún fallo. No se perdió ni una sola palabra. Pero el hombre era completamente estúpido; era un idiota.

Ahora esto se está convirtiendo en un hecho psicológico: que las personas con muy buena memoria son poco inteligentes y las personas con gran inteligencia no son tan buenas recordando.

El otro día les hablaba de Edison. He oído hablar de Immanuel Kant, una de las personas más inteligentes que ha dado Alemania .... Era muy malo en lo que a memoria se refiere.

Una tarde volvió de su paseo rutinario. Estaba anocheciendo cuando llamó a la puerta.

En la oscuridad, el criado no pudo reconocer que era el profesor el que había vuelto, así que le dijo: "El profesor ha salido a dar un paseo, así que si quieres verle, ven un poco más tarde."

E Immanuel Kant dijo: "De acuerdo", y se marchó. Al cabo de media hora de caminata se acordó:

"¡Esto es demasiado! ¡Este sirviente es un tonto! Yo soy el profesor!" Estaba muy enfadado con el criado.

Una noche sucedió que llegó de su paseo, cansado -siempre solía llevar consigo su bastón- y olvidó qué es qué. Así que puso el bastón sobre la cama, pensando que se trataba de Immanuel Kant, y él mismo se quedó de pie en un rincón de la habitación.

En mitad de la noche miró de repente: "¿Qué pasa?". Entonces recordó: "Las cosas se han mezclado. Yo soy Immanuel Kant y ése es el bastón".

Esto es posible, no es difícil, porque la inteligencia es un fenómeno totalmente distinto de la memoria.

De ordinario, la gente tiene un poco de inteligencia y un poco de memoria; se les llama mediocres. Es suficiente para llevar a cabo la rutina de la vida y el trabajo.

Uno de mis amigos, el doctor Ram Manohar Lohia, fue a ver a Albert Einstein. Albert Einstein le había dado una hora exacta para ir, pero él fue quince minutos antes.

La esposa dijo: "Ha venido, eso está muy bien. Tómate un té, descansa, pero no podemos estar seguros de cuándo saldrá porque se ha metido en el baño. Ni siquiera yo puedo predecirlo aunque llevo treinta años viviendo con él. Es imprevisible".

El doctor Lohia dijo: "Pero me ha dado un plazo provisional".

La esposa dijo: "Él sigue dando horas a la gente, y es una molestia constante para mí, porque tengo que atender a esas personas, a veces tres horas, cuatro horas, cinco horas".

El doctor Lohia preguntó: "¿Pero qué hace durante cinco horas en el baño?".

La mujer le dijo: "No preguntes: todo tipo de cosas. Pero le gusta especialmente sentarse en la bañera y jugar con las pompas de jabón. De hecho, es allí donde ha descubierto todas sus grandes teorías. Jugando con pompas de jabón se relaja y se olvida por completo del mundo".

Para él era una especie de meditación. Se topó con la teoría de la relatividad en su bañera. Todo el mérito es de la bañera. Jugando con pompas de jabón era como un niño: inocente.

Y la esposa dijo: "No podemos molestarle, porque uno nunca sabe dónde está y molestarle puede destruir algo hermoso que está surgiendo en él".

Se cuenta que una vez fue a ver a un amigo. El amigo estaba muy contento; le había estado invitando una y otra vez, y un día apareció. Bebieron, comieron, hablaron de los viejos tiempos. Y entonces la noche empezó a oscurecerse más y más, y se estaba haciendo muy tarde. El amigo tenía sueño y esperaba: "Ahora se irá, ahora se irá, ahora se irá". Pero Albert Einstein se había olvidado por completo. Finalmente, el hombre le dio una pista. Miró su reloj y dijo: "Es muy tarde".

Albert Einstein dijo: "Eso es lo que he estado pensando: es muy tarde. ¿Por qué no te vas a casa? Yo también me siento cansado".

El hombre dijo: "¡Esto es demasiado! Esta es mi casa!"

Albert Einstein dijo: "¿Entonces por qué no lo dijiste antes? - ¡porque esperaba y deseaba que te fueras ya! Yo también quiero irme a dormir. ¿Y cuánto tiempo puedo seguir hablando de estas tonterías que hemos estado discutiendo, perdiendo el tiempo? Pero lo siento, creía que era mi casa".

Ha estado sucediendo una y otra vez, porque la inteligencia es una energía totalmente diferente en ti:

proviene de tu conciencia, y la memoria es sólo una parte del bioordenador. La memoria es sólo utilitaria. La inteligencia no tiene ninguna cualidad utilitaria, pero trae libertad, trae perspicacia, te lleva a la verdad.

Gayan, no tengo nada buena memoria. Por lo tanto, muchas veces encontrarás muchas faltas y muchos errores en lo que digo. No les hagas mucho caso. Sólo recuerda lo que quiero decir.

Todo lo que estoy diciendo son como dedos apuntando a la luna. No te aferres a los dedos, son irrelevantes. Mira a la luna y olvídate por completo de los dedos.

La sexta pregunta... ¿o es la quinta?

AMADO MAESTRO,

Pregunta 5:

¿QUÉ OCURRE CUANDO UNO SE DESPIERTA?

Nada especial, nada importante; nada sucede realmente. Todo lo que sucede se detiene, el mundo se detiene. El humo de los ojos desaparece; empiezas a ver las cosas como son.

No os preocupéis mucho por ello. Tarde o temprano muchos de vosotros os iluminaréis. No hagan mucho alboroto al respecto. Cuando os iluminéis, callad. No digas nada a nadie, no es nada de lo que alardear.

Cuando la miope Nancy conoció a Kazantzakis, pensó que parecía un dios griego. Pero ahora que le han puesto lentillas, piensa que parece un maldito griego.

Eso es lo que pasa: empiezas a ver las cosas como son. Los dioses griegos se convierten en malditos griegos.

La última pregunta:

AMADO MAESTRO,

Pregunta 6:

CUANDO MIRO HACIA ATRÁS Y LO OBSERVO TODO, ME PARECE INCREÍBLE Y ABSURDAMENTE CÓMICO. ¿ES LA VIDA TAN POCO SERIA? ¿ESO ES TODO?

Prem Indivar, ¿qué más quieres? ¿Qué más esperas de la vida? ¿No es esto más de lo que se puede pedir? La vida es tremendamente absurda, esa es su belleza. Es ridícula, esa es su alegría. Es juguetona, no es nada seria. Excepto los estúpidos, nadie es serio.

La gente estúpida está obligada a ser seria porque es la única forma de cubrir su estupidez. Las personas inteligentes tienen sentido del humor. La gente estúpida no puede permitírselo, porque el sentido del humor necesita una gran inteligencia.

Ser miserable es muy fácil; cualquiera puede hacerlo. No se necesita nada, ni inteligencia, ni valor.

Por eso hay tantos desgraciados en todo el mundo: es barato, no cuesta nada, está disponible gratuitamente. Pero para ser dichoso hay que arriesgar mucho.

Para tener sentido del humor se necesita una especie de trascendencia. La seriedad es una enfermedad.

Ahora te preguntas: "Cuando miro hacia atrás y veo todo, parece tan increíble y absurdamente humorístico".

Así es. Sigue observando más y más, y ponte lo más atrás posible. Conviértete en testigo.

Pero parece que no vas demasiado lejos: sólo un paso y luego vuelves a saltar. Tienes miedo porque parece increíblemente absurdo. Tienes miedo: ¿te estás volviendo loco o qué? No te preocupes, ya estás loco. Ahora ya no puede pasarte nada más; ésa es tu seguridad.

Preguntas: "¿De verdad la vida es tan poco seria?".

La vida no sabe nada de seriedad, por lo tanto tampoco puedes llamarla poco seria. Si hay algo serio, entonces algo puede ser llamado poco serio; pero la vida no sabe nada de seriedad, por lo tanto tampoco sabe nada de poco serio. Sencillamente, no es ni seria ni inseria. Es lo que es.

Y cuando lo ves desde la distancia de una manera fría, tranquila, de eso se trata la meditación. Empezarás a bailar, empezarás a reír una gran carcajada.

Y el dicho Zen dice: Cuando se produce una carcajada como la de Bodhidharma, empiezan a llover lotos blancos del cielo, de la nada.

El loto blanco es un hermoso símbolo. El blanco representa la multidimensionalidad, porque contiene todos los colores del espectro. Esa es la cualidad más extraña e increíble del blanco: contiene todos los colores y, sin embargo, parece ser incoloro. No es rojo, no es azul, no es verde, aunque contenga todos los colores. Pero contiene todos esos colores en tal síntesis, en tal armonía, que todos desaparecen. Se disuelven en la unidad, y esa unidad es el blanco.

El blanco representa la síntesis y la armonía supremas. Es la mejor orquesta, donde todos los instrumentos musicales se funden entre sí, y no solo los instrumentos, sino también los músicos.

Toda la orquesta funciona como una unidad orgánica y orgásmica. El blanco representa eso.

Y el loto también es un gran símbolo, sobre todo en Oriente - naturalmente, porque Oriente sabe lo que son los grandes lotos. En Occidente sólo hay lotos pequeños, que necesitan el calor del sol. Oriente conoce los grandes lotos perfumados, y el loto se convirtió en uno de los símbolos centrales de Oriente. Es posible que hayas visto estatuas de Buda sentado sobre un loto, o de Vishnu, el dios hindú, de pie sobre un loto.

El loto representa el significado esencial de sannyas. El loto vive en el lago y, sin embargo, el agua no puede tocarlo. Vive en el agua y, sin embargo, el agua no lo toca. El loto representa la cualidad de testigo de tu ser: vives en el mundo, pero sigues siendo testigo. Estás en el mundo, pero no formas parte de él. Participas, pero no formas parte de él. Estás en el mundo, pero el mundo no está en ti.

Cuando te conviertas en un observador tranquilo y frío de la vida te vas a reír, no de una risa ordinaria, sino de una carcajada como el rugido de un león. Y lotos blancos comenzarán a llover sobre ti.

La vida no es ni seria ni no seria. Es un juego tremendo, lúdico. Sí, muchas veces es ridícula, increíblemente absurda, pero en nuestra mente esas palabras tienen una connotación muy equivocada, algo negativo. Cuando decimos que algo es absurdo queremos decir que es algo malo. No, no es así.

Absurdo significa simplemente más allá de nuestra lógica. Absurdo simplemente significa más allá de nuestras expectativas. Absurdo significa simplemente que siempre hay una sorpresa. Absurdo significa simplemente que la vida es impredecible y no puede reducirse a causa y efecto, que la vida es más que lógica, más de lo que el lenguaje puede contener, más de lo que puede expresarse.

Y es tremendamente humorístico... porque aquí se ve a dioses fingiendo ser mendigos. Sí, es una pretensión. Aquí verás budas siendo miserables.

¿Ha ido alguna vez a ver una obra de teatro, no desde el público, sino entre bastidores, donde los actores y actrices se visten y se preparan? Entonces se sorprenderá.

Ese era uno de mis pasatiempos en la infancia, entrar de alguna manera entre bastidores. En mi pueblo todos los años representaban ramleela, la gran historia de Rama. Y es mucho más hermosa si ves lo que ocurre detrás. He visto a Sita, la esposa de Rama.... En la India se la venera como la mujer más grande jamás nacida, absolutamente virtuosa, pura. Es imposible concebir una mujer más pura o un amor más puro. Es absolutamente imposible concebir una mujer más religiosa, más piadosa, más santa. Pero al fondo del escenario he visto a Sita antes de salir a escena: ¡fumando beedies!

¡Ahora Krishna Prem no tiene que preocuparse por beedies! Sólo para prepararse, sólo para darse una inyección de nicotina, Sita estaba fumando beedies. Era tan absurdo. ¡Lo disfruté tanto!

Y Ravana, el hombre que es el criminal en el drama de la vida de Rama, que roba a Sita y que representa el mal en la India, le decía a Rama: "¡Ten cuidado! Anoche estuviste mirando continuamente a mi esposa entre el público, ¡y si te vuelvo a ver haciendo eso te daré una lección!".

Ahora bien, Rama es la encarnación de Dios, pero en el drama no era más que un colegial - y los colegiales son colegiales. Y Ravana enseñándole, el mal encarnado enseñando a Dios... "¡No mires a mi esposa - eso no está bien!"

Disfrutaba tanto entre bastidores que lo que ocurría en el escenario me parecía muy ordinario.

Cuando te conviertes en testigo entras en los bastidores de la vida -y ahí las cosas son realmente absurdas- empiezas a ver las cosas como son. Todo es ilógico, nada tiene sentido. Pero esa es la belleza de la vida: que nada tiene sentido. Si todo tuviera sentido, la vida sería un aburrimiento.

Porque nada tiene sentido, la vida es siempre una alegría constante, una sorpresa constante.

El hombre miró al psiquiatra y le dijo: "Trabajo en la fábrica de pepinillos y tengo unas ganas increíbles de meter la polla en el cortador de pepinillos".

El médico se lo pensó un momento y respondió: "Ya veo. Tal vez sea el resultado de algún comportamiento infantil reprimido, podría ser un complejo de Edipo. Le sugiero que se tome dos semanas de vacaciones, luego vuelva al trabajo durante una semana y después vuelva a verme para empezar la terapia."

Tres semanas después, el hombre regresó y le dijo al médico que lo había conseguido.

"¿Has metido la polla en el cortador de pepinillos?"

"Sí", respondió el hombre.

"Bueno, ¿qué ha pasado?", preguntó el psiquiatra.

"Me despidieron", dijo.

"Sí, claro, ¿pero no pasó algo más?".

"Ah, sí", respondió el hombre, "a la cortadora de pepinillos también la despidieron".

Suficiente por hoy.

El ojo del Zen

PREGUNTA: HE OÍDO QUE TODOS LOS BUDAS DEL PASADO, DEL PRESENTE Y DEL FUTURO PREDICARON EL MISMO DHARMA E INNUMERABLES SERES SE SALVARON DEL SUFRIMIENTO. ¿NO ES CIERTO?

RESPUESTA: HAS OIDO A ALGUIEN HABLAR DE SUEÑOS, Y TU MISMO ESTAS SOÑANDO EN REALIDAD. CUALQUIER COSA QUE IMAGINES CON TU MENTE DUALISTA NUNCA HACE UN RECUENTO VERDADERO DE LA ESENCIA DE LA MENTE, POR LO TANTO, TE LLAMO UN SOÑADOR.

UNA COSA ES EL SUEÑO Y OTRA LA REALIZACIÓN. NO LOS MEZCLE.

LA SABIDURÍA EN EL SUEÑO NO ES LA VERDADERA SABIDURÍA. EL QUE TIENE VERDADERA SABIDURÍA NO SE RECONOCE A SÍ MISMO. LOS BUDAS DEL PASADO, PRESENTE Y FUTURO SE ENCUENTRAN EN EL REINO MÁS ALLÁ DE LA COGNICIÓN. SI CIERRAS TU FACULTAD DE PENSAR, BLOQUEANDO EL CAMINO DE TU MENTE, ENTRARÁS EN UNA ESFERA DIFERENTE. HASTA ESE MOMENTO, LO QUE PIENSES, LO QUE DIGAS, LO QUE HAGAS NO ES MÁS QUE UNA TONTERÍA EN EL PAÍS DE LOS SUEÑOS.

PREGUNTA: ¿QUÉ TIPO DE SABIDURÍA SE DEBE UTILIZAR PARA CORTAR CON LOS ENGAÑOS?

RESPUESTA: CUANDO OBSERVES TUS DELIRIOS, SABRÁS QUE CARECEN DE FUNDAMENTO Y QUE NO SON FIABLES. DE ESTE MODO PODRÁS CORTAR LA CONFUSIÓN Y LA DUDA.

ESTO ES LO QUE YO LLAMO SABIDURÍA.

PREGUNTA: ¿QUÉ TIPO DE DELIRIOS SE DESPEJARÁN CON EL ZEN?

RESPUESTA: LOS DELIRIOS DE MEDIOCRIDAD, DE UN FILÓSOFO, DE UN SHRAVAKA, DE UN PRATYEKA-BUDA O DE UN BODHISATTVA.

PREGUNTA: ¿CUÁL ES LA DIFERENCIA ENTRE LA VIDA MÁS EXCELENTE DE UN SABIO Y LA VIDA COTIDIANA DE LA GENTE COMÚN?

RESPUESTA: ES COMO GASA. ALGUNOS LO CONFUNDEN CON VAPOR, PERO EN REALIDAD ES UNA SEDA DE ARAÑA QUE FLOTA EN EL AIRE. UNA PERSONA MEDIOCRE VE LA VIDA DEL SABIO Y CREE QUE ES IGUAL A SU PROPIA VIDA COTIDIANA; MIENTRAS QUE EL HOMBRE ILUMINADO VE EL CAMINO SAGRADO EN UNA VIDA DE MEDIOCRIDAD. SI OBSERVAS EN LOS SUTRAS QUE TODOS LOS BUDAS PREDICAN PARA DOS GRUPOS, LOS MEDIOCRES Y LOS SABIOS, PERO A LOS OJOS DEL ZEN, LA VIDA DE UN SABIO ES UNA VIDA DE MEDIOCRIDAD Y LA DE LA PERSONA MEDIOCRE COMO LA DEL SABIO. ESTA ÚNICA VIDA NO TIENE FORMA Y ES VACÍA POR NATURALEZA. SI TE APEGAS A ALGUNA FORMA, DEBES RECHAZARLA. SI VES UN EGO, UN ALMA, UN NACIMIENTO O UNA MUERTE, RECHÁZALOS TODOS.

PREGUNTA: ¿POR QUÉ Y CÓMO LAS RECHAZAMOS?

RESPUESTA: SI TIENES ZEN, NO DEBERIAS VER NADA. "EL MÁS FIRMEMENTE ESTABLECIDO EN EL CAMINO PARECE EL MÁS NEGLIGENTE".

El camino hacia la realidad está lleno de paradojas, de ahí que la mente lógica no pueda comprenderlo. La lógica es incapaz de comprender una paradoja. La lógica trata de disolver todas las paradojas, de hacer las cosas rectas, claras. Pero la paradoja es intrínseca a la naturaleza. La naturaleza existe a través de las contradicciones. Las contradicciones no son realmente contradicciones, sino complementariedades.

La persona que piensa sobre la verdad está abocada a pensar erróneamente. Todo pensamiento es erróneo sobre la verdad, porque en el momento en que empiezas a pensar sigues el camino de la lógica, y la realidad es paradójica; nunca se entrecruzan. Corren paralelos, pero nunca se encuentran.

Otro nombre para esta paradoja de la existencia es misterio. El misterio no es un acertijo, el misterio no es un problema, porque no puede resolverse. Sencillamente, no hay forma de resolverlo. Hay que vivirlo, experimentarlo. Sin embargo, no podrás responder qué es, porque en el momento en que intentas responderlo tienes que introducir el lenguaje, y el lenguaje es lógico. El lenguaje es creado por la mente lógica, de ahí que el lenguaje sea inadecuado, absolutamente inadecuado para expresar la verdad. La verdad sólo puede expresarse a través del silencio, pero el silencio también es un misterio.

La primera paradoja que te encontrarás en el camino es: la mente no puede hacer una pregunta correcta. No está en su mano hacer la pregunta correcta, porque hacer la pregunta correcta es encontrar la respuesta inmediatamente. De hecho, la pregunta correcta es la respuesta. En el mundo de la mente existe una dualidad: la pregunta y la respuesta; están separadas. En el mundo de la realidad, la pregunta correcta es la respuesta.

Si puedes hacer la pregunta correcta, no hay ni siquiera necesidad de preguntar; la comprensión misma de la pregunta correcta es suficiente para comprender la respuesta. Pero la pregunta correcta no puede ser formulada por la mente; sólo puede ser formulada por la no-mente. Pero la no-mente nunca pregunta nada.

Esta es la primera paradoja con la que uno se encuentra: la mente hace preguntas, pero todas las preguntas planteadas por la mente están destinadas a ser erróneas, porque la mente misma es errónea. Cualquier cosa que surja de ese estado va a ser errónea, y una pregunta errónea no puede llevarte a la respuesta correcta. La mente puede hacer millones de preguntas, pero no hay respuesta en ninguna parte para esas preguntas. La no-mente conoce la respuesta, pero la no-mente nunca hace la pregunta. Está tan a gusto, tan en casa con la realidad, que la pregunta no surge. Que no surja la pregunta es la respuesta.

Así que todo el esfuerzo de Bodhidharma es cambiar la gestalt de tu ser, tu enfoque. Estás centrado en la mente dualista. La mente dualista siempre piensa en términos de o lo uno o lo otro: "O Dios es luz o Dios es oscuridad.

¿Cómo puede Dios ser ambas cosas?". A la mente le resulta imposible concebir que Dios sea ambas cosas simultáneamente: luz y oscuridad, vida y muerte; que Dios sea y no sea, y que sea ambas cosas simultáneamente. La mente empieza a sentirse loca si la fuerzas a pensar en tales asuntos.

La mente simplemente retrocede, dice: "¡Esto no tiene sentido!".

Una de las mentes más agudas del Occidente moderno es Arthur Koestler. Vino a estudiar el Zen. Ahora bien, el Zen no puede estudiarse en primer lugar; no es cuestión de estudiar. No se puede abordar a través de la mente, a través del intelecto, pero ese es el único enfoque disponible para el hombre contemporáneo. El hombre contemporáneo es mucho más pobre de lo que ha sido nunca: rico en cosas pero pobre en comprensión.

Arthur Koestler vino a la India, a Japón, viajando en busca de lo que es el Zen: estudiando las escrituras, interrogando a los maestros, recopilando notas de sus respuestas. Y luego escribió un libro contra el Zen. Puedo entender por qué escribió en contra, porque pensaba que todo era una tontería: todo le parecía ilógico. No puedo condenarle. Representa la mente moderna, representa el intelecto.

Si te acercas a través del intelecto entonces el Zen es ilógico, pero así es la vida, así es toda esta existencia.

Aquí, el día y la noche son uno; aquí, el verano y el invierno son uno; aquí, la vida y la muerte son uno.

Koestler también debería pensar un poco más sobre la vida. La vida se parece más al zen que a cualquier otra cosa; el zen puede ser ilógico porque la vida es ilógica. La lógica es un fenómeno creado por el hombre. La lógica es un marco impuesto por nosotros a la existencia. Intentamos ordenar las cosas, y la existencia es un hermoso caos. Queremos descifrar las cosas, qué es qué, y en la existencia todo está girando y cambiando en todo lo demás.

El barro se convierte en el loto, y un día el loto vuelve a caer en el barro. El barro se convierte en el cuerpo de un ser humano, un cuerpo hermoso, y un día vuelve a la tierra. La tierra se convierte en un árbol, se vuelve verde, florecen rosas rojas, se desprende una gran fragancia, y un día todo desaparece como un sueño. De nuevo la tierra está de vuelta.

La existencia no tiene problemas con las contradicciones. Es la lógica aristotélica la que nos crea problemas.

La primera paradoja es que la mente que puede hacer la pregunta no es capaz de comprender la respuesta, y la mente, o no-mente, o mente-buda, que es capaz de hacer la pregunta correcta no necesita hacerla. Antes de preguntar, la respuesta está ahí. Digámoslo con otras palabras: la cabeza sólo tiene preguntas y el corazón sólo tiene respuestas.

A menos que llegues a la profundidad del corazón, no tendrás respuestas reales. Sí, tendrás respuestas, porque la mente es muy hábil para dar respuestas falsas. Plantea preguntas falsas, proporciona respuestas falsas. En eso consiste la filosofía, en eso consiste hacer filosofía. A cada pregunta falsa le siguen muchas respuestas falsas; puedes elegir cualquiera, pero todas son falsas. Son falsas porque no son más que conjeturas.

La realidad hay que encontrarla, abrazarla, saborearla. No hay que estar separado de ella para conocerla, hay que disolverse en ella para conocerla.

La primera pregunta: HE OÍDO DECIR QUE TODOS LOS BUDAS DEL PASADO, DEL PRESENTE Y DEL FUTURO PREDICARON EL MISMO DHARMA Y QUE INNUMERABLES SERES SE SALVARON DEL SUFRIMIENTO. ¿NO ES CIERTO?

La pregunta empieza con HE OÍDO, y desde el principio es errónea, porque ni siquiera es tu pregunta. La pregunta también es prestada; se basa en la experiencia de otras personas. Es sólo una opinión que has recogido de alguna parte y ahora estás haciendo una pregunta a partir de ella. No tiene raíces en ti. Es como una flor de plástico que has comprado en el mercado: no tiene fragancia, no está viva.

La verdadera pregunta no puede surgir de las opiniones de los demás. Tienes que estar en estado de meditación para encontrar la verdadera pregunta. Tienes que aprender a estar en comunión con la existencia.

La pregunta comienza: HE OÍDO -se equivoca desde el principio- QUE TODOS LOS BUDDHAS ESTÁN EN EL PASADO, PRESENTE Y FUTURO.... Ahora bien, para un buda no hay pasado, ni presente, ni futuro. El buda sólo existe en lo eterno. Por eso se le llama buda: porque ha trascendido el tiempo.

Estar en el tiempo es estar dormido. El tiempo es nuestro sueño, el tiempo es nuestra mente, el tiempo es nuestro soñar. Ir más allá del sueño, del pensamiento, de la mente, significa ir más allá del tiempo. El tiempo no consiste en el presente, recuerda; sólo consiste en el pasado y el futuro. ¿Te has encontrado alguna vez con el presente? En el momento en que dices: "Sí, esto es el presente", ya no es el presente, ya es el pasado. En el momento en que reconoces a través de la mente que esto es el presente, ya ha pasado. La mente no puede captarlo, es tan rápido. En el momento en que la mente se da cuenta de ello, el pájaro ya ha salido volando de la jaula.

La mente puede pensar en el pasado porque es un fenómeno muerto. La mente puede acumular cosas muertas muy fácilmente: es una coleccionista de antigüedades. O puede pensar en el futuro. El pasado ya no existe, el futuro todavía no; en cierto sentido, ambos son lo mismo, porque ambos son no existenciales. Y la mente es inteligente con lo no existencial. Puede ir hacia el futuro porque puede soñar, proyectar, imaginar, y no hay ningún obstáculo. Pero cuando surge la cuestión del presente, la mente es absolutamente impotente, porque el presente está muy vivo y la mente sólo es inteligente con lo muerto. El presente es presente, y la mente sólo es inteligente soñando, deseando, proyectando, imaginando. No puedes soñar en el presente, no puedes desear en el presente. Si deseas, es en el futuro. El deseo trae el mañana.

Jesús dice a sus discípulos: Mirad los lirios del campo. ¡Qué hermosos son! ¿Y cuál es el secreto de su belleza? ¿Por qué son tan hermosos? - Más hermosos, dice Jesús, que Salomón en toda su grandeza. Los pobres lirios son mucho más hermosos que el gran Salomón. ¿Por qué?

- por la sencilla razón de que no piensan en el mañana, por la sencilla razón de que están en el presente.

Esa es la belleza de los árboles, de las rosas, de los lotos, de las estrellas, de la tierra, del cielo, de los animales. Mira a los ojos de un gato o de un perro, mira a los ojos de un niño pequeño. ¡Qué profundidad, qué inocencia y qué claridad! ¿Cuál es el secreto de todo esto? Un fenómeno sencillo: viven en el presente, aún no están corrompidos por el pasado y el futuro. La mente aún no ha aparecido.

El tiempo aún no ha aparecido.

Te han dicho y enseñado que el tiempo tiene tres tiempos: pasado, presente y futuro. Esto es totalmente erróneo. El tiempo sólo tiene dos tiempos, pasado y futuro; el presente forma parte de la eternidad, no del tiempo.

Así que cuando estás en el presente, estás en lo eterno.

La pregunta es errónea a cada paso. Va a ser así, porque la pregunta es de la mente.

Primero el interrogador dice: HE OÍDO.... Eso debió de bastar para que Bodhidharma se echara a reír, o cogiera su bastón en la mano para golpear y apalear a este hombre.

Sucede muchas veces que entras en la habitación del maestro zen y antes de que hayas pronunciado una sola palabra te dice: "¡Mal, mal!". No has pronunciado ni una sola palabra, pero la forma en que entras, el lenguaje corporal, es suficiente. Entras vacilante, dubitativo, desconfiado, o intentas probarte a ti mismo, intentas ser muy valiente, formulando cierta pregunta o alguna experiencia -cómo decirlo- y el maestro lo ha visto todo y lo ha oído antes de que hayas pronunciado una sola palabra.

Un discípulo de Rinzai le dijo un día: "Cuando venga con una respuesta -porque me has dado un koan....".

Un koan es un misterio; representa la existencia. Un koan es un enigma irresoluble. Un koan es algo absurdo. "El sonido de una mano aplaudiendo", eso es un koan. "¿Qué es el sonido de una mano aplaudiendo?".

Ahora, el discípulo ha estado meditando sobre ello. Todos los días tiene que venir a responder a la pregunta del maestro: "¿Qué has encontrado? ¿Cuál es el resultado de tus meditaciones?". Trae todo tipo de respuestas -y cualquier respuesta que trae es errónea- y es golpeado y expulsado.

Un día el discípulo no pudo soportarlo más. Era demasiado, porque no había dicho nada y el maestro empezó a pegarle. Él dijo: "¡Pero espera! Ni siquiera he dicho nada!".

El maestro dijo: "No hace falta que lo digas, lo he oído. Lo he visto en tus ojos, lo he visto en tu caminar. Lo reconozco inmediatamente. Cuando hayas encontrado la respuesta no necesitarás decirlo, yo lo sabré".

Y, sí, sucedió exactamente así. Cuando el discípulo encontró la respuesta.... No hay respuesta; eso es lo que encontró. Un día descubrió que "Sólo estoy siendo tonto. No hay respuesta".

Puedes decirlo desde el principio, que "¡esto es una tontería!", pero eso no servirá. Tienes que pasar por todo ese fuego de enfrentarte a una pregunta absurda, sabiendo en el fondo que no tiene respuesta y aun así buscarla. Así es como se profundiza en uno mismo.

Un día, cuando había llegado a su núcleo, no hubo pregunta ni respuesta. Se echó a reír.

Ese día no vino a informar -no había nada que informar-, pero ese día el maestro apareció en su habitación y le dijo: "Ahora has encontrado. No hace falta que vengas a verme; cuando lo hayas encontrado, vendré a verte. Ahora toda la comuna está afectada por tu hallazgo", dijo el maestro. "Tu vibración está pulsando tan fuerte por todas partes que los que entienden el lenguaje de las vibraciones saben que alguien ha alcanzado, que alguien ha llegado a casa, que un viajero ha llegado".

Bodhidharma debió empezar a reírse desde el principio. No se relata, porque éste es el cuaderno de un discípulo. Muchas cosas no se relatan en él, porque el discípulo no puede relatarlas -no puede comprender los reflejos internos que se producen en el espejo del maestro; todo lo que puede relatar son las palabras que pronuncia el maestro. De ahí que no se diga nada sobre Bodhidharma. El discípulo sigue haciendo preguntas y él sigue anotando las respuestas. El informe parece un poco aburrido, no tiene vida, porque consiste en las notas del discípulo. Por lo tanto, faltan muchas cosas, muchas cosas que el maestro debe haber hecho no se relatan porque el discípulo no puede comprenderlas.

Por ejemplo, si Bodhidharma se echa a reír al escuchar la pregunta, el discípulo no informará de ello; parecería demasiado humillante. Se limita a informar de las palabras, palabras que cree que pueden encajar con su respuesta, aunque lo que Bodhidharma diga sea totalmente distinto de lo que está preguntando.

HE OÍDO, preguntó, QUE TODOS LOS BUDDHAS DEL PASADO, PRESENTE Y FUTURO PREDICARON EL MISMO DHARMA....

Recuerda que para los budas no hay pasado, presente ni futuro. Un buda es alguien que ha despertado. El tiempo es un fenómeno onírico.

¿Has observado alguna vez cómo cambia el tiempo a medida que tú cambias? Si eres desgraciado, el tiempo se hace largo, largo. Si estás alegre, el tiempo se hace pequeño. Pero el reloj mostrará el mismo tiempo. Si es una hora, el reloj mostrará que ha pasado una hora, tanto si eres desgraciado como si eres dichoso, el reloj no se ve afectado. El reloj sigue moviendose, es un aparato mecanico. Simplemente informa del tiempo cronológico, no informa de tus experiencias internas del tiempo.

Si estás sentado con un amigo después de muchos años, el tiempo pasa muy deprisa. Si te sientes solo, miserable, ansioso, inquieto, el tiempo parece pasar con tanta lentitud. Esta es tu experiencia, que el tiempo se hace más largo o más corto según tú, según tu mente.

Seguro que has conocido momentos en los que el tiempo se ha detenido por completo. Normalmente, el hombre biológico, el hombre adormecido, sólo conoce esos momentos haciendo el amor, porque sólo haciendo el amor pierde la cabeza, sólo haciendo el amor se pierde. Pero ese pico, el pico orgásmico, en el que pierde toda la mente y se convierte sólo en una vibración, se convierte sólo en una energía, una energía líquida -sin pensamiento, sin pasado, sin futuro, sin deseo- ocurre sólo por momentos. Sólo a través del amor y de la experiencia orgásmica se toma conciencia de que existe la posibilidad de que el tiempo se detenga totalmente.

Por eso digo: el orgasmo sexual es la experiencia más baja pero fundamental de la meditación, la más baja y fundamental. Es a través del orgasmo sexual que el hombre se hizo consciente de la infinita posibilidad de detener el tiempo completamente, de salirse del tiempo. Si se puede salir del tiempo por un momento, eso significa que también se puede salir del tiempo para siempre. Entonces hay que encontrar formas y medios. Así es como se han encontrado el Tantra, el Yoga, el Zen, el Tao, el Sufismo, todo tipo de formas y medios. Una vez que el hombre tomó conciencia de que existe la posibilidad de que haya una ventana por la que pueda escapar, aunque sólo ocurra una vez cada tanto....

Muchas veces la gente me pregunta por qué las mujeres no se han convertido en grandes maestros como Buda, Zaratustra, Lao Tzu, Bodhidharma, Jesús... ¿por qué? Una de las razones fundamentales es que el hombre ha negado a la mujer la experiencia del orgasmo. Le sorprenderá mi respuesta. No habrás imaginado que ésa sería la causa fundamental por la que las mujeres no podrían elevarse tan alto como un Buda, como un Bodhidharma.

¿Qué ha fallado? Una cosa: el hombre no ha permitido a la mujer tener la experiencia del orgasmo.

Y fue posible porque hay una pequeña diferencia entre el orgasmo de un hombre y el de una mujer. El hombre llega a su pico orgásmico muy rápidamente, por lo que puede tener su orgasmo fácilmente, rápidamente.

La mujer llega al plano orgásmico lentamente; su ritmo es diferente. A menos que un hombre ame tremendamente a la mujer y la ayude a llegar al estado orgásmico y se mueva lentamente con ella.... Si él se preocupa por ella, no sólo utiliza a la mujer como un medio para alcanzar su propio orgasmo, sino que también es lo suficientemente cuidadoso, atento y cariñoso como para que ella también tenga su orgasmo, entonces se mueve lentamente.

Eso es lo que descubrió el Tantra hace siglos: que el hombre tiene que moverse muy lentamente. El orgasmo del hombre es local, genital, y el de la mujer es más total. Todo su cuerpo está implicado en él, de ahí que lleve tiempo. El orgasmo del hombre es tan local que no lleva mucho tiempo. A menos que un hombre ame a la mujer, acaricie su cuerpo, ayude a todo su cuerpo a elevarse hasta el pico.... Es un arte sutil llegar juntos al estado orgásmico.

Cuando el hombre y la mujer llegan al estado orgásmico juntos, simultáneamente, es una gran experiencia de éxtasis - muy rica. El hombre que llega solo al orgasmo es una cosa: le falta mucho, no es tan rico, no es multidimensional. Es más o menos masturbatorio - la mujer ha sido utilizada sólo como un medio para la masturbación - no es un verdadero orgasmo, y la mujer se queda atrás. Y el hombre ha estado haciendo eso durante siglos, así que muchas mujeres han olvidado por completo que existe alguna posibilidad de orgasmo para ellas.

Sólo ahora, con el movimiento de liberación femenina, las mujeres están tomando conciencia de que en el pasado se han estado perdiendo algo muy valioso en sus vidas. En Oriente todavía no son conscientes de ello. En Oriente es muy raro encontrar una mujer orgásmica, que sepa lo que es el orgasmo. Incluso en Occidente, sólo un porcentaje muy pequeño de mujeres es capaz de llegar al orgasmo.

Esta ha sido la mayor opresión, la mayor explotación de las mujeres, porque si se las priva del orgasmo se las priva de una de las experiencias más fundamentales de la meditación.

La única ventana hacia Dios permanece cerrada. Nunca se dan cuenta de que hay un momento en el que el tiempo desaparece, que hay un momento en el que "ya no soy un cuerpo, ya no soy una mente, sino una conciencia pura - absolutamente sin pensamientos, sin deseos, sin sueños y completamente dichosa."

Esta es la experiencia más baja, recuerda; no hay que detenerse ahí. Es el primer paso de un largo viaje, sólo entonces se llega al templo. Pero es un paso necesario, es muy fundamental.

Así que de vez en cuando puedes haberte dado cuenta de que el tiempo se detiene, pero el tiempo se detiene sólo cuando eres dichoso. El tiempo se detiene sólo cuando estás absolutamente sin mente -consciente, pero la mente no está ahí- porque no estás "pensando", no estás pensando... una existencia simple.

Puede ocurrir en la música, puede ocurrir mientras se contempla una puesta de sol, puede ocurrir mientras se pinta.

Pero estas experiencias son mucho más raras, mientras que el sexo está al alcance de todos: es un don biológico de la naturaleza. Ser un músico de tal calibre que pueda perderse como se pierde en una mujer o en un hombre es un fenómeno raro; ocurre sólo de vez en cuando. Para ser pintor, escultor, bailarín o poeta hacen falta grandes talentos, y puede que uno no los tenga, pero ocurre lo mismo.

Por eso es posible que un gran pintor vaya más allá del sexo con mucha facilidad: porque tiene otra ventana para experimentar el orgasmo, para experimentar el momento intemporal, para experimentar a Dios. Para un poeta o un bailarín es más fácil ir más allá del sexo que para otros, porque tienen una alternativa a través de la cual pueden experimentar lo mismo, y quizá con mayor profundidad.

Pero sea cual sea la causa, si alguna vez has experimentado un momento en el que el tiempo se detiene, ése es el momento que hay que comprender, porque ésa es la naturaleza de la meditación. Eso es lo que te lleva a casa finalmente, en última instancia. Antes de eso, surgirán todo tipo de preguntas; todas ellas carecen de sentido.

Los maestros les responden por compasión, de lo contrario son todos tontos.

La mente es estúpida - la mente como tal es estúpida. Hace preguntas muy estúpidas.

El interrogador pregunta:

HE OÍDO QUE TODOS LOS BUDAS DEL PASADO, PRESENTE Y FUTURO PREDICARON EL MISMO DHARMA....

Ahora bien, un buda no predica. Sí, muchas cosas pasan a través de él, pero no es un predicador. No es un sermoneador, no es un sacerdote; ni siquiera es un profeta.

Alguien le preguntó a Krishnamurti: "¿Por qué hablas?".

Krishnamurti dijo: "¿Por qué florece la rosa? Pregúntale a la rosa - y mi respuesta es la misma".

Para un buda no se trata de predicar, es simplemente su compasión desbordante. Estas palabras no son aplicables a los budas. Ninguna palabra ordinaria es aplicable al buda: hay que cambiar su significado tan totalmente que ya no es la misma palabra.

El que pregunta dice:

Han PREDICADO EL MISMO DHARMA Y MUCHAS PERSONAS SE SALVARON DEL SUFRIMIENTO.

Ahora bien, el sufrimiento es un sueño: sufres porque estás dormido. Es una pesadilla, no es una realidad. Así que no es cuestión de salvarte; ya estás salvado.

Recuerda, un buda no es un salvador, un buda es sólo un despertador. Nadie necesita ser salvado; tú ya estás salvado. Puede que tengas una pesadilla y que sufras en ella, pero todo es un sueño. No es cierto, no es real, y cuando despiertes te reirás de todo lo absurdo que es.

Pero entendemos las cosas según nosotros mismos, de ahí estas preguntas. Nuestras mentes están tan condicionadas que seguimos haciendo preguntas que no son relevantes en absoluto. Y hay personas que responderán a nuestras preguntas, y puede que nos consolemos, y puede que empecemos a aferrarnos a ideas y filosofías.

El verdadero maestro no te va a dar una respuesta como consuelo, porque eso será fortalecer tu vieja mente. El verdadero maestro martilleara, destrozara tu cabeza completamente. Te cortara la cabeza. Te hará consciente de que esta mente puede acumular muchas respuestas, pero todas son inútiles, sin sentido, porque esta mente en sí misma está equivocada.

El mensajero diplomático estadounidense acababa de llegar a la pequeña capital latinoamericana y, mientras salía a grandes zancadas de la terminal del aeropuerto, estaba obviamente cargado de un sentido de su propia importancia, dando instrucciones a los porteadores que llevaban su equipaje y mirando impaciente a su alrededor en busca del coche que se suponía que estaba allí para recibirle. Desde luego, no tenía tiempo para los sucios callejeros que le seguían, intentando venderle de todo, desde un limpiabotas a sus hermanas.

"¡Eh, americano!", gritó un chaval, especialmente mundano para su edad. "Tengo lo que te gusta si pagas: fotos de feelthy, marihuana, chicas, chicos".

"No se me puede molestar con esta sabandija", proclamó con desdén el poco diplomático mensajero, apartando a su andrajoso perseguidor. "Mi asunto aquí es con el embajador americano".

"Puedo hacerlo, señor", respondió el chico, "pero por un embajador habrá que pagar más".

La gente tiene su propio condicionamiento, su propio pensamiento, su propia forma de ver las cosas. Escuchan desde una mente preocupada, preguntan desde una mente preocupada, y cualquier respuesta que se les dé nunca llega sin distorsión.

Pregunta el interrogador:

¿NO ES CIERTO?

Bodhidharma dice:

HAS OIDO A ALGUIEN HABLAR DE SUEÑOS, Y TU MISMO ESTAS SOÑANDO EN REALIDAD. CUALQUIER COSA QUE TE IMAGINES CON TU MENTE DUALISTA NUNCA HACE UN VERDADERO RECUENTO DE LA ESENCIA DE LA MENTE, POR LO TANTO TE LLAMO SOÑADOR. EL SUEÑO ES UNA COSA Y LA REALIZACIÓN OTRA. NO LOS MEZCLES. LA SABIDURIA EN EL SUEÑO NO ES LA SABIDURIA VERDADERA. QUIEN TIENE VERDADERA SABIDURIA NO TIENE AUTO-RECONOCIMIENTO. LOS BUDAS DEL PASADO, PRESENTE Y FUTURO ESTAN EN EL REINO MAS ALLA DE LA COGNICION. SI CIERRAS TU FACULTAD DE PENSAR, BLOQUEANDO EL CAMINO DE TU MENTE, ENTRARÁS EN UNA ESFERA DIFERENTE. HASTA ESE MOMENTO, TODO LO QUE PIENSES, TODO LO QUE DIGAS, TODO LO QUE HAGAS NO SON MÁS QUE TONTERÍAS EN EL PAÍS DE LOS SUEÑOS.

Para recortar gastos, dos secretarias deciden irse de vacaciones juntas y compartir habitación de hotel.

La primera noche, una se volvió hacia su amiga y le apoyó la mano en el hombro.

"Hay algo sobre mí que nunca te he dicho", admitió. "Seré franco...."

"No", dijo la otra chica, "yo seré Frank".

"Me gustaría comprar maquillaje corporal para mi novia", le dijo el joven músico a la dependienta del mostrador de cosméticos.

"Desde luego, señor", dijo el dependiente. "¿Qué color le gustaría?"

"No importa el color", dijo el músico. "¿Qué sabores tienes?"

Este es el estado de todo el mundo: vivimos en nuestros propios sueños. Lo que Bodhidharma llama el país de los sueños, tú puedes llamarlo Disneylandia o Californialandia. Ahora el mundo entero se está convirtiendo poco a poco en una Disneylandia; de hecho, siempre ha sido así. La gente vive en sus sueños. La llamada gente corriente vive en sus sueños y los llamados V.V.l.P. viven en el mismo tipo de mundo de ensueño.

El Papa estaba leyendo en su santuario vaticano cuando, de repente, le llamaron por teléfono.

"Aquí el Padre Novelli en Nueva York", dijo la voz. "Su Santidad, creo que Jesucristo está caminando por en medio de la Quinta Avenida. ¿Qué debo hacer?"

"¡Mira qué ocupado!", respondió el pontífice.

Mira-uno-ocupado - ¿qué otra cosa se puede hacer? Estas personas, ya sean los pequeños o los llamados grandes, están en el mismo mundo.

Lo he oído:

Miguel Ángel estaba pintando el techo de una iglesia. Estaba solo encima de un gran taburete. Una mujer entró y empezó a rezar en voz alta, hablando con Dios. Miguel Ángel la oyó decirle cosas a Dios.

Le gustó la forma en que hablaba con Dios, como si Dios estuviera realmente allí, así que le gastó una broma.

Me dijo: "¡Escuchad! Yo soy Jesucristo!"

La mujer dijo: "¡Cállate! Estoy hablando con tu padre".

Mira a tu alrededor. Observa a la gente. No hace falta que vayas al cine ni que leas novelas policíacas. Simplemente siéntate a un lado de la carretera y observa las caras de la gente: cómo se mueven, cómo caminan, sus gestos.

Algunos hablan solos, mueven los labios. Todo el mundo parece estar en un sueño, en su propio mundo.

Por eso se produce ese choque: porque cada uno tiene su propia visión del mundo y su propio mundo, así que siempre que dos personas se acercan, tarde o temprano se produce el choque. El choque es inevitable porque sus sueños no pueden coincidir, y cada uno quiere imponer sus sueños al otro.

Nadie puede soñar tus sueños; eso es imposible. Los sueños no pueden imponerse a los demás.

No puedes compartir tus sueños con los demás. No puedes invitar a tu mujer o a tu marido a tu sueño; eso es imposible. Soñar es un fenómeno privado. Por eso, las personas que viven en sueños viven en un mundo privado; nunca son conscientes del mundo real que nos rodea. Ven, pero a través de una espesa niebla. Ven y, sin embargo, no ven.

HAS OÍDO A ALGUIEN HABLAR DE SUEÑOS, dice Bodhidharma, Y TÚ MISMO ESTÁS REALMENTE SOÑANDO. CUALQUIER COSA QUE IMAGINES CON TU MENTE DUALISTA NUNCA HACE UN RECUENTO VERDADERO DE LA ESENCIA DE LA MENTE, POR LO TANTO, TE LLAMO SOÑADOR.

A menos que el pensamiento desaparezca totalmente, seguirás siendo un soñador. El pensamiento es dualista, el pensamiento es lógico, el pensamiento es aristotélico. A menos que el pensamiento desaparezca totalmente, tu mente seguirá jugándote malas pasadas; seguirá engañándote, y nunca serás capaz de conocer la verdadera esencia de tu ser, que es libertad, que es dicha, que es Dios.

UNA COSA ES EL SUEÑO Y OTRA LA REALIZACIÓN.

La realización sólo es posible cuando el sueño se evapora.

NO LOS MEZCLE.

Lo que has oído no tiene sentido; sólo tiene sentido lo que has conocido por ti mismo.

LA SABIDURÍA EN EL SUEÑO NO ES LA VERDADERA SABIDURÍA.

Puedes ser un soñador muy sabio, puedes tener mucho conocimiento de tus sueños, pero un soñador es un soñador. Puedes soñar con cosas hermosas - dulces sueños de palacios dorados, del paraíso - pero todo son sueños. Tanto si sueñas con el cielo como con el infierno, es lo mismo. El infierno es un sueño, el cielo es un sueño.

En las lenguas occidentales, éstas son las dos únicas posibilidades tras la muerte: el cielo o el infierno. De ahí que las religiones occidentales nunca hayan sido capaces de liberarse del sueño. No hablan de liberarse del sueño, no hablan de la ausencia absoluta de deseo. No se han elevado a la máxima pureza de la religiosidad.

Las religiones orientales hablan de un tercer estado: moksha, nirvana, libertad -libertad tanto del cielo como del infierno- porque los budas de Oriente han estado diciendo que tus grilletes pueden ser de oro o de hierro, pero los grilletes son grilletes: estás encadenado, eres un prisionero. Sólo puedes ser libre cuando te liberas de todos los grilletes; de hierro, de oro... hay que soltar todos los grilletes, todas las cadenas. Entonces se hace posible un tercer fenómeno: moksha, nirvana. No hay palabra para traducirlo; simplemente significa liberarse tanto del infierno como del cielo, porque ambos son sueños.

EL QUE TIENE VERDADERA SABIDURÍA NO SE RECONOCE A SÍ MISMO.

Este es uno de los fundamentos de la enseñanza de Buda:

EL QUE TIENE VERDADERA SABIDURÍA NO SE RECONOCE A SÍ MISMO.

El que sabe, el que ha llegado a un acuerdo con su verdadera esencia, no conoce el ego, ni el "yo"; no se reconoce a sí mismo. Forma parte del flujo universal; ya no está separado. Su mundo privado desaparece.

Ya no es un idiota.

La palabra idiota significa alguien que vive en su propio mundo privado. Viene de la raíz idios; de la misma raíz viene idiosincrasia. Un idiota es aquel que nunca se fija en el mundo real y sigue viviendo en su mundo privado, pensando que ése es el mundo real. En ese sentido, a menos que te conviertas en un buda, eres un idiota.

LOS BUDAS DEL PASADO, PRESENTE Y FUTURO SE ENCUENTRAN EN EL REINO MÁS ALLÁ DE LA COGNICIÓN.

Los budas no se pueden ver. Los ojos ordinarios no son capaces de verlos, ni las mentes ordinarias de comprenderlos. Si realmente quieres comprender a un buda, tendrás que convertirte en un buda; no hay otra manera. Tendrás que probar el despertar. Al convertirte en un buda, comprenderás a todos los budas del pasado, del presente y del futuro.

SI CIERRAS TU FACULTAD DE PENSAR, BLOQUEANDO EL CAMINO DE TU MENTE, ENTRARÁS EN UNA ESFERA DIFERENTE.

Lo único que hay que hacer es apagar la constante y febril actividad de la mente. Apágala, déjala a un lado, y entonces entrarás en un espacio diferente, en una esfera diferente.

HASTA ESE MOMENTO, LO QUE PIENSES, LO QUE DIGAS, LO QUE HAGAS NO ES MÁS QUE UNA TONTERÍA EN EL PAÍS DE LOS SUEÑOS.

Thurmon, Pickens y Diggs discutían sobre los mayores inventos del mundo.

"Creo", dijo Thurmon, "que la electricidad es el mejor invento. Enciende las luces, hace funcionar el televisor... lo hace todo".

"Sí", convino Pickens, "pero ah creo que la energía atómica es el invento más importante. Puede hacer todo lo que hace la electricidad y puedes apretar un botón y volar el mundo".

"Bueno, amigos", dijo Diggs, "para mí el mejor invento es el termo. Mantiene caliente la comida caliente y fría la comida fría".

"¿Qué tiene eso de genial?", preguntó Thurmon.

"¿Cómo lo sabe?", respondió Diggs.

Tu mente, piense lo que piense - pequeñas cosas sobre el termo o grandes cosas, grandes cosas metafísicas sobre Dios... porque es la misma mente, no hay diferencia. El objeto del pensamiento puede ser el termo o Dios, la coca-cola o el paraíso, pero la mente que piensa en ello es la misma.

Bodhidharma está diciendo: No sigas cambiando el tema de tu pensamiento, no sigas cambiando el tema de tu pensamiento, cambia tu espacio interior. Tengamos una mente totalmente diferente, que no piense, que no desee, que no sueñe. Entonces entras en el mundo de los budas.

La segunda pregunta: ¿QUÉ TIPO DE SABIDURÍA SE DEBE UTILIZAR PARA CORTAR LOS ENGAÑOS?

Cada pregunta una y otra vez muestra una cosa muy clara: que no se ha escuchado la respuesta. Como si el interrogador estuviera más interesado en sus preguntas que en las respuestas. Sólo por educación escucha la respuesta, pero ya está preparando su pregunta. Por lo demás, basta con una sola respuesta: todas las preguntas están resueltas.

Vuelve a preguntar lo mismo desde un ángulo diferente:

¿QUÉ TIPO DE SABIDURÍA SE DEBE UTILIZAR PARA CORTAR LOS ENGAÑOS?

Como si pudieras "utilizar" la sabiduría; como si la sabiduría fuera una herramienta que hay que usar, un medio. Como si después de hacerte sabio tuvieras que cortar tus ilusiones.

Es como un hombre que dice: "Cuando me haya despertado, ¿cómo me libraré de mis sueños? ¿Qué clase de despertar hay que utilizar para cortar todos los sueños?".

Es como un hombre que en la noche ve una cuerda en el camino, proyecta una serpiente en la cuerda y escapa, huye, se asusta. Y alguien le dice: "No te preocupes. Sé que es una cuerda. Ven conmigo. Te demostraré que es una cuerda. Llevemos una lámpara con nosotros". Y él dice: "De acuerdo. Incluso si con una lámpara llego a saber que es una cuerda, entonces dime cómo deshacerme de la serpiente".

Exactamente igual es esta pregunta:

¿QUÉ TIPO DE SABIDURÍA SE DEBE UTILIZAR PARA CORTAR LOS ENGAÑOS?

Cuando eres sabio, las ilusiones no existen. De hecho, las ilusiones tienen que desaparecer primero, sólo entonces te conviertes en sabio. Pero nuestros supuestos sabios viven en profundas ilusiones, por eso la pregunta parece pertinente.

Una mañana, Stephanie se levantó con dolor en el hombro y fue a ver a su médico. Tras examinárselo, el médico le dijo que no le pasaba nada. Ella insistió en que le dolía, así que el médico le dijo: "Bueno, dime qué hiciste anoche".

Le contó que había ido a montar a caballo por el campo con su novio y que dieron un paseo por un cementerio y leyeron algunas de las inscripciones de las lápidas.

El médico le dijo: "Es posible que te hayas resfriado los músculos por el aire frío. ¿Quiere desvestirse para que pueda hacerle un examen más minucioso?".

Así lo hizo y el médico le examinó toda la espalda.

Al cabo de un minuto dijo: "Stephanie, no encuentro nada malo en tu hombro, pero tus nalgas dicen que llevas muerta desde 1892".

Nuestros supuestos sabios están en el mismo barco; no se diferencian en nada de ti. Las personas a las que acudes en busca de consejo -los expertos, los sacerdotes, los eruditos- están a oscuras. Por supuesto, están más informados que tú, pero no es una cuestión de información. La sabiduría llega a través de la transformación, no de la información.

Bodhidharma dice:

CUANDO OBSERVES TUS ILUSIONES, SABRÁS QUE CARECEN DE FUNDAMENTO Y QUE NO SON FIABLES. DE ESTE MODO PODRÁS CORTAR LA CONFUSIÓN Y LA DUDA. ESTO ES LO QUE YO LLAMO SABIDURIA.

Cuando observas tus delirios como delirios has terminado con ellos. En el momento en que sabes que algo es un sueño te liberas de él; no es necesario hacer nada más.

Por eso insisto con mis sannyasins: no hay necesidad de ir a ninguna otra parte. Vive en el mundo, pero hazte consciente. Ser consciente es ser un sannyasin. No hay necesidad de renunciar, no hay necesidad de escapar a ninguna parte. Vuélvete consciente y verás lo que es ilusión, lo que es sueño. Y todo lo que se conoce como ilusión desaparece; no es necesario hacer nada más.

Una franca rebelde llamada Glutz desdeñó cualquier "si", "y" o "pero"; Cuando le preguntaron qué necesitaría Para liberarse totalmente De su cuelgue, su respuesta fue: "¡Las nueces!".

Todo el mundo necesita locos, porque todo el mundo está loco. Los locos necesitan a otros locos, porque sólo los locos pueden sostener tus ilusiones. Tú apoyas sus ilusiones, ellos apoyan las tuyas. Eso es lo que se llama amistad, amor, compañerismo en el mundo ordinario: Un amigo necesitado es un amigo de verdad. ¿Y cuándo es la necesidad? - Cuando tus ilusiones empiezan a desaparecer, él te ayuda a sostenerlas, a aferrarte con fuerza a ellas. No te permite desprenderte de tus ilusiones. Pase lo que pase, te ayuda a seguir siendo el mismo de siempre. No te permite cambiar.

La vida intenta cambiarte a cada momento, pero tienes muchos amigos, protectores, padres, profesores y tu familia. Toda la gestión del gobierno, de la iglesia, es tal que te ayuda a permanecer como eres. Es una gran conspiración para mantener a la gente soñando, porque nadie quiere que estés despierto. Es peligroso, porque todas las personas que han despertado siempre han demostrado ser peligrosas para el statu quo, para la iglesia, el estado y la sociedad establecidos, para el establishment como tal. Las personas despiertas siempre han resultado ser una especie de molestia, porque empiezan a ayudar a otras personas a despertar.

CUANDO OBSERVES TUS ILUSIONES, SABRÁS QUE CARECEN DE FUNDAMENTO Y QUE NO SON FIABLES. DE ESTA MANERA PODRÁS CORTAR LA CONFUSIÓN Y LA DUDA.

No se necesita nada más; con sólo tomar conciencia de ellas, de que son ilusiones, has terminado. En el momento en que sepas que dos más dos no son cinco, que dos más dos son cuatro, habrás terminado con que dos más dos son cinco. No necesitas hacer nada más; basta con comprender.

El camino del buda es el de la comprensión.

La tercera pregunta: ¿QUÉ TIPO DE DELIRIOS SERÁN ELIMINADOS POR EL ZEN?

Una y otra vez.... Sólo hay dos cosas infinitas en el mundo: la estupidez de los discípulos y la compasión de los maestros. Ahora pregunta: ¿QUÉ CLASE DE ILUSIONES...? ¡Como si hubiera muchas clases de ilusiones! La ilusión es ilusión; sólo tiene una cualidad: que no es verdad, que no es así, que no forma parte de la realidad, que es tu proyección. Ahora bien, lo que proyectes no importa.

Puedes proyectar un carro de bueyes, eso es una ilusión; puedes proyectar un carro dorado, eso es una ilusión.

Puedes proyectar cualquier cosa, pero la naturaleza básica de la ilusión es la misma; no hay muchos tipos de ilusión.

Pero la mente lógica siempre está detrás de "¿Cuántos tipos, qué categorías...?".

¿Y QUÉ TIPO DE DELIRIOS SERÁN DESPEJADOS POR EL ZEN?

¡Como si unos pocos fueran despejados por el Zen y unos pocos aún permanecieran! "¿Qué tipo de sueños desaparecerán cuando estés despierto?" ¡Como si unos pocos tipos de sueños aún continuaran, aún persistieran!

Pero la compasión de un maestro es tal que Bodhidharma dice:

NINGÚN DELIRIO DE MEDIOCRIDAD, DE FILÓSOFO, DE SHRAVAKA, DE PRATYEKA-BUDA O DE BODHISATTVA.

Dice: Cualquier idea de que "yo soy esto o aquello" desaparecerá. La ilusión básica es la ilusión del yo, el ego, y el ego desaparecerá.

Algunas personas se creen inferiores, pero el ego persiste: "Soy inferior". Y alguien piensa que es superior - el mismo ego persiste: "Soy superior". Alguien piensa: "Yo soy mediocre", alguien piensa: "Yo soy muy muy sabio", alguien piensa: "Yo sólo soy un seguidor de Buda, un SHRAVAKA", y alguien piensa: "Yo soy el propio Buda".

Desaparecerán todas las ilusiones arraigadas en la idea del ego. Cuando despiertas, el ego desaparece, y con él toda su parafernalia. Todo lo creado por el ego se va con él; todo eso son sombras del ego.

La cuarta pregunta: ¿CUÁL ES LA DIFERENCIA ENTRE LA VIDA MÁS EXCELENTE DE UN SABIO Y LA VIDA COTIDIANA DE LA GENTE COMÚN?

Bodhidharma responde:

ES COMO GASA. ALGUNOS LA CONFUNDEN CON VAPOR, PERO EN REALIDAD ES UNA SEDA DE ARAÑA QUE FLOTA EN EL AIRE. UNA PERSONA MEDIOCRE VE LA VIDA DEL SABIO Y CREE QUE ES IGUAL A SU PROPIA VIDA COTIDIANA; MIENTRAS QUE EL HOMBRE ILUMINADO VE EL CAMINO SAGRADO EN UNA VIDA DE MEDIOCRIDAD. OBSERVARÁS EN LOS SUTRAS QUE TODOS LOS BUDAS PREDICAN PARA DOS GRUPOS, LOS MEDIOCRES Y LOS SABIOS, PERO EN EL OJO DEL ZEN, LA VIDA DE UN SABIO ES UNA VIDA DE MEDIOCRIDAD Y LA DE LA PERSONA MEDIOCRE COMO LA DEL SABIO. ESTA ÚNICA VIDA NO TIENE FORMA Y ES VACÍA POR NATURALEZA. SI TE APEGAS A ALGUNA FORMA, DEBES RECHAZARLA. SI VES UN EGO, UN ALMA, UN NACIMIENTO O UNA MUERTE, RECHÁZALOS TODOS.

Es una respuesta muy significativa. Medita sobre ella.

ES COMO GASA.

Nuestra vida no es más que nuestro propio ego jugando todo tipo de juegos con nosotros. El ego no es una realidad sino sólo una creencia. Es como tu nombre. Cuando naciste, naciste sin nombre -todo el mundo nace sin nombre- y luego te dieron un nombre. Un nombre es una necesidad, tiene cierta utilidad en el mundo; sería muy difícil que todas las personas carecieran de nombre. Así que es utilitario, una necesidad, pero no es la realidad, recuérdalo.

No eres tu nombre, pero poco a poco te conviertes en tu nombre. Si alguien dice algo en contra de tu nombre, te enfureces, estás dispuesto a luchar, te enfureces... ¡como si tú fueras tu nombre!

Swami Rama un día vino riendo. Estaba en Nueva York. El anfitrión no entendía por qué se reía tanto. "¿Qué ha pasado?" Se había ido a dar un paseo y ahora venía con tanta risa; la risa parecía casi loca, excéntrica.

El anfitrión preguntó: "¿Qué ocurre? ¿Qué ha ocurrido?"

Y Rama dijo: "Unas cuantas personas empezaron a insultar a Rama, a injuriar a Rama, ¡y yo lo disfruté tanto! Lo vi, vi cómo insultaban a Rama. Pero yo no soy Rama. Esas personas estaban malgastando innecesariamente su aliento. Yo no soy mi nombre, por eso me río. Y es bueno que no tenga nombre: nadie puede insultarme, nadie puede abusar de mí. No tengo nombre, no tengo forma".

Pero estamos en un estado inconsciente y nos identificamos con cualquier cosa.

Fue en la fiesta de Navidad de la oficina. Tumbados en el sofá de la recepción de la oficina, en una habitación a oscuras, respiraron rápida y acaloradamente.

"Ah, Herbie", dijo ella apasionadamente, "nunca antes me habías hecho el amor así. ¿Es por el espíritu navideño?"

"No", jadeó, "probablemente es porque no soy Herbie".

¡Gente inconsciente! ¿Quién sabe quién es Herbie y quién no? Incluso el propio Herbie no es Herbie. Pero seguimos viviendo nuestra vida con toda esta inconsciencia.

Cantor, Klein, Levy y Strulowitz se reunieron para comer.

Después de pedir, Cantor dijo: "¡Oy, oy, oy!".

"¡Ay, ay, ay!", respondió Klein.

"¡Yai, yai, yai!", añadió Levy.

"Mirad", dijo Strulowitz, "si vais a hablar de negocios, yo no me voy a quedar".

Tenemos ciertas ideas en la mente; proyectamos esas ideas en los demás, los interpretamos según nuestras ideas, y vivimos en un mundo encapsulado de nuestra propia creación.

Esto es lo que Bodhidharma llama la mente, el ego. ¡Suéltalo! Mira lo que es. No interfieras con ello, no lo interpretes de ninguna manera. Mira la rosa. Ni siquiera digas que es hermosa, porque eso es interferencia. No digas nada en absoluto. La rosa guarda silencio: tú también guarda silencio. Deja que haya un encuentro, un encuentro profundo entre tú y la rosa, sin mente entre tú y la rosa, y te sorprenderás: el observador se convierte en lo observado. Llega un momento en que tú eres la rosa y la rosa eres tú.

Y ese es el momento en que lo sabes, nunca antes. Ese es el momento en que surge en ti la sabiduría. Y una vez que tienes la habilidad de encontrar la sabiduría, puedes encontrarla en cada momento de tu vida.

Poco a poco se convierte en su clima natural.

ES COMO GASA. ALGUNOS LO CONFUNDEN CON VAPOR, PERO EN REALIDAD ES UNA SEDA DE ARAÑA QUE FLOTA EN EL AIRE. UNA PERSONA MEDIOCRE VE LA VIDA DEL SABIO, Y CREE QUE ES IGUAL A SU PROPIA VIDA COTIDIANA....

Si la persona mediocre, la persona corriente, va a ver a un buda, no verá ninguna diferencia.

Muchos han preguntado a Buda: "Duermes igual que nosotros, comes igual que nosotros, te cansas igual que nosotros, ¿cuál es la diferencia?".

La persona corriente proyecta su ordinariez incluso sobre el buda. Por eso, más tarde, cuando los seguidores ven que la gente corriente no será capaz de entender al buda si escriben realmente su vida real, empiezan a crear ficciones en torno a su maestro. Por lo tanto, todo lo que tienes ahora sobre Buda, Jesús, Mahoma, Krishna, Mahavira, es todo ficción; no es verdad.

Jesús caminando sobre las aguas es una ficción inventada por los seguidores para que la gente corriente vea que el maestro es extraordinario, no es un hombre corriente. Jesús resucitando a los muertos o curando a los ciegos son ficciones. Si son metáforas, entonces son bellas. Esa es la función de todo buda: dar ojos a los ciegos -en un sentido metafórico- revivir a los muertos. ... Porque todos estáis muertos.

Tal como sois, estáis en vuestras tumbas. Y cada buda llama a Lázaro para que salga de la tumba.

Si es una metáfora, si es una forma poética y simbólica de decir una cosa, estupendo. Pero si tratas de demostrar que es algo histórico, real, entonces simplemente estás tratando de engañar a la gente corriente.

Pero esto no va a ayudar; no se puede ayudar a la gente corriente de esta manera. Esto sólo crea un problema para la gente corriente, porque siempre que se encuentren con un verdadero buda esperarán que camine sobre las aguas. Y si no puede hacerlo, y ningún buda es tan tonto como para hacerlo, entonces pensarán que no es un buda.

Tus expectativas han sido creadas por los seguidores; se crearon para ayudarte a comprender a su maestro. En realidad, han hecho justo lo contrario: nunca podrás comprender a ningún maestro vivo. Y los maestros muertos no sirven de nada. Sólo un maestro vivo, el toque de un maestro vivo, puede convertirte de metal en oro.

Pero se han creado grandes dificultades: en torno a Buda hay tantas historias, en torno a Zaratustra hay tantas historias. Y todas esas historias son ficciones creadas por los seguidores.

Y a medida que pasa el tiempo se añaden cada día tantas ficciones que resulta difícil separar lo que es verdad de lo que no lo es.

Pero la razón es lo que dice Bodhidharma: la persona corriente cree que el buda también es corriente: "igual que nosotros".

... MIENTRAS QUE EL HOMBRE ILUMINADO VE EL CAMINO SANTO EN UNA VIDA DE MEDIOCRIDAD.

Y justo lo contrario ocurre con el buda.

Se dice que Buda dijo: "En el momento en que me iluminé, toda la existencia se iluminó para mí". Y puedo dar fe de ello: en el momento en que me iluminé, toda la existencia se iluminó también para mí.

Cuando os veo, no os veo mediocres, ordinarios. Os veo como budas, dormidos por supuesto, roncando también, pero eso no supone ninguna diferencia para vuestra budeidad. La budeidad tiene toda la libertad para roncar y dormir. Pero puedo ver que en el fondo tus ronquidos son sólo superficiales, tu sueño es sólo superficial. En el fondo hay una luz que arde eternamente. Yo os veo como budas; vosotros aún no lo habéis visto.

La función del maestro es ayudarte a ver lo que él ya está viendo en ti. Él también te ayuda a verlo: esa es toda la función de un maestro.

OBSERVARAS EN LOS SUTRAS QUE TODOS LOS BUDAS PREDICAN PARA DOS GRUPOS, LOS MEDIOCRES Y LOS SABIOS, PERO EN EL OJO DEL ZEN, LA VIDA DE UN SABIO ES DE MEDIOCRIDAD Y LA DEL MEDIOCRE COMO LA DEL SABIO.

Los budas tienen que enseñar a dos tipos de personas, porque superficialmente hay dos tipos de personas, los mediocres y los sabios, de ahí que haya dos tipos de declaraciones en todas las declaraciones de todos los budas. Algunas afirmaciones se dirigen a las personas necias. No juzgues al buda por esas declaraciones.

Recuerda el contexto, recuerda a quién se las dieron, a quién respondían. No olvides a la persona. Y algunas respuestas son para los sabios. Es muy difícil clasificarlas porque están todas juntas.

En los Vedas sólo hay un uno por ciento de afirmaciones que merezca la pena conservar; el noventa y nueve por ciento sólo merece la pena desecharlo. Lo mismo ocurre con el Antiguo Testamento, lo mismo ocurre con el Corán, porque Mahoma se encuentra con todo tipo de personas. Y estas son las categorías básicas: los estúpidos, los mediocres, los soñadores, los dormilones y los sabios. A los sabios les dirá una cosa. Por ejemplo, Jesús dice: "Llamad y se os abrirán las puertas". Esto debió decírselo a alguien muy muy dormido.

Rabiya pasaba un día por allí y vio a Hasan sentado ante una mezquita, con lágrimas rodando por sus mejillas y llorando con las manos levantadas en profunda oración. Le decía a Dios: "Estoy llamando y llamando a tus puertas; llevo años llamando. ¿Por qué no abres las puertas? ¿Cuándo me recibirás?".

Rabiya pasaba por allí. Se acercó a Hasan, lo sacudió de su oración y le dijo: "¡Tú, estúpido!

Las puertas están abiertas. Nunca han estado cerradas. Simplemente levántate y entra".

Ahora, Hasan está justo en la frontera; un paso y se volverá sabio.

No hay contradicción en que Jesús dijera: "Llamad y se os abrirán las puertas", y Rabiya dijera: "¡Qué tonterías dices: 'estoy llamando'! Las puertas ya están abiertas". No hay contradicción, recuerda; no puede haberla. Es imposible encontrar una contradicción entre dos afirmaciones de Buda. Pero aquí el contexto es diferente. Jesús se dirigía a gente corriente y mediocre, y Rabiya se dirige a alguien que está a punto de iluminarse.

En ese mismo instante Hasan abrió los ojos y dijo: "¡Cierto, tienes razón! Las puertas nunca han estado cerradas. He sido un tonto Es muy compasivo por tu parte que hayas perturbado mi sueño. Te estoy inmensamente agradecido. Sí, las puertas nunca estuvieron cerradas - y yo habría rezado toda mi vida, creyendo que las puertas están cerradas, y que tengo que llamar y tengo que rezar."

Desde aquel día nadie volvió a ver rezar a Hasan. Dejó de venir a la mezquita. ¿Qué sentido tiene? Las puertas están por todas partes.

Estés donde estés, Dios está allí confrontándote, desafiándote.

Los Budas tienen que hablar de dos maneras. Pero Bodhidharma dice: No me interesan los mediocres.

Dice:

... PERO EN EL OJO DEL ZEN, LA VIDA DE UN SABIO ES DE MEDIOCRIDAD Y LA DEL MEDIOCRE COMO LA DEL SABIO.

"No vemos ninguna diferencia: para nosotros el sabio vive como una persona corriente y en la persona corriente vemos a un buda. Vemos lo profundo en lo ordinario y lo ordinario en lo profundo".

De ahí que los monjes zen hayan vivido una vida muy ordinaria, sin tonterías de santidad.

ESTA ÚNICA VIDA NO TIENE FORMA Y ESTÁ VACÍA POR NATURALEZA. SI TE APEGAS A ALGUNA FORMA, DEBES RECHAZARLA. SI VES UN EGO, UN ALMA, UN NACIMIENTO O UNA MUERTE, RECHÁZALOS TODOS.

Bodhidharma dice: Rechaza la idea misma de que "soy un buda". Rechaza la idea misma de que "soy especial, extraordinario, espiritual, santo", porque todo eso son trucos del ego. El ego vuelve a entrar por la puerta de atrás. Rechaza todas las identificaciones. Simplemente sé un vacío total. Y entonces todo lo que digas y todo lo que hagas y todo lo que seas será correcto, será hermoso, será elegante.

Y la última pregunta: ¿POR QUÉ Y CÓMO LOS RECHAZAMOS?

La estupidez continúa:

¿POR QUÉ Y CÓMO LAS RECHAZAMOS?

Bodhidharma dice:

SI TIENES ZEN, NO DEBERÍAS VER NADA.

No habrá ninguna cuestión de rechazo. Es sólo una forma de decir "Rechaza el ego". Si meditas, si te vuelves silencioso, no hay ego que rechazar. No verás nada: ni la vida ni la muerte, ni la materia ni la mente. Todas las cosas desaparecerán. Serás un espacio vacío, un espejo que no refleja nada.

Así que no se preocupe.

Primero entra en meditación, ten la cualidad meditativa en ti. Vuélvete silencioso y sin pensamientos, sin contenido, quieto. Y entonces no habrá necesidad de preocuparse de cómo y por qué rechazar - no habrá nada que rechazar. No verás nada.

"EL MÁS FIRMEMENTE ESTABLECIDO EN EL CAMINO PARECE EL MÁS NEGLIGENTE".

Una de las mejores declaraciones de la historia.

Bodhidharma dice:

"EL MÁS FIRMEMENTE ESTABLECIDO EN EL CAMINO PARECE EL MÁS NEGLIGENTE".

Por eso, quien es realmente un buda siempre será condenado por la gente corriente: porque parece el más descuidado, porque no encaja en ninguna categoría, porque no encaja en ninguna moral. No se puede predecir nada sobre él, es impredecible. ¿Por qué? - Porque está tan establecido en su ser que nada le importa. Vive espontáneamente, sean cuales sean las consecuencias. Te parecerá descuidado, pero es tan consciente que no necesita preocuparse. Te parecerá negligente, pero no lo es. Es tan consciente que no es cuestión de negligencia. Te parecerá perezoso, pero no lo es, no hay duda de ello. Es tan consciente que la pereza no puede existir en su conciencia.

Pero para el mundo exterior no encajará en ninguna categoría. La Iglesia cristiana no le llamará santo.

Los hindúes no le llamarán mahatma. Los jainas no le llamarán MUNI. Incluso si Buda vuelve hoy, los budistas no lo reconocerán como buda: parecerá muy descuidado, muy extraviado.

Se dice que cuando un maestro Zen se iluminó, llegó de las cuevas de las montañas al mercado con una botella de vino. La gente le miraba sin poder creer lo que veían sus ojos.

Siempre habían pensado que era un hombre muy santo. ¡Y ahora, volviendo al mercado con una botella de vino! ¿Se ha vuelto loco?

Pero él simplemente está diciendo: "He ido más allá de todas las reglas, regulaciones. He ido más allá de toda moral, de todos los rituales. Ahora ya no podrás predecir sobre mí. Ya no soy 'ordinario' ni 'santo'; soy simplemente lo que soy".

Vino al mercado a destruir tu idea de su santidad.

Los sufíes, los taoístas y los maestros zen son muy conocidos por destruir la idea que tienes de su santidad, de su "carácter especial". Consiguen idear muchos métodos para destruir tus expectativas, para minarte. Nunca cumplen tus expectativas.

Esa es la verdadera señal de un maestro: que nunca cumple tus expectativas. Si alguien cumple tus expectativas, ten la certeza de que es un farsante. Recuerda esta hermosa frase:

"EL MÁS FIRMEMENTE ESTABLECIDO EN EL CAMINO PARECE EL MÁS NEGLIGENTE".

Suficiente por hoy.

Inocencia sin mente

La primera pregunta:
AMADO MAESTRO,

Pregunta 1:

¿QUÉ ES LA INOCENCIA? ¿SER INOCENTE EXIGE LLEVAR UNA VIDA SENCILLA?

Anand Manohara, la inocencia es un estado de conciencia sin pensamientos. Es otro nombre para la no-mente.

Es la esencia misma de la budeidad. Te sintonizas con la ley última de las cosas. Dejas de luchar, empiezas a fluir con ella.

La mente astuta lucha, porque es a través de la lucha que surge el ego, y la mente astuta sólo puede existir alrededor del ego. Sólo pueden estar juntos, son inseparables. Si el ego desaparece, la mente astuta desaparece y lo que queda es la inocencia. Si luchas contra la vida, si vas contra corriente, si no eres natural, espontáneo, si vives del pasado y no del presente, no eres inocente.

Vivir según el pasado es vivir una vida irresponsable; es la vida de la reacción. No ves cuál es la situación, simplemente sigues repitiendo tus viejas soluciones, y los problemas son nuevos cada día, cada momento. La vida sigue cambiando y la mente permanece estática. Ese es todo el problema: que la mente sigue siendo un mecanismo estático y la vida es un flujo constante. De ahí que no pueda haber comunión entre la vida y la mente.

Si permaneces identificado con la mente permanecerás casi muerto. No participarás en la alegría que embarga la existencia. No participarás en la celebración que tiene lugar continuamente: el canto de los pájaros, el baile de los árboles, el fluir de los ríos. Tú también tienes que formar parte de este todo.

Quieres estar separado, quieres demostrar que eres más alto que los demás, superior a los demás, entonces te vuelves astuto. Sólo a través de la astucia puedes demostrar tu superioridad. Es un sueño, es falso, porque en la existencia no hay nadie que sea superior y nadie que sea inferior. La brizna de hierba y la gran estrella son absolutamente iguales. La existencia es fundamentalmente comunista; no hay jerarquías. Pero el hombre quiere ser superior a los demás, quiere conquistar la naturaleza, de ahí que tenga que luchar continuamente. Toda la complejidad surge de esta lucha.

La persona inocente es aquella que ha renunciado a luchar; que ya no está interesada en ser superior, que ya no está interesada en actuar, en demostrar que es algo especial; que se ha vuelto como una flor de rosa o como una gota de rocío en la hoja de loto; que se ha vuelto parte de esta infinidad; que se ha fundido, fusionado y vuelto uno con el océano y es sólo una ola; que no tiene idea del yo.

Por tanto, la inocencia no puede exigirte que vivas una vida sencilla, la inocencia no puede exigirte nada.

Todos los requisitos son astutos. Todos los requisitos son básicamente luchar, ser alguien.

El supuesto santo sencillo no es sencillo porque está luchando, luchando con sus instintos, luchando con su cuerpo. Está continuamente en guerra, nunca en paz. ¿Cómo puede ser sencillo? Es más complejo que la gente corriente. Su complejidad es, por supuesto, muy sutil e invisible: ni siquiera puede dormir en paz.

Mahatma Gandhi tenía mucho miedo de dormir por la sencilla razón de que sólo mientras estaba despierto era capaz de reprimir su deseo sexual. Creía en el celibato. Creía que el celibato era un requisito básico para una vida sencilla, una vida inocente. Mientras estaba despierto era capaz de reprimir, de controlar, de ser dueño de sus instintos; pero en el sueño todo control desaparece, la mente se duerme. La mente controladora y luchadora deja de tener poder y lo reprimido empieza a aflorar.

De ahí los sueños sexuales. Sufría de sueños sexuales incluso a los setenta años, y tenía miedo de dormir.

Y los santos siempre han tenido miedo al sueño. ¿Qué clase de santos son estas personas? El sueño debería ser una de las cosas más inocentes de la vida, y ellos le tienen miedo. El miedo viene por una cierta exigencia que se han impuesto a sí mismos y que no pueden cumplir en el sueño. En el sueño aflorará el sexo. Pueden empezar a soñar cosas que no les gustan, pero ahora no pueden tener control sobre las cosas.

Es por este hecho que el psicoanálisis se interesa más por sus sueños que por su vida de vigilia. Es extraño, es irónico, pero es muy indicativo - indicativo del hombre y de sus represiones. No se puede confiar en un hombre mientras está en el llamado estado de vigilia. No se puede confiar en él, está obligado a falsificar las cosas, está obligado a ser falso. Y puede que no esté siendo deliberadamente falso; puede que se haya acostumbrado tanto a su falsedad que eso es todo lo que sabe de sí mismo. Puede que haya reprimido tan profundamente sus instintos naturales, que los haya enterrado tan profundamente bajo tierra, que él mismo se haya vuelto absolutamente inconsciente de su presencia. No se puede confiar en lo que dice de sí mismo cuando está despierto; sólo se puede confiar en sus sueños.

De ahí que el psicoanálisis tenga que entrar en tus sueños, porque tus sueños muestran tu realidad más claramente que lo que dices cuando estás despierto. ¿Qué clase de despertar es éste en el que tus sueños son mucho más naturales, mucho más auténticos, que tu vida despierta?

Mahatma Gandhi sufrió hasta el final a causa de los sueños sexuales. Tenía mucho miedo de dormir - como todos los santos lo han tenido siempre. Siempre reducen sus horas de sueño. Y la gente piensa que si un santo duerme sólo dos horas es un gran santo, ¡sólo duerme dos horas! Y la razón por la que sólo duerme dos horas es el miedo, el miedo a su propio inconsciente. No es una vida sencilla, es muy compleja.

Sigue matándose de hambre en nombre del ayuno, como si matar de hambre tu cuerpo fuera a ayudarte de alguna manera a acercarte a Dios, como si Dios fuera un sádico y quisiera que te torturaran. ¿Crees que Dios es un Adolf Hitler, un Mussolini, un Genghis Khan, un Tamburlaine o un Nadir Shah? ¿Qué crees que es Dios? A ningún padre le gustaría que sus hijos se murieran de hambre. Pero todas las religiones, las llamadas religiones -cristianismo, hinduismo, jainismo, mahometismo- predican el ayuno, porque el ayuno te da un gran ego.

Estos dos son los instintos básicos: la comida y el sexo. La comida es necesaria para tu supervivencia y el sexo es necesario para la supervivencia de la raza. Ambos son básicamente necesarios para la supervivencia. Si todo el mundo ayuna y todo el mundo se vuelve célibe, ¡no habrá necesidad de bombas atómicas! No habrá tercera guerra mundial, la gente morirá por su propia voluntad. El sexo y la comida están profundamente unidos: la comida mantiene vivo al individuo y el sexo mantiene viva a la raza. Esa es su similitud: el sexo es alimento para la raza y el alimento es sexo para el individuo.

Por lo tanto, hay un punto más que recordar: si reprimes el sexo empezarás a comer más comida, porque tendrás que compensar. Si dejas de comer lo necesario para el cuerpo, te volverás más y más sexual, tendrás que compensar. Y tus santos están en contra de ambas cosas.

Tus santos son suicidas. Por supuesto, su suicidio es un suicidio muy, muy lento; ni siquiera tienen el valor suficiente para suicidarse de un solo golpe. Van cortándose miembro a miembro, van destruyéndose lentamente. Disfrutan con todo el proceso: son masoquistas.

Se torturan y creen que torturándose se purifican y se hacen más santos. Simplemente se están convirtiendo en egoístas piadosos. Y el egoísta piadoso es mucho más peligroso que el egoísta ordinario, porque el egoísta ordinario tiene un ego muy burdo. Él sabe que lo tiene, todos los demás saben que lo tiene.

El político vive con el ego burdo, pero el santo, el mahatma, vive con un ego muy sutil, y con tal fachada de santidad que los demás no podrán verlo. Es tan humilde, está tan rendido a Dios.... Y vive una vida tan simple - tan poca comida, su ropa es... hay santos que no usan ropa en absoluto.

Los santos jaina viven desnudos; sus necesidades son casi nulas. Viviendo una vida desnuda en una cueva, de forma primitiva, parecen ser muy poco posesivos. Pero eso es sólo la apariencia. En el fondo anhelan el cielo, en el fondo son codiciosos. En el fondo piensan que nadie es más humilde, más piadoso que ellos. En el fondo piensan que tú eres un pecador y ellos son santos.

Es una situación muy compleja. Es una lucha consigo mismos. Se han dividido en dos: lo superior y lo inferior. Incluso en el cuerpo tienen una división: la parte superior y la parte inferior. Por encima de los órganos sexuales el cuerpo es superior, por debajo de los órganos sexuales es inferior - ¡como si el cuerpo estuviera dividido en alguna parte!

Estos estúpidos deberían saber que el cuerpo es uno. La sangre circula continuamente de los pies a la cabeza, de la cabeza a los pies: no conoce división. La vida late por todo el cuerpo: el cuerpo es un orgasmo, una unidad orgánica, un éxtasis profundo. Pero si lo divides, perturbas su cualidad orgásmica. Si lo divides, te vuelves esquizofrénico.

Así como dividen el cuerpo, dividen la mente: la mente buena, la mente mala, la mente del pecador, la mente del santo. Y así se vuelven cada vez más esquizofrénicos. Esto no es simplicidad, es patología. Y viven en la miseria; nunca conocerán nada de la alegría, no conocerán nada de la risa - han condenado la risa como un pecado.

Por eso los cristianos dicen que Jesús nunca se rió. No pueden creer que Jesús se riera; eso parece tan profano, casi sacrílego. Pregunta a los jainas. No dicen nada en sus escrituras, pero también estarán de acuerdo con los cristianos en que Mahavira tampoco se rió nunca. ¿Cómo pueden estas ideas crear seres humanos sencillos? Los que no pueden reír, los que no pueden bailar, los que no pueden cantar, los que no pueden disfrutar de lo ordinario de la vida....

No creo que ni los cristianos ni los jainas tengan razón. Conozco a Jesús, se reía; no lo conozco a través de las escrituras. Conozco a Mahavira; si él no puede reír, ¿entonces quién reirá? Los conozco desde lo más profundo de mi ser. Pero la gente que les ha impuesto la idea de que no hay risa, de que no hay alegría, es la gente que ha estado volviendo loca, enloquecida, demente a toda la humanidad. Han convertido toda la tierra en un manicomio.

Manohara, me preguntas: "¿Qué es la inocencia? ¿Ser inocente exige llevar una vida sencilla?".

La inocencia no requiere nada; una vez que requiere, se vuelve compleja. La inocencia simplemente vive sin ninguna idea de cómo vivir. Introduce el cómo y te vuelves complejo. La inocencia es una respuesta sencilla al presente. Las ideas son el pasado acumulado: cómo vivió Buda, vive así y serás budista; cómo vivió Jesús, vive así y serás cristiano. Pero entonces te estarás imponiendo algo a ti mismo.

Dios nunca crea dos personas iguales; cada individuo es único. Así que si te impones a Jesús serás un farsante. Todos los cristianos están destinados a ser falsos -y todos los hindúes, todos los jainas, todos los budistas- porque están tratando de ser alguien que no pueden ser.

No puedes ser Gautama el Buda. Puedes ser un buda, pero no Gautama el Buda. Buda' significa despierto -ese es tu derecho de nacimiento- pero Gautama es un individuo. Puedes ser un Cristo, pero no Jesucristo; Jesús es un individuo. Cristo es otro nombre para la budeidad; es el estado supremo de conciencia. Sí, eso es posible, ese es tu potencial, puedes florecer y florecer en la conciencia crística, pero nunca puedes ser Jesús, eso no es posible - y es bueno que no sea posible. Pero así es como la llamada gente religiosa ha vivido: tratando de seguir a alguien más, imitando. Ahora bien, un imitador no puede ser simple; constantemente tiene que ajustar la vida a sus ideas.

Una persona realmente inocente va con la vida, simplemente fluye con la vida; no tiene una meta como tal. Si tienes una meta no puedes ser inocente. Tendrás que ser inteligente, astuto, manipulador; tendrás que planificar, y tendrás que seguir ciertos mapas. ¿Cómo puedes ser inocente? Cargarás con tanta basura de los demás. No serás más que un calco de Jesús, Buda o Mahavira; no serás el original.

Bodhidharma dice una y otra vez: Encuentra tu rostro original. Y la única manera de encontrar tu rostro original es abandonar toda imitación. ¿Quién va a decidir cuál es el requisito? Nadie puede decidirlo, y cualquier decisión está destinada a perturbar, porque la vida puede no resultar como uno espera. En realidad, nunca resulta como se espera. La vida es una sorpresa constante; no puedes prepararte de antemano.

La vida no necesita ensayos.

Tienes que ser espontáneo: eso es la inocencia. Ahora bien, si eres espontáneo no puedes ser cristiano ni hindú ni budista, tienes que ser un simple ser humano.

La sencillez no es un requisito, sino un subproducto de la inocencia; viene como tu sombra. No intentes ser sencillo; si intentas ser sencillo, el propio esfuerzo destruye la sencillez. No puedes cultivar la sencillez -una sencillez cultivada es superficial-, la sencillez tiene que seguirte como una sombra. No necesitas preocuparte por ello, no necesitas mirar atrás una y otra vez para ver si la sombra te sigue o no; la sombra está destinada a seguirte.

Alcanzar la inocencia y la sencillez es un regalo de Dios.

E inocencia significa convertirse en una no-mente, un no-ego: abandonar toda idea de metas, logros, ambiciones, y vivir tal y como sucede en el momento.

Así que no te digo que seas célibe. Sí, un día el celibato puede ocurrir, pero no será algo que se practique, será algo que verás que ocurre. Sí, ciertamente, antes de convertirse en un buda uno se vuelve célibe, pero eso no es un requisito, recuérdalo. Recuérdalo una y otra vez: no es un requisito que tengas que cumplir para convertirte en un buda. No, si simplemente sigues haciéndote más consciente de tu mente, a medida que la mente empieza a desaparecer y se aleja cada vez más de ti, a medida que te desidentificas con la mente y empiezas a ver que estás separado, que no eres la mente, verás que ocurren muchas cosas con esta desaparición de la mente.

Empezarás a vivir momento a momento, porque es la mente la que recoge el pasado; no puedes depender de ella. Tus ojos serán claros, no estarán cubiertos con el polvo del pasado. Estarás libre del pasado muerto. Y quien está libre del pasado muerto es libre para vivir, para vivir auténtica, sincera, apasionada e intensamente. Uno puede inflamarse con la vida y su celebración. Pero la mente está continuamente distorsionando, continuamente interfiriendo, continuamente diciéndote: "Haz esto. Haz eso". Es como un maestro de escuela.

El meditador se libera de la mente. Y una vez que el pasado ya no te domina, el futuro simplemente desaparece, porque el futuro no es más que una proyección del pasado. En el pasado has experimentado ciertos placeres y te gustaría repetirlos una y otra vez; esa es tu proyección para el futuro. En el pasado has pasado por muchas miserias; ahora proyectas en el futuro que no quieres esas miserias de nuevo. Tu futuro no es más que una forma modificada del pasado. Una vez que el pasado se ha ido, el futuro se ha ido. ¿Qué queda entonces? Este momento... ahora.

Vivir en el ahora y en el aquí es la inocencia. No puedes seguir mandamientos religiosos si realmente quieres ser inocente. Un hombre que constantemente tiene que pensar qué hacer y qué no hacer, un hombre que está constantemente preocupado por lo que está bien y lo que está mal, no puede vivir inocentemente.

Aunque siga haciendo lo correcto según su condicionamiento, no es correcto. Simplemente está siguiendo a otros, ¿cómo puede ser correcto? Puede que fuera correcto para ellos, pero lo que era correcto para una persona hace dos mil años no puede ser correcto para ti hoy. ¡Tanta agua ha bajado por el Ganges! La vida nunca es la misma ni siquiera durante dos segundos consecutivos.

Heráclito tiene razón: No puedes pisar dos veces el mismo río. Y yo te digo: No se puede pisar ni una sola vez en el mismo río - el río es tan rápido que fluye.

Una persona inocente vive no de acuerdo a ciertos requisitos impuestos por la sociedad, la iglesia, el estado, los padres, la educación, la persona inocente vive de su propio ser, responsablemente. Responde a la situación a la que se enfrenta. Acepta el reto y hace lo que su ser quiere hacer en ese momento, no según determinados principios. El hombre inocente no tiene principios, ni ideología; el hombre inocente carece absolutamente de principios. El hombre inocente no tiene carácter, carece absolutamente de carácter - porque tener carácter significa tener un pasado; tener carácter significa ser dominado por otros; tener carácter significa que la mente sigue siendo la dictadora y tú sólo eres un esclavo.

No tener carácter, no tener principios, y vivir el momento... igual que el espejo refleja lo que hay delante del espejo, tu conciencia refleja y actúas a partir de ese reflejo.

Eso es conciencia, eso es meditación, eso es samadhi, eso es inocencia, eso es piedad, eso es budeidad.

Manohara, no hay ningún requisito de inocencia, ni siquiera el requisito de vivir una vida sencilla. Puedes vivir una vida sencilla, puedes forzarte a vivir una vida sencilla, pero no será sencilla. Y puedes vivir en un palacio con todos los lujos, pero si vives el momento estarás viviendo una vida sencilla. Puedes vivir como un mendigo y no serás sencillo si tu esfuerzo por ser un mendigo es algo que te has impuesto a ti mismo. Si se ha convertido en tu carácter, entonces no eres sencillo. Sí, de vez en cuando ha sucedido que incluso un rey ha vivido una vida sencilla - sencilla no en el sentido de que no tuviera el palacio y las posesiones - estaban allí - pero no era posesivo.

Esto hay que entenderlo: puede que no tengas posesiones y, sin embargo, seas posesivo.

La posesividad puede existir sin posesiones. Si es así, lo contrario también es cierto:

La no posesividad puede existir con todo tipo de posesiones. Uno puede vivir en el palacio y, sin embargo, estar totalmente libre de él.

Hay una historia zen:

Un rey quedó muy impresionado por la vida sencilla e inocente de un monje budista. Poco a poco lo fue aceptando como su maestro. Observó - era un hombre muy calculador - indagó sobre su carácter: "¿Hay alguna laguna en su vida?" Cuando estuvo totalmente convencido lógicamente - sus detectives le informaron que "este hombre no tiene ninguna mancha oscura en su vida, es absolutamente puro, sencillo. Realmente es un gran santo, es un buda" - entonces se acercó al hombre, le tocó los pies y le dijo: "Señor, le invito a que venga a mi palacio y viva allí. ¿Por qué vivir aquí?"

En el fondo, aunque invitaba al santo, esperaba que éste se negara, que dijera: "No, soy un hombre sencillo. ¿Cómo puedo vivir en el palacio?" - ¡a pesar de que le estaba invitando! Fíjate en la complejidad de la mente humana: le estaba invitando, esperaba que si aceptaba la invitación se alegraría mucho, y aún así había un trasfondo: que el santo, si de verdad fuera santo, se negaría, que diría: "No, soy un hombre sencillo, viviré bajo el árbol; ésta es mi vida sencilla. He dejado todo el mundo, he renunciado al mundo, no puedo volver a él".

Pero el santo era realmente un santo - debía ser un buda. Dijo: "Bien, ¿dónde está el vehículo? Trae tu carro y vendré al palacio". Él dijo: "Por supuesto, cuando uno viene al palacio tiene que venir con estilo. Trae la carroza".

El rey se quedó muy sorprendido: "Este hombre parece ser un tramposo, un fraude. Parece que fingía toda esta sencillez sólo para atraparme". Pero ya era demasiado tarde; le había invitado y no podía faltar a su palabra. Siendo un hombre de palabra -un samurai, un guerrero, un gran rey- dijo: "Vale, ahora me han pillado. Este hombre no vale nada, ni siquiera se negó una vez. Debería haberse negado".

Tuvo que traer el carro, pero ya no estaba contento, no estaba alegre. Pero el santo estaba muy contento. Se sentó en la carroza como un rey, y el rey se sentó en la carroza muy triste, con cara de tonto.

Y la gente observaba en las calles: "¿Qué está pasando? ¡El faquir desnudo...!" Y estaba realmente sentado como un emperador, y el rey parecía muy pobre comparado con este hombre. Y estaba tan alegre, ¡tan rebotando de éxtasis! Y cuanto más extasiado estaba, más triste se ponía el rey:

"Ahora, ¿cómo deshacerse de este hombre? He quedado atrapado en su red por mi cuenta. Todos esos detectives y espías son tontos: no pudieron ver que este hombre tiene un plan". ¡Como si hubiera estado sentado bajo aquel árbol durante años para que el rey se impresionara! Todas estas ideas vinieron a la cabeza del rey.

El rey había dispuesto la mejor habitación para el santo, si quería venir. Pero no creía que fuera a venir. Ya ves la división de la mente humana: sigues haciendo una cosa, sigues esperando otra. Si el hombre hubiera sido astuto, simplemente se habría negado. Habría dicho: "¡No!"

Si le llevas dinero a Vinoba Bhave, cierra los ojos y en el fondo dices: "¡Este sí que es un santo!".

Pero si me traes el dinero, lo cogeré y ni siquiera te daré las gracias. Entonces te quedarás muy sorprendido: "¿Qué clase de hombre es este?"

Me mudaba en el Impala y la gente empezó a escribirme: "No deberías moverte en el Impala."

Le dije: "Es cierto. Así que", le dije a Laxmi, "búscate otra cosa, algo mejor, porque en América el Impala es sólo un coche de fontanero". Así que Laxmi ha traído un Buick.

Ahora la gente dice: "¿Te vas a mudar en el Buick?".

Le dije a Laxmi: "Esto no sirve. Búscate algo mejor, porque el Buick es un coche de chulos en América".

Así que ahora Laxmi trae un Cadillac.

El rey había dispuesto la mejor habitación. El santo llegó a la habitación -llevaba años sentado bajo el árbol- y le dijo: "Trae esto, trae aquello. Si tienes que vivir en palacio, tienes que vivir como un rey".

El rey estaba cada vez más desconcertado. Por supuesto, le había invitado, así que le trajeron todo lo que pidió. Pero al rey le pesaba el corazón, le pesaba cada día más, porque el santo empezó a vivir como un rey; de hecho, mejor que el rey, porque el rey tenía sus propias preocupaciones y el santo no tenía ninguna. Dormía de día y de noche. Disfrutaba del jardín y de la piscina y descansaba y descansaba. Y el rey pensaba: "¡Este hombre es un parásito!".

Un día fue insoportable. Le dijo al santo.... El santo había ido al jardín a pasear por la mañana, y el rey también vino y le dijo: "Quiero decirte algo".

El santo dijo: "Sí, lo sé. Querías decirlo incluso antes de que dejara mi árbol. Querías decirlo cuando acepté tu invitación. ¿Por qué has esperado tanto? Estás sufriendo innecesariamente. Veo que estás triste. Ya no vienes a mí. Ya no me haces las grandes preguntas metafísicas y religiosas que me hacías cuando vivía bajo el árbol. Lo sé, pero ¿por qué perdiste seis meses? Eso no lo veo. Deberías haber preguntado inmediatamente, y las cosas se habrían resuelto allí mismo. Sé lo que quieres preguntar, ¡pero pregunta!"

El rey dijo: "Sólo quiero preguntarte una cosa. ¿Cuál es la diferencia entre tú y yo? Tú vives más lujosamente que yo. Yo tengo que trabajar, preocuparme y cargar con todo tipo de responsabilidades, y tú no tienes trabajo, ni preocupaciones, ni responsabilidades. Siento envidia de ti. Y desde luego he dejado de acudir a ti, porque no creo que haya ninguna diferencia entre tú y yo. Yo vivo de posesiones, pero tú vives de más posesiones que yo. Todos los días exiges: "¡Trae el carro de oro! Quiero dar un paseo por el campo. Trae esto y aquello'.

Y estás comiendo comida deliciosa. Y ahora has dejado de estar desnudo, estás usando la mejor ropa posible. Entonces, ¿cuál es la diferencia entre tú y yo?"

El santo se rió y dijo: "La pregunta es tal que sólo puedo responderla si vienes conmigo.

Salgamos de la capital".

El rey le siguió. Cruzaron el río y continuaron. El rey preguntaba una y otra vez: "¿Qué sentido tiene seguir adelante? ¿Por qué no responder ahora?"

El santo dijo: "Espera un poco. Estoy buscando el lugar adecuado donde responder".

Entonces llegaron al límite mismo de su reino, y el rey dijo: "Ahora es el momento, éste es el límite mismo".

El santo dijo: "Eso es lo que he estado buscando. Ahora no voy a volver. ¿Vienes conmigo o te vuelves?".

El rey dijo: "¿Cómo puedo ir contigo? Tengo mi reino, mis posesiones, mis esposas, mis hijos... ¿cómo voy a ir contigo?".

Y el santo dijo: "¿Ahora ves la diferencia? Pero yo me voy y no miraré atrás ni una sola vez. Yo estaba en el palacio, vivía con todo tipo de posesiones, pero no era posesivo. Tú eres posesivo.

Esa es la diferencia. Me voy".

Se desvistió, se desnudó, le dio el vestido al rey y le dijo: "Quédate con tu ropa y vuelve a ser feliz".

Ahora el rey se dio cuenta de que había sido un insensato: este hombre era raro, una joya rara. Cayó a sus pies y le dijo: "No te vayas. Vuelve. Aún no te he comprendido. Hoy he visto la diferencia.

Sí, eso es la verdadera santidad".

El santo dijo: "Puedo volver, pero recuerda que volverás a estar triste. Para mí no hay diferencia entre ir a este lado o al otro, pero volverás a estar triste. Ahora, déjame hacerte feliz. No vengo, me voy".

Cuanto más insistía el santo en ir, más insistía el rey en que volviera. Pero el santo dijo: "Una vez es suficiente. He visto que eres una persona estúpida. Puedo ir, pero en el momento en que digo 'puedo ir', veo en tus ojos que vuelven las viejas ideas: 'Quizá me está engañando otra vez. Tal vez esto es sólo un gesto vacío, dándome la ropa y diciendo que se va, para que me impresione de nuevo'. Si vengo volverás a sentirte desgraciada, y yo no quiero hacerte desgraciada".

Recuerda la diferencia: la diferencia no está en las posesiones, la diferencia está en la posesividad.

Una persona sencilla no es aquella que no posee nada, una persona sencilla es aquella que no tiene posesividad, que nunca mira hacia atrás.

Esta sencillez no se puede practicar, esta sencillez sólo puede venir como consecuencia de la inocencia.

De lo contrario, por un lado practicarás, y desde algún otro rincón de tu ser.... Y tú eres un vasto continente; no eres como una isla, ¡eres un continente realmente vasto! Y en lo más profundo de tu ser todavía hay un territorio inexplorado, un territorio sin cartografiar. Todavía llevas dentro de ti un continente grande y oscuro como África, que nunca has recorrido, del que ni siquiera eres consciente - de su presencia no eres consciente.

Si reprimes -y eso es el cultivo-, entonces empezará a venir de otra forma desde algún otro lugar. Te volverás más y más complejo de esta manera, más y más astuto y calculador de esta manera; más disciplinado, más con un carácter que la gente respeta y honra. Si quieres disfrutar de tu ego, la mejor manera es ser un hombre santo. Pero si realmente quieres celebrar la existencia, la mejor manera es ser absolutamente ordinario, completamente ordinario, y vivir la vida ordinaria sin pretensiones.

Vive momento a momento: eso es inocencia, y la inocencia es suficiente. No intentes volverte simple.

Millones de personas lo han intentado y no se han simplificado en absoluto. Al contrario, se han vuelto muy muy complejas, enredadas en su propia jungla, en sus propias ideas.

Sal de la mente: eso es inocencia. Ser una no-mente: eso es inocencia. Y todo lo demás viene después.

Y cuando todo lo demás le sigue, tiene una belleza propia. Cultivada, es plástica, sintética, no natural. Cuando llega sin cultivar, es una gracia, es una bendición.

La segunda pregunta:

AMADO MAESTRO,

Pregunta 2:

A VECES TENGO LA SENSACIÓN DE QUE LA MUERTE FÍSICA SERÍA LA ÚNICA CONMOCIÓN LO BASTANTE FUERTE COMO PARA DESPERTARME, Y ME ENCUENTRO DESEÁNDOLA, COMO TAL VEZ UNA ESCAPATORIA O EL FIN DE ESTE SUEÑO GRIS QUE ME RODEA. ¿QUÉ PUEDE ROMPER ESTE SUEÑO CUANDO EL SOÑADOR TIENE TANTO SUEÑO?

Pratima, si realmente quieres suicidarte, sigue al sabio irlandés del que he oído hablar.

Un irlandés quería suicidarse. Compró un frasco de aspirinas, se tomó dos, ¡y se sintió mejor!

La muerte no puede despertarte, Pratima, porque ya has muerto muchas veces y aún no te ha despertado. No eres nueva aquí, nadie es nuevo. Todos sois antiguos peregrinos, muy antiguos.

Has visto Budas, Cristos, Zaratustra, Lao Tzus. Has visto toda la evolución de la conciencia humana, has formado parte de ella. Has estado aquí muchas veces y la muerte ha sucedido una y otra vez. No ha ayudado de ninguna manera. No puede ayudar, porque la muerte tiene un mecanismo natural: antes de morir te vuelves inconsciente. Es como si la muerte utilizara anestesia; lo mismo ocurre con el nacimiento. El nacimiento también ocurre en la inconsciencia.

Piensa. Una cosa es cierta: que naciste. Puede que no estés tan seguro de tus vidas pasadas -quizá sólo sea una teoría-, pero una cosa es absolutamente cierta: que un día naciste. Al menos esta vida está ahí. ¿Recuerdas algo de tu nacimiento? Y el nacimiento y la muerte no están separados, son dos aspectos de la misma moneda. Por un lado está el nacimiento, por otro lado está la muerte; por un lado está la muerte, por otro lado está el nacimiento. Es la misma moneda. Cara o cruz, no hay diferencia; es la misma moneda.

Ves morir a una persona: aquí está muriendo, en otro lugar ha empezado a nacer. En el momento en que muera aquí, habrá entrado en otro útero en alguna parte. Se tarda segundos, sólo segundos, en entrar en otro útero. Millones de tontos están siempre haciendo el amor, veinticuatro horas. No tendrás que buscar mucho, no tendrás que buscar y esperar, ni siquiera tendrás que hacer cola, recuerda.

Por eso ocurre una y otra vez que si una persona muere en la India vuelve a nacer en la India. Sucede más o menos así, porque ¿a quién le importa irse lejos? Justo en el barrio alguna pareja de tontos está dispuesta a recibirte.

Hubo nacimiento, pero estabas inconsciente. El nacimiento también ocurre en la inconsciencia, porque también es un proceso muy doloroso, es una especie de muerte. Viviste en el útero durante nueve meses, fue tu vida durante nueve meses, y los nueve meses en el útero no son nueve meses para el niño; para el niño es casi una eternidad, porque no tiene noción del tiempo. Y de repente, un día, el útero está listo para expulsarte. Al niño le parece la muerte, se está muriendo. Su mundo desaparece, su modo de vida, al que se ha acostumbrado, le es arrebatado. Todo lo que sabe sobre la vida va a ser destruido. Sin el útero, no puede concebir la vida. El útero es todo lo que conoce; más allá del útero todo es desconocido.

La muerte es dolorosa, al igual que el nacimiento. De ahí que exista un mecanismo natural: el niño nace en estado inconsciente y el anciano muere en estado inconsciente. Los médicos, los cirujanos, no han utilizado procesos anestésicos hasta hace poco -cloroformo, etcétera-, pero la muerte y el nacimiento llevan utilizándolos desde que comenzó la eternidad. Cuando mueres, antes del momento exacto de la muerte quedas inconsciente, porque va a ser muy doloroso.

Piensa. Tu conciencia, que se ha apegado tanto al cuerpo durante setenta, ochenta o noventa años.... Te has identificado tanto con el cuerpo, que te aferrarás, harás todo lo que puedas para permanecer en el cuerpo. Ahora de nuevo eres expulsado del cuerpo - y tantos deseos están sin cumplir, y tantas ambiciones todavía revolotean a tu alrededor. Tantos deseos y sueños, ¡y todo se hace añicos! Y tu cuerpo te está siendo arrebatado - no sólo el cuerpo sino también tu cerebro. Y con eso te has identificado. Necesitas una gran anestesia.

El cuerpo tiene sus propias formas de liberar anestesia en ti; tarde o temprano la ciencia médica lo va a descubrir. Todavía no lo han descubierto, pero tarde o temprano lo descubrirán: que el cuerpo tiene procesos químicos que se liberan en el momento de la muerte y la persona queda inconsciente.

Del mismo modo que cuando te enfadas se liberan ciertas sustancias químicas en la sangre y te vuelves loco -un tipo de locura momentánea-, tus propias glándulas lo hacen... cuando te posees sexualmente son tus glándulas las que liberan ciertas secreciones -y no eres consciente, te vuelves casi inconsciente-.

La muerte es uno de los procesos más dolorosos. Así que, Pratima, puedes morir, pero morirás inconscientemente.

La muerte no te despertará, te hará más inconsciente.

La única manera de estar despierto es estar en comunión con alguien que ya está despierto. La única manera -no hay otra- es estar en compañía del despierto, es estar en comunión con el despierto.

Y, Pratima, eres afortunada: estás en la compañía del despierto y en la comunión de los que buscan el despertar. Estás en un campo búdico; si esto no puede despertarte, nada más podrá hacerlo.

Pero no te preocupes tanto por eso; esa preocupación es innecesaria. Déjamelo a mí. Déjame todo tu sueño gris, todos tus sueños. No te pido nada, al menos dame tus sueños, dame tus preocupaciones, dame tu sueño. En lugar de preocuparte por cómo despertarte, empieza a observar tus sueños y un poco de alerta empezará a surgir en ti. En lugar de preocuparte, empieza a observar tus preocupaciones, y observar las preocupaciones te ayudará a salir de ellas.

Sólo hay dos cosas de las que preocuparse: o estás enfermo o estás bien.

Si estás bien, no hay nada de qué preocuparse, pero si estás enfermo, sólo hay dos cosas de las que preocuparse: o mejoras o mueres.

Si mejoras, no hay nada de qué preocuparse, pero si mueres, sólo hay dos cosas de qué preocuparse: o vas al cielo o vas al infierno.

Si vas al cielo, no tienes de qué preocuparte, pero si vas al infierno, estarás tan ocupado dándole la mano a tus amigos que no tendrás tiempo de preocuparte.

¿Por qué preocuparse?

Más bien empieza a disfrutar. Disfruta de tu sueño; eso te ayudará a despertarte más rápido. Disfruta de tus sueños, porque si puedes disfrutar de tus sueños, disfrutar de tu sueño, ya te has alejado un poco.

Cuando estás preocupado, te implicas más; cuando estás disfrutando, puedes ser un observador.

Y tampoco tengas prisa. Nada ocurre antes de tiempo. Todo tiene su estación, así que espera a la primavera. Mientras tanto, disfruta de lo que haya. Hay nubes, nubes oscuras, disfrútalas, tienen su propia belleza. De vez en cuando sale el sol, disfrútalo. A veces llueve, disfrútalo. Disfruta de todos los estados de ánimo de la vida; así es como uno madura. Esta vida es una oportunidad para madurar. No evites nada. El sueño gris también tiene algo que aportar a tu crecimiento, y tus sueños también tienen que convertirse en escalones, peldaños, hacia el despertar.

Pero todo el mundo parece tener tanta prisa que nadie quiere esperar a la primavera. Pero la primavera llega cuando llega. Tus prisas simplemente crearán caos en ti, tu impaciencia creará un desastre en ti. Sé paciente, y sea cual sea la situación, acéptala y disfrútala.

Sí, hay un resquicio de esperanza para cada nube oscura, pero la gente es tan impaciente, tan pesimista, que he oído que han cambiado el viejo proverbio. El viejo proverbio es: No hay mal que por bien no venga. Lo han cambiado; ahora dicen: Todo resquicio de esperanza tiene una nube negra. Todo depende de cómo se miren las cosas.

Sé un poco más optimista. Sé un poco más alegre. Sí, incluso si cantas en tu sueño, incluso si bailas en tu sueño, es útil, porque tu canto y tu baile pueden despertarte. Pero si te preocupas y piensas en el suicidio y piensas en deshacerte de esta vida porque no estás despertando tan pronto como te gustaría, es una actitud muy pesimista. No mejora la vida, es destructiva.

¡Cuidado con esas tendencias destructivas! La muerte no ayudará.

Estoy aquí, Pratima, para martillarte, para destrozarte. Sólo dame una pequeña oportunidad. Las cosas se están moviendo maravillosamente. Muchos se acercan cada vez más a la madurez, pero a menos que llegues al punto de los cien grados no puedes evaporarte. Incluso a noventa y nueve grados sigues siendo agua, agua caliente - y el calor se vuelve más y más doloroso antes de llegar a los cien grados y simplemente te evaporas. Y entonces el último cambio, entonces entras en un campo diferente: el agua fluye hacia abajo y el vapor flota hacia arriba. El agua es visible, el vapor es invisible. El agua busca el lugar más bajo de la tierra y el vapor busca el más alto: el vapor va hacia las cumbres.

Pero no puedo darte más calor del que puedes absorber en este momento. Tengo que ser muy muy cuidadoso, porque demasiado calor puede resultar destructivo. Demasiado calor puede destruir algo frágil en ti. Demasiado calor y podrías escapar. Demasiado calor te calentará tanto que empezarás a pensar que la vida es insoportable. Tengo que darte calor en dosis homeopáticas para que poco a poco te vayas acostumbrando, porque tengo que llevarte hasta los cien grados.

Pero muchos se están moviendo hacia ello, y cuando empiece a suceder muchos van a despertar casi simultáneamente.

Así sucedió en tiempos de Buda. Una sola persona, Manjushri, se iluminó -su primer discípulo iluminado- e inmediatamente le siguió una cadena -Sariputta, Moggalayan, Purnakashyap y otros-, como si Manjushri hubiera desencadenado el proceso. Tal vez él fue la primera flor de la primavera, y entonces estalló toda la primavera.

Así va a ser aquí. Poco a poco te vas preparando; la primavera se acerca.

Esperad. Espera y observa.

La tercera pregunta:

AMADO MAESTRO,

Pregunta 3:

CUANDO UN MAESTRO MUERE, DE REPENTE SURGE UN MITO A SU ALREDEDOR, EL HOMBRE HACE ÍDOLOS DE PIEDRA O DE MADERA DE ÉL, EL MAESTRO SE CONVIERTE EN UN DIOS LEJANO AL QUE HAY QUE ADORAR Y SE VUELVE INALCANZABLE PARA EL HOMBRE CORRIENTE. DESAPARECE LA IDEA DE QUE EL MAESTRO ES UN EJEMPLO DE LO QUE DEBEMOS Y PODEMOS SER. ¿POR QUÉ SE PRODUCE ESTE FENÓMENO UNA Y OTRA VEZ?

Arthur Sambrooks, es algo muy natural al estado inconsciente de la humanidad. El amo vivo es un peligro, pero el amo muerto no lo es más. El maestro vivo puede despertarte; no puedes esquivarlo, simplemente se clava como una flecha en el corazón. Pero un maestro muerto es un maestro muerto. Es solo un recuerdo, ya no esta ahi.

Y ahora los discípulos empiezan a adorarle. ¿Por qué? Es por un sentimiento de culpa por no haberle escuchado mientras vivía. Se sienten culpables, se arrepienten. Ahora tienen que hacer algo para librarse de la culpa. Adorar es por culpa, te sorprenderá saberlo. Tal vez no hayas pensado que la adoración es la culpa puesta de cabeza.

La gente crucificó a Jesús, y la misma gente empezó a adorarlo. Es el arrepentimiento. Empezaron a sentir un gran dolor, una gran pesadez, una gran ansiedad. Habían hecho algo malo; tenían que compensar, tenían que adorar a este hombre. Lo condenaron como a un criminal y lo adoraron como a Dios.

Lo mismo ha sucedido una y otra vez. La adoración surge de la culpa: una cosa. Segundo:

La adoración es una forma de evitar al maestro. Al adorarlo empiezas a sentir que estás haciendo todo lo que puedes hacer. ¿Qué más hay? No necesitas cambiar, la adoración es suficiente. Si el maestro esta vivo y tu solo lo adoras y no cambias, el te va a golpear en la cabeza.

El maestro viviente, incluso si te permite adorarlo, te permite adorarlo solo para que puedas acercarte a el, eso es todo. El te permite adorarlo para que puedas acercarte y el pueda realmente destruir tu ego. Quiere que te vuelvas íntimo con él. Si esta es la única manera que conoces... y esta es la única manera que conoces, porque siempre has estado adorando a Buda, Krishna, Jesús, Mahoma. Has estado adorando, así que cuando llegas a un maestro viviente, lo primero que puedes hacer es adorarlo. Él te permite adorarlo para que puedas acercarte, para que puedas ser atrapado en su red.

Pero un maestro muerto ya no está ahí para hacerte nada. Ahora puedes empezar a hacerle cosas al maestro, ¡puedes vengarte! Puedes hacer una estatua de piedra o de madera del maestro e inclinarte ante la estatua que has hecho. Te estás inclinando ante ti mismo, ¡ante tu propia creación!

Es como - y será mucho mejor.... Cuando haces un templo en tu casa es mejor que pongas un gran espejo y te sientes ante el espejo y te inclines ante tu propia imagen - porque el maestro que creas es el maestro que creas a tu propia imagen.

La Biblia dice: Dios creó al hombre a su imagen y semejanza. Tal vez al principio sí, pero el hombre le ha pagado bien, y con la misma moneda. El hombre ha hecho a Dios a su propia imagen.

Cuando adoras a un maestro empiezas a crear un maestro según tu propia idea, de ahí surge el mito. El mito viene de tu inconsciente. El maestro está físicamente muerto, ahora quieres que también lo esté espiritualmente. El mito lo hara: el estara espiritualmente muerto tambien. ¡Tu mito es una mentira!

Y cuanto más se rodea el maestro de mitos y ficciones, más irreal se vuelve.

Por eso es muy difícil creer que Jesús es una persona histórica, muy difícil de creer. Es por la mitología que se ha creado a su alrededor: camina sobre las aguas, convierte el agua en vino, de unos pocos panes hace pan suficiente para que coman miles de personas.

Las personas que crearon estos mitos se están deshaciendo realmente de la realidad del maestro. Aunque haya muerto, sigue habiendo un cierto impacto del maestro que hay que borrar. El mito hará el trabajo.

La muerte ha destruido su cuerpo, el mito destruirá su espiritualidad. Se convertirá en una figura mitológica, totalmente impotente, inútil.

El mito es un proceso en el que se cambia la realidad histórica del maestro en una ficción. Jesús como persona histórica puede ser vergonzoso. Jesús como mito es hermoso - porque un mito es creado por ti, según tus expectativas.

Ningún maestro vivo cumple las expectativas de nadie; vive su propia vida. No importa si lo aceptas o lo rechazas. Puedes matarlo, puedes adorarlo, no hay diferencia.

Sigue viviendo a su manera, sigue haciendo sus cosas. No se le puede obligar a cumplir lo que le pides.

La gente lo intenta de todas las maneras posibles. Vienen a mí... me llegan cartas diciendo: "Maestro, si haces sólo una cosa, millones de personas se beneficiarán, porque entonces empezarán a venir a ti". Por favor, deja de hablar de sexo. India te adorará. La gente está dispuesta a aceptarte, pero tú les molestas".

Ahora, estas personas que están profundamente dormidas me aconsejan lo que debo decir, lo que no debo decir....

En estos últimos veinte años, miles de personas han acudido a mí. Muy pocos se han quedado, porque todos venían con expectativas, y yo no he cumplido las expectativas de nadie. De hecho, si veo que alguien espera algo, inmediatamente lo destruyo.

Sólo quiero gente sin expectativas de mí. De lo contrario, los seguidores intentan convertirse en maestros de los maestros. Empiezan a dictarles: "Haz esto. Come esto. Vive así, porque entonces vendrá más y más gente". No se trata de que se necesiten más y más; sólo se necesitan aquellos que no tienen expectativas, porque sólo esos son capaces de despertar.

Pero una vez que el maestro se ha ido no puede evitar que crees tu mito, así que lo que te hacía daño, lo cambiarás, lo que te ofendía, lo dejarás y lo sustituirás por algo hermoso. Esa ha sido la causa de que hayan surgido mitos.

Jesús vivió una vida muy humana, completamente humana, con gran piedad, pero vivió una vida humana. Es un maestro poco común en ese sentido. Se movía con jugadores, borrachos; es muy posible que de vez en cuando jugara al póquer. Y no veo que haya nada malo en ello. Solía beber vino, le gustaba. Y no creo que haya nada malo en ello de vez en cuando; es pura diversión. No te vuelvas adicto. Él no era adicto, pero participaba en la vida ordinaria.

Hay muchas posibilidades de que María Magdalena se enamorara de él de una forma muy humana, y no puede ser algo unilateral: puede que él respondiera. Pero los cristianos se sentirán ofendidos: ¡una prostituta enamorándose de Jesús! Y Jesús puede haber respondido de una manera humana. De hecho, era un hombre tan valiente, tan rebelde, que debió responder de forma humana.

Rock Hudson muere y va al cielo, llama a la puerta y pide permiso para entrar.

San Pedro dice: "Claro. Todo lo que necesitas son dos fotografías tamaño carné y rellenar este impreso B-31. Ahora, ¿cómo te llamas? Ahora, ¿cómo te llamas?".

"Rock Hudson."

"¿Ocupación?"

"Actor de cine".

"Lo siento", dice San Pedro. "No se admiten actores de cine".

"¿Por qué?", pregunta Rock, asombrado.

San Pedro dice: "Porque ustedes tienen fama de ser grandes pecadores: tanta desnudez en las películas, escándalos, toda clase de vicios. Lo siento, no podéis entrar".

"Pero soy amigo personal de Jesús", dice Rock. "Ve y pregúntale".

San Pedro se acerca a Jesús y le dice: "Hay un tipo grande en la puerta. Dice que es amigo tuyo.

Se llama Rock Hudson".

"¡Rock Hudson!" dice Jesús. "¡Dios mío! ¡Y no tengo nada que ponerme!"

Jesús debió de ser un maestro muy humano. Es por su gran humanidad que tuvo que sufrir, que tuvo que ser crucificado - es por su gran humanidad. Si hubiera vivido como un dios, como un santo, cantando mantras, ayunando, viviendo en una cueva, los mismos rabinos le habrían adorado. Antes de Jesús no habían matado a nadie más. ¿Por qué Jesús? Esto es extraño. La historia judia no tiene precedentes. ¿Cuál fue su pecado? ¿Cuál fue su crimen? Su crimen fue que estaba tratando de vivir una vida muy ordinaria. El queria mostrarte que puedes vivir una vida ordinaria y aun asi ser iluminado. Puedes vivir con prostitutas, jugadores y borrachos, y ser absolutamente santo. Quería mostrarte esta paradoja, quería convertirse en un ejemplo de ello; por eso fue crucificado.

En la India, Buda no fue crucificado, Mahavira no fue crucificado. ¿Por qué? Nunca vivieron de manera humana. Vivieron distantes, muy distantes, fríos, lejanos, distantes. No había necesidad de crucificarlos. De ahí que mi amor por Jesús sea inmenso. A Buda se le puede respetar, pero no amar. A Jesús también se le puede amar, y si se le respeta, se le respeta por amor.

Y lo mismo tiene que ser la situación aquí. No quiero tu respeto. Si tu respeto es parte de tu amor, bienvenido sea; de lo contrario, no quiero tu respeto. No quiero ser respetable. Es mejor ser crucificado por la gente que ser respetable. Ser respetable significa que te has inclinado ante los durmientes, que has renunciado a tu libertad. Esto sólo es posible si cumples sus expectativas; entonces te respetarán, te llamarán santo.

Pero si vives una vida ordinaria tal y como la vive la gente y disfrutas de las cosas ordinarias de la vida -con una diferencia, por supuesto, con una gran diferencia, una diferencia que realmente marca la diferencia-, si acercas a Dios a la tierra, si acercas el cielo a la tierra, entonces te van a matar mientras vivas.

Y cuando te hayas ido, la misma gente empezará a cambiar tu vida, a pintar tu vida una y otra vez. Seguirán pintándote a medida que cambien las exigencias según cambien los tiempos y las modas.

En realidad hay muchos cristos. Si recorres estos dos mil años encontrarás muchos cristos, no uno, porque cada época exige un tipo diferente de hombre santo, así que cada época tiene que pintar a Jesús según sus expectativas. Así es como se crean los mitos. Entonces otra era tiene que imponer sus mitos, y esto sigue y sigue, y toda la vida se vuelve ficticia. Ahora todo es tan ficticio....

El nacimiento virginal es una imposibilidad, pero tienen que imponer ese mito del nacimiento virginal porque la gente corriente nace de relaciones sexuales. ¿Cómo puede Jesús nacer de una relación sexual? Él nace sin ninguna sexualidad. Esto es antibiológico, anticientífico. Pero los seguidores hacen esas cosas solo para que parezca separado, diferente, sobrenatural.

Los budistas dicen que cuando Buda nació su madre estaba de pie. Los budistas dicen que cuando nacen los budas las madres siempre están de pie. ¡Qué extraño! ¿Por qué no puede nacer un buda mientras la madre está tumbada boca arriba? - Así es como nace todo el mundo; los budas tienen que nacer de una manera especial. ¿Y entonces qué hace Buda? Sale del vientre de pie, cae al suelo de pie, y luego da siete pasos y declara: "¡Soy el más grande entre los más grandes!". Eso es lo primero que hace, después de dar siete pasos. ¡Qué tontería!

Los jainas dicen que sus tirthankaras nacen siempre en la casta guerrera, los kshatriyas. Mahavira entró en el vientre de una mujer brahmán, pero eso no está de acuerdo con la ley. Ya ves las expectativas de la gente: no sólo en la vida esperarán de ti, ¡sino que incluso antes de la vida forzarán sus expectativas!

Así que han creado una historia en la que los dioses estaban muy perturbados - esto nunca había sucedido antes. Un tirthankara - un maestro Jaina, un maestro iluminado - tiene que nacer de una mujer kshatriya, una mujer de casta guerrera. Era un antagonismo contra los brahmanes. Y Mahavira entró en el vientre de una mujer brahmán, por lo que los dioses no pudieron tolerarlo.

Cuando tenía tres meses en el vientre de la mujer, lo extrajeron, lo sacaron. Esa parece ser la primera cirugía. Sacaron a Mahavira del vientre de la mujer brahmán, y sacaron a otro niño del vientre de la reina. El hijo de la reina, una niña, fue puesto en el vientre de la mujer brahmán y Mahavira fue sustituido. Dos cosas estaban mal. Primero: el tirthankara tiene que ser un hombre; segundo: tiene que nacer de una mujer kshatriya. ¡Qué expectativas! ¡Qué expectativas tan insensatas! Pero estos mitos siguen creciendo más tarde.

Estos mitos tienen una razón de ser. Los discípulos y los seguidores quieren que su maestro sea especial: especial en comparación con la gente corriente y especial también en comparación con otros maestros.

Tú me preguntas, Sambrooks: "Cuando un maestro muere, de repente surge un mito a su alrededor, el hombre hace ídolos de piedra o madera de él, el maestro se convierte en un dios lejano al que adorar y se vuelve inalcanzable para el hombre corriente."

Ese es precisamente el propósito de la adoración: hacer al hombre tan distante y tan lejano que sólo puedas adorarlo. No necesitas practicar lo que ha sido su enseñanza, no necesitas despertar de tu sueño. La adoración puede continuar en tu sueño maravillosamente; no perturba tu sueño, de hecho, funciona como un sedante, un tranquilizante.

Me preguntas: "Desaparece la idea de que el maestro sea un ejemplo de lo que debemos y podemos ser".

Ése es precisamente el propósito: que desaparezca para que no haya necesidad de que lo intentemos, de que nos esforcemos por alcanzar las cumbres. Entonces podremos vivir en nuestro sueño tranquilamente; no habrá nadie que nos perturbe. Si Buda es un ser humano, si Jesús es un ser humano, y pueden llegar a estar tan iluminados, tan llenos de luz, tan llenos de amor, tan llenos de dicha, entonces la idea de ellos te perseguirá, no te dejará en paz. Continuamente estará ahí dentro de ti que tienes que alcanzar este estado también, de lo contrario no te estás realizando, de lo contrario no estás haciendo lo que se necesita hacer. Estás perdiendo una oportunidad.

Usted me pregunta: "¿Por qué ocurre una y otra vez este fenómeno?".
t Porque la estupidez del hombre es la misma.
La última pregunta:
AMADO MAESTRO,
Pregunta 4:

SOY CIENTÍFICO. LA CIENCIA ENSEÑA A OBSERVAR CON DESAPEGO. ¿NO OCURRE LO MISMO CON LA RELIGIÓN?

La ciencia enseña la observación desapegada, el arte enseña la observación no desapegada, la religión enseña simplemente la observación, ni desapegada ni no desapegada. El científico tiene que estar allí sólo como espectador, indiferente, frío; así es como puede llegar a conocer los secretos de la materia. El artista tiene que participar en la naturaleza; sin participación no conocerá la belleza de la flor, de la luna, de la puesta de sol, de las nubes. Tendrá que convertirse en participante, tendrá que disolverse en su realidad. El observador tiene que convertirse en observado en el mundo del arte; sólo entonces podrá pintar, esculpir, crear música o poesía.

Un hombre se acercó a un gran pintor y le preguntó: "Quiero pintar bambúes. ¿Qué debo hacer?"

El maestro dijo: "Primero vete a la selva y vive con los bambúes durante tres años. Cuando empieces a sentir que te has convertido en un bambú, vuelve".

El hombre nunca regresó. Pasaron tres años. El maestro esperó y esperó y luego tuvo que ir en busca del hombre para ver qué había pasado, porque cuando te has convertido en un bambú, ¿cómo puedes volver al maestro?

Cuando el maestro llegó, vio al hombre de pie en un bosquecillo de bambú. Soplaba el viento, los bambúes se balanceaban y bailaban, y el hombre se balanceaba y bailaba.

El maestro le sacudió. Le dijo: "¿Qué estás haciendo? ¿Cuándo vas a pintar?"

Me dijo: "Olvídate de todo. Piérdete. No me molestes".

El maestro tuvo que arrastrarlo de vuelta a casa. Le dijo: "Ahora estás listo para pintar el bambú, porque ahora sabes desde dentro lo que es un bambú".

La ciencia observa desde fuera; el arte entra en el interior de las cosas. Pero la religión es una trascendencia; está más allá de la ciencia y más allá del arte. La ciencia es objetiva, el arte es subjetivo. La religión no es ni lo uno ni lo otro. Es pura conciencia, ni fría ni caliente. Por eso la llamo fría. La ciencia es fría, el arte es caliente, la religión es fría.

Pero la observación es necesaria en los tres planos; sólo cambia su calidad. La observación más baja es la observación desapegada; un poco más alta es el arte, la observación participante; y la más alta es simplemente la observación.

Pero la observación es el fenómeno esencial; es el hilo que une la ciencia, el arte y la religión.

Esto ocurrió en el auditorio de una facultad de medicina.

El conocido profesor comienza su primer curso con esta declaración: "Para ser un buen practicante, se requieren dos cualidades. La primera es: no debe disgustarte nada. La segunda es:

deberías ser capaz de observar con precisión. Como ilustración de esto, observa. ¿Ves este cadáver milenario tendido sobre la mesa? Meto un dedo en el ano del cadáver, y luego, ya ves, lo saco, me lo meto en la boca y lo chupo".

Toda la clase se horroriza.

El profesor prosigue: "Ahora, ¿quién de vosotros será capaz de hacerlo?".

Un alumno muy celoso se acerca y, sin dudarlo, mete el dedo en el ano del cadáver y lo chupa.

Un gran silencio sigue a esta actuación. El profesor felicita al alumno: "Muy bien, joven, sin duda tienes la primera cualidad necesaria para ser un buen médico, es decir: no sentir asco por nada. Sin embargo, le falta la segunda cualidad. No tienes ningún sentido de la observación. Verá, fue este dedo, el índice, el que mojé. Y fue este dedo, el medio, el que me metí en la boca".

Suficiente por hoy.

Buda León

PREGUNTA: ¿CÓMO SE LLAMA LA MENTE DE LA AVARICIA?

RESPUESTA: ES LA MENTE DE LA IGNORANCIA.

PREGUNTA: ¿COMO SE LLAMA LA MENTE SIN EGO?

RESPUESTA: ES LA MENTE DE SHRAVAKA, EL VERDADERO DISCÍPULO DE BUDA.

PREGUNTA: ¿CÓMO SE LLAMA LA MENTE DE LA NO-ENTIDAD?

RESPUESTA: ES LA MENTE DE LOS SABIOS QUE NO TIENEN NINGUNA CONEXIÓN CON LA ENSEÑANZA DE BUDA, SINO QUE DESCUBREN LA VERDAD DE LA NO-ENTIDAD POR SÍ MISMOS.

PREGUNTA: ¿CÓMO SE LLAMA LA MENTE QUE NO TIENE NINGÚN ENTENDIMIENTO PARTICULAR, NI TAMPOCO DELIRIOS DOLOROSOS?

RESPUESTA: ES LA MENTE DE LOS BODHISATTVAS.

PREGUNTA: ¿CÓMO SE LLAMA LA MENTE QUE NO TIENE NADA QUE CONOCER Y TAMPOCO NADA QUE REALIZAR?

RESPUESTA: NO HAY RESPUESTA DE BODHIDHARMA.

BODHIDHARMA DIJO: "DHARMAKAYA NO TIENE FORMA, POR LO TANTO UNO LO VE SIN VER. EL DHARMA NO TIENE VOZ, POR LO QUE SE ESCUCHA SIN OÍR.

PRAJNA NO TIENE NADA QUE CONOCER, POR LO TANTO UNO LO CONOCE SIN CONOCER.

SI CREE QUE LO VE, NO LO VE COMPLETAMENTE. SI CREE QUE LO SABE, NO LO SABE COMPLETAMENTE. CUANDO LO CONOCE SIN CONOCERLO, LO CONOCE COMPLETAMENTE.

SI UNO NO SABE ESTO, NO ES UN VERDADERO CONOCEDOR. SI UNO PIENSA QUE ESTÁ GANANDO, NO ESTÁ GANANDO DEL TODO. CUANDO GANA SIN GANAR, ES DUEÑO DE TODO. SI UNO PIENSA QUE TIENE RAZÓN, SU RECTITUD NO ES PERFECTA. CUANDO TRASCIENDE LO CORRECTO Y LO INCORRECTO, SUS VIRTUDES SE CUMPLEN. TAL SABIDURÍA ES LA PUERTA DE ENTRADA A CIEN MIL PUERTAS DE LA SABIDURÍA SUPERIOR".

DIJO BODHIDHARMA, "TODOS LOS BUDAS PREDICAN LA VACUIDAD". ¿POR QUÉ? PORQUE DESEAN APLASTAR LAS IDEAS CONCRETAS DE LOS ESTUDIANTES. SI UN ESTUDIANTE SE AFERRA SIQUIERA A UNA IDEA DE VACUIDAD, TRAICIONA A TODOS LOS BUDAS. UNO SE AFERRA A LA VIDA AUNQUE NO HAYA NADA QUE LLAMAR VIDA; OTRO SE AFERRA A LA MUERTE AUNQUE NO HAYA NADA QUE LLAMAR MUERTE. EN REALIDAD NO HAY NADA QUE NAZCA, EN CONSECUENCIA NO HAY NADA QUE PEREZCA.

"AFERRÁNDOSE SE RECONOCE UNA COSA O UNA IDEA. LA REALIDAD NO TIENE NI INTERIOR, NI EXTERIOR, NI PARTE MEDIA. UNA PERSONA IGNORANTE CREA ILUSIONES Y SUFRE DISCRIMINACIÓN. EL BIEN Y EL MAL NO EXISTEN EN LA REALIDAD. UNA PERSONA IGNORANTE LOS CREA, LOS RECONOCE, CERCA O LEJOS, DENTRO O FUERA. ENTONCES SUFRE DE DISCRIMINACION. ESTA ES LA MANERA GENERAL DEL MUNDO FENOMENAL".

Todas las preguntas son infantiles. Ojo, no son infantiles, son infantiles, son estúpidas. Pueden parecer muy sabias, pueden consistir en grandes palabras, pero no tienen ningún significado, ningún sentido, porque esas grandes palabras están vacías, son prestadas. No tienen raíces en tu propia experiencia existencial.

La filosofía como tal es un asunto muy infantil. La religión tiene madurez, pero no la filosofía. La filosofía es curiosidad - curiosidad sin ningún valor para saber - preguntas planteadas con la esperanza de obtener respuestas. Pero aunque te den respuestas, no podrás recibirlas, porque no estás dispuesto a recibirlas. Las respuestas sólo crearán nuevas preguntas en la mente infantil.

Esa ha sido toda la historia del quehacer filosófico. Durante diez mil años la filosofía ha planteado grandes preguntas y se ha implicado mucho en la búsqueda de respuestas, pero no se ha encontrado ni una sola. Ningún esfuerzo ha sido tan inútil como el de la filosofía. Cada respuesta a la que los filósofos creen haber llegado, que piensan que va a cambiar toda la visión del hombre, simplemente crea más preguntas. La filosofía no ha resuelto nada en absoluto. No puede: es básicamente un movimiento en la dirección equivocada.

La mente sólo puede plantear preguntas, pero no encontrar las respuestas. Igual que las hojas crecen en los árboles, las preguntas crecen en la mente. Puedes podar las hojas, pero al podarlas aparecerán más hojas, el follaje se hará más espeso. Puedes podar las preguntas -eso es lo que sigue haciendo la filosofía-, pero surgirán más preguntas porque la fuente de las preguntas, la mente, permanece intacta, protegida, segura.

Para encontrar la respuesta hay que ir más allá de la mente, e ir más allá de la mente es la única madurez.

Eres realmente una persona adulta cuando has ido más allá de la mente. Los budas no son más que personas adultas, maduras, integradas, que han ido más allá de la mente, han ido a la otra orilla, a la orilla más lejana. A esa altura las preguntas simplemente desaparecen. No es que se resuelvan, recuérdalo, las preguntas no se resuelven cuando vas más allá de la mente; al ir más allá de la mente también vas más allá de las preguntas. Se vuelven irrelevantes, parecen estúpidas, pierden todo su significado: simplemente no tienen sentido. No es que encuentres respuestas, pero cuando las preguntas se disuelven y te encuentras en un estado de conciencia sin preguntas, esta es LA respuesta. Sin ninguna respuesta en particular, ésta es la respuesta, ésta es la solución.

De ahí que en Oriente lo llamemos samadhi; samadhi significa simplemente la solución. Todo está resuelto, las preguntas se disuelven. Estás absolutamente en silencio, sin curiosidad, sin nada que preguntar. Cuando no tienes nada que preguntar, sabes; y cuando tienes algo que preguntar, no sabes. Sí, por compasión los budas siguen respondiendo a tus preguntas con la esperanza de que tarde o temprano veas lo absurdo, lo ridículo de las preguntas.

La existencia simplemente es. No es una pregunta-respuesta, no es un enigma; es un misterio que hay que experimentar, vivir y amar. Puedes cantarlo, puedes bailarlo; pero no es una pregunta, es una búsqueda, una aventura, una aventura extática, una exploración. Y cuando entras en lo misterioso sin ninguna curiosidad, todos los secretos de la existencia están a tu disposición.

Si entras con una mente curiosa, nada está a tu alcance, porque la propia mente curiosa te impide ver. Estás preocupado por tu pregunta. Estás preocupado por tu conocimiento.

Lo preguntas porque crees que lo sabes. Alguien viene y pregunta: "¿Quién creó el mundo?". En realidad ya lleva la idea de que Dios creó el mundo, ha venido a preguntar sólo para que se lo confirmen.

Si lo confirmas, se pone muy contento; si lo niegas, se enfada contigo. No era un verdadero buscador, buscaba apoyo para su creencia.

Un día, por la mañana temprano, cuando Buda salía a dar su paseo matutino, un hombre le preguntó: "¿Existe Dios?".

Buda miró por un momento a los ojos del hombre y le dijo: "No. Dios no existe en absoluto, nunca ha existido ni existirá. Deshazte de todas estas tonterías".

El hombre se sorprendió.

Ananda seguía a Buda. Siempre le seguía como una sombra, para estar a su servicio si en algún momento surgía alguna necesidad. Escuchaba -había escuchado muchas respuestas de Buda- y era como un martillo, tan crudo, tan cruel parecía. Pero vio el rostro de Buda - tremenda compasión.

Por la tarde del mismo día llegó otro hombre y preguntó: "¿Existe Dios?".

Buda dijo: "Sí, existe, siempre ha existido y siempre existirá. Busca y encuentra".

Ananda estaba muy desconcertado; no había olvidado la respuesta que Buda le había dado aquella misma mañana, pero no podía preguntar porque había muchas otras personas allí.

Y antes de que pudiera preguntar, otro hombre llegó esa tarde justo cuando el sol se estaba poniendo. Y Buda estaba sentado fuera, debajo de un árbol, contemplando la puesta de sol y las hermosas nubes, y el hombre le preguntó: "¿Existe Dios?".

Buda simplemente movió la mano, hizo un gesto al hombre para que se sentara y él mismo cerró los ojos. El hombre le siguió. Permanecieron sentados en silencio unos instantes, hasta que el hombre se levantó. Estaba oscureciendo, el sol se había puesto. Tocó los pies de Buda y dijo: "Agradezco la respuesta. Muchas gracias", y se marchó.

Ahora Ananda estaba en plena ebullición. Como no había nadie, Ananda preguntó: "Esta noche no podré dormir si no me contestas. En un solo día, la misma pregunta, y respondes de tres maneras. A la primera persona le dijiste: 'No, Dios no existe'. A la segunda, "Sí, existe". Y a la tercera le hiciste un gesto de amor para que se sentara y cerrara los ojos. No le dijiste nada, pero algo debió ocurrir, porque el hombre se sumió en un profundo silencio, te tocó los pies, te dio las gracias también por tu respuesta, aunque yo estaba allí y tú no habías respondido nada. ¿Qué es lo que ocurre? Me has desconcertado mucho".

Buda dijo: "No se te ha dado ninguna respuesta. ¿Por qué has de estar desconcertado? Fue su pregunta, fue mi respuesta, tú no fuiste parte en ella".

Pero Ananda dijo: "No soy sordo, estaba allí y simplemente escuché. Y ahora esas tres respuestas me tienen muy confundido".

Buda dijo: "El primer hombre era creyente, creía en Dios. En realidad no había venido a preguntar, sino a que le confirmara. Quería que yo apoyara su creencia, para poder ir y decirle a la gente: 'No sólo yo creo en Dios, Buda también cree'. Quería utilizarme para sus propios fines, por lo que tuve que decirle que no. Y tuve que ser muy duro con él, pues de lo contrario estaba tan lleno de sus propias ideas que no me habría escuchado. Era un erudito, buen conocedor de las escrituras; podía oír el ruido en su cabeza, podía ver la agitación en su ser. Tuve que ser muy cruel y duro como un martillo, porque sólo entonces existía la posibilidad de que escuchara. Necesitaba una descarga. Le di una descarga, porque no quiero apoyar las creencias de nadie. Todas las creencias son erróneas. Saber es una cuestión totalmente diferente.

"Y el segundo hombre era ateo, no creía en Dios. También era un erudito, también estaba lleno de todo tipo de ideas, pero era todo lo contrario al primer hombre. También había venido con el mismo propósito. Eran opuestos, enemigos, pero el propósito era el mismo. Quería que yo apoyara su no creencia, su incredulidad. Por eso tuve que decirle con tanta autoridad: "Sí, Dios existe, sólo existe Dios y nada más". De ese modo destrocé su creencia.

"Y el tercer hombre era realmente un buscador. No quería una respuesta, quería una experiencia. No había venido a preguntar - no tenía ni idea, ni prejuicios - había venido abierto, disponible. Se mostró vulnerable ante mí, era un hombre de gran confianza. Quería que le revelara algo, por eso no le respondí, simplemente le dije que se sentara a mi lado. Y, sí, tienes razón, algo ocurrió....".

... Porque siempre ocurre algo cuando dos personas consiguen sentarse en profundo silencio. Y si consigues sentarte en profundo silencio con un buda, algo de tremendo valor va a suceder. Su silencio es contagioso. Si estás disponible y abierto, su silencio se derramará en tu ser. Será como un baño; te bañarás en su conciencia. Serás limpiado, serás purificado. El polvo desaparecerá de tu espejo. De repente serás capaz de ver; tus ojos estarán claros.

"... Así que sin darle ninguna respuesta, recibió la respuesta. Recibió la respuesta de todas las respuestas que es el silencio. Por eso estaba tan agradecido, por eso se inclinó 'y tocó mis pies, por eso me dio las gracias."

Cuando te acercas a un Buda o a un Bodhidharma tienes que estar muy atento a cómo te acercas. No vengas con prejuicios, de lo contrario harás preguntas infantiles.

Un niño fue a la escuela por primera vez y la maestra le explicó que si quería ir al lavabo debía levantar dos dedos.

El chico, con cara de perplejidad, preguntó: "¿Cómo va a pararlo eso?".

Tiene una cierta idea infantil, pero está desconcertado.

"¿Por qué no sonríes?", le preguntó el profesor al joven Johnny.

"No he desayunado", respondió Johnny.

"Pobrecito", dijo la profesora. "Pero volvamos a nuestra lección de geografía, Johnny. ¿Dónde está la frontera polaca?"

"En la cama con mamá, por eso no desayuné".

No sólo los niños están llenos de ideas infantiles, los llamados adultos no son diferentes en absoluto. Sí, han envejecido, pero no han crecido. Han crecido en edad pero no han crecido en conciencia.

Cuanto más creces en edad, más ideas acumulas, obviamente: más experiencias, más palabras, más teorías, más ideologías.

Cuanto más creces en conciencia, menos ideas, menos filosofía, menos teologías.

En cambio, el silencio crece en ti. Guárdate de ser un entendido; ése es el mayor obstáculo entre tú y la verdad. El saber te engaña, te hace sentir que ya sabes. Así es como miles de expertos, eruditos, profesores, pedagogos siguen viviendo. Creyendo que saben, no saben nada. No han entrado en el templo de la sabiduría, ni siquiera se han MOVIDO hacia el templo. De hecho, se mueven justo en la dirección contraria. Saber es una cosa, y ser conocedor es justo lo contrario. Cuídate del saber para que un día puedas saber.

No se trata de acumular información; al contrario, se trata de vaciar tu mente totalmente de todo su contenido. Cuando la mente está vacía, no tiene nada que decir, no tiene nada que creer, no tiene ideas sobre nada, entonces de repente se te revela la realidad. En ese vacío, te conviertes en un espejo. Estar vacío es ser un espejo. Y entonces, simplemente, todo lo que es, se refleja en ti.

La primera pregunta.... Todas estas preguntas son estúpidas, pero Bodhidharma es muy paciente. Sabiendo que son estúpidas, responde, no con la esperanza de que sean respondidas así, sino con la esperanza de que algún día comprendas que la vida no es cuestión de preguntar y responder. Sus respuestas son tales que no responden a tu pregunta, sino que la DESTRUYEN.

Así es el verdadero maestro: no responde a tu pregunta, simplemente la destruye. Así que si esperas una respuesta concreta, estarás perdido. Muchos han acudido a los budas con las manos vacías porque esperaban respuestas prefabricadas y particulares. Los budas no hacen eso. Al contrario, te quitan la duda.

Estas respuestas son sólo para quitarte las preguntas, para que te quedes más limpio, más espacioso. Estas preguntas son como nubes en el cielo. Una vez que estas nubes desaparecen, la infinidad del cielo se vuelve disponible para ti con toda su belleza y gloria y grandeza.

La primera pregunta: ¿CÓMO SE LLAMA LA MENTE DE LA AVARICIA?

A primera vista, la pregunta parece perfecta, pero si se observa con atención, el propio interrogador es codicioso. Está haciendo preguntas: Bodhidharma responde a una; ni siquiera la ha respondido y aparece otra pregunta. Y la otra pregunta que surge no es más que una nueva formulación de la pregunta anterior.

No es que haya una "mente de codicia"; la mente ES codicia. La avaricia y la mente no son dos cosas, la avaricia es la naturaleza de la mente. La mente es codiciosa porque quiere acumular más y más. Puede ser dinero, puede ser poder, puede ser conocimiento, puede ser buenas acciones, virtud, pero sea lo que sea, la mente es codicia. Quiere acumular más y más, tiene miedo de estar vacía, porque en el vacío la mente desaparece, se evapora. Sólo cuando estás atestado de muebles innecesarios....

El otro día estuve mirando un registro fotográfico de la casa de Sigmund Freud. Realmente es algo en lo que merece la pena entrar. Toda la casa parece estar tan abarrotada de cosas que uno se pregunta cómo se las arregló Sigmund Freud para vivir en ella. No hay espacio para nada. Incluso en su estudio hay al menos cien estatuas, pequeñas y grandes; parece un museo. Cosas y cosas por todas partes.

Uno debe ser muy muy cuidadoso y cauteloso al moverse en su habitación, de lo contrario algo caerá; tropezarás con algo. Vivir en una habitación así es indicativo de su mente - la mente de la codicia. No hay espacio en la habitación indica su estado interior, no hay espacio allí tampoco. Sigmund Freud es una persona que sabe mucho.

Leyendo ese libro, cada vez me daba más pena el pobre hombre. ¿Qué clase de vida debe haber vivido? Debió de ser una larga pesadilla. Todo lo que se le presentaba -necesario, innecesario- lo acumulaba. Por lo menos el estudio de uno debe ser espacioso - el suyo parece una tienda. Está sentado en su silla y sobre su mesa hay cincuenta estatuas, y está leyendo allí.

¡Tantas cosas para distraerlo! Y en las paredes, fotos y calendarios - todas las paredes están cubiertas.

¡Y tantas mesas y sillas! Vivía como si tuviera miedo al vacío. Tenía mucho miedo a la muerte.

Se dice que la sola mención de la palabra muerte era suficiente para que se sobresaltara. Dos o tres veces se desmayó porque alguien empezó a hablar de la muerte; se desmayó de verdad, se cayó de la silla al suelo. ¿Tenía miedo a la muerte? Eso significa simplemente que tambien debia tener miedo al vacio, porque la muerte y el vacio son lo mismo.

¿Por qué acumulas tantas cosas, por qué acumulas tantas ideas? Sólo para seguir sintiendo que estás lleno. La gente come demasiado sólo para sentirse llena, la gente se mueve constantemente de una multitud a otra multitud. Las personas son miembros de religiones -es decir, miembros de multitudes-, miembros de clubes, miembros de partidos políticos.... Una persona es rotaria, y es cristiana o hindú, y también pertenece a este o aquel partido político: sigue moviéndose de una multitud a otra multitud, se mantiene ocupada, de modo que nunca llega a ser consciente del vacío interior.

El vacío interior parece ser como caer en el abismo, un abismo sin fondo. Así que la gente va llenándose de cualquier cosa; eso es codicia. La codicia no tiene nada que ver con el dinero como tal, cualquier cosa con la que te llenes es codicia. Y no hay "mente de codicia"; la mente ES codicia.

Berkowitz conoció a una bella morena en las Bermudas e intentó que volara con él a Nueva York.

"Ven conmigo esta noche y te compraré un abrigo de visón", le propuso Berkowitz.

"Tengo dos visones colgados en mi armario".

"¿Un Buick descapotable?"

"¿Y qué haría yo con mi Cadillac?"

"De acuerdo, te daré una impresionante pulsera de diamantes".

Mostró las gemas en su muñeca: "Ya tengo una. Sin embargo, estaría dispuesta a considerar una buena cantidad de dinero".

"Lo siento", dijo Berkowitz, "¡eso es lo único que no puedo conseguir al por mayor!".

Todas las mentes son judías, recuerda; ser judío no tiene nada que ver con una raza. Sólo hay dos tipos de personas en el mundo: Judíos y budas. Quien es codicioso es judío. Es una cualidad, nada que ver con la sangre.

Una mujer joven estaba casada con un hombre mayor. El marido cogió un resfriado que se convirtió en neumonía. Inmediatamente lo llevan al hospital y lo colocan en una tienda de oxígeno. Sabiendo que todo estaba en su contra, llamó a su mujer y le dijo: "El testamento está en orden. Las acciones, los bonos y los valores están en la cámara acorazada. Pero hay algo que nadie más sabe. Hay una caja fuerte escondida en un rincón del desván, con doscientos mil dólares en efectivo. La llave está pegada en el fondo del cajón de mi cómoda. ¡Gloria querida! ¿Por qué aprietas el tubo de oxígeno?".

La gente está dispuesta a matar, la gente está dispuesta a ser asesinada por codicia. ¿Qué son estas personas: ¿Gengis Khan, Tamburlaine, Alejandro, Napoleón, Adolf Hitler, Josef Stalin, Mao Zedong? ¿Qué son estas personas? Codicia multiplicada, codicia enloquecida. Todo el esfuerzo es: cómo olvidar el vacío interior.

Y no puedes destruir el vacío interior; es tu propio ser. Puedes cubrirlo con cosas, pero tarde o temprano tendrás que encontrarlo. Y es mejor que lo encuentres antes. La muerte te lo revelará, pero entonces será demasiado tarde, no podrás hacer nada. La muerte te lo revelará. Todas tus acumulaciones no te servirán de nada. La muerte te hará claramente consciente de que tus manos están vacías - no sólo tus manos, tu SER también está vacío. La muerte es un shock porque revela tu vacío y destruye tus ilusiones de estar lleno.

El meditador llega a esta experiencia antes de la muerte. Ese es el comienzo de una transformación.

Empiezas a conocer tu vacío, y cuanto más lo conoces más te sorprendes: es vacío sólo en el sentido de que no hay nada del mundo exterior que conozcas.

Sí, en ese sentido está vacía, pero a medida que profundizas en ella, empiezas a sentir que también es una plenitud. Está vacía del mundo, pero llena de Dios. La primera experiencia será que está vacía, y la segunda que está llena de Dios.

El interrogador pregunta a Bodhidharma:

¿CÓMO SE LLAMA LA MENTE DE LA AVARICIA?

Bodhidharma simplemente dice:

ES LA MENTE DE LA IGNORANCIA.

Porque no te conoces a ti mismo, por eso eres codicioso. Si te conoces a ti mismo, conocerás la belleza del vacío, la limpieza del vacío, la pureza absoluta del vacío. Cuando el vacío florezca en ti, conocerás también su plenitud, su llenura. Estarás lleno de vacío, y ésa es la única plenitud que la muerte no puede destruir. Pero para eso se necesita una cosa: que no seas ignorante.

¿Qué entiende él por ignorancia? Estas personas que le hacen preguntas no son ignorantes, son personas con conocimientos. Sus preguntas lo demuestran. ¿Cuál es la mente de la avaricia? Deben haberlo leído en las escrituras, deben haber oído hablar de ello, deben haberlo discutido.

¿Qué es la ausencia de ego? ¿Qué es la mente de la no-entidad? Mira sus preguntas - grandes preguntas metafísicas. No son ignorantes en el sentido de que no saben nada, son ignorantes en el sentido de que saben demasiado sin saber nada en absoluto. Están llenos de conocimiento pero sin saber nada. El mundo está lleno de estos ignorantes.

Los místicos cristianos han dividido a las personas en dos categorías, hermosas categorías: a la primera la llaman ignorancia conocedora, y a la segunda la llaman ignorancia conocedora. Hay un cierto tipo de mente que es muy conocedora e ignorante. Y también hay una cierta no-mente, completamente ignorante y, sin embargo, conocedora: ésa es la mente del buda. Puedes llamarla no-mente o mente, no importa cómo la llames, pero recuerda la cualidad: no está rellena desde fuera. Algo ha brotado de su interior. Ha vuelto a casa.

Los entendidos siguen jugando con las palabras. Usan palabras hermosas: Dios, paraíso, vida, belleza, verdad, dicha. Y todas las palabras son vacías para ellos. No saben nada de la belleza, nada de la dicha.

Todo lo que creen saber es erróneo, porque sólo lo han oído de otros.

Son opiniones que llevan, no experiencias.

A veces incluso la gente ignorante, la llamada gente ignorante, los aldeanos, la gente primitiva, tienen mucho más significado en sus palabras porque no conocen muchas palabras. No son hábiles con las palabras, sus vocabularios son muy limitados, pero sus vocabularios tienen significado porque son personas con los pies en la tierra. Lo que han aprendido es por experiencia. Tienen una cierta cualidad de sabiduría. Se puede ver en los agricultores, en los jardineros, en los aldeanos. Y cuando te adentres en las selvas, encontrarás a personas primitivas que no han oído hablar de La Biblia, afortunadamente, que no han oído hablar del Gita, afortunadamente, que no saben nada de los Vedas ni del Corán, que no saben escribir ni leer, pero en sus ojos verás una claridad.

He vivido con la gente más sofisticada, la más culta -los académicos, los profesores, los D.Litt.s- y también he vivido con gente primitiva, muy primitiva. Algunos de ellos no han visto un coche ni un tren. No saben nada del cine, la radio, la televisión. Siguen viviendo como si el mundo no hubiera cambiado en diez mil años. Pero si les miras a los ojos, son cristalinos. No hablan mucho, pero todo lo que dicen parece tener más peso que lo que dicen los doctores, porque todo lo que dicen los primitivos proviene de su propia experiencia. No es mucho, pero una pizca de experiencia propia es mucho más valiosa que un montón de conocimientos prestados.

El juez miró con desprecio al granjero que demandaba a su mujer por divorcio alegando que era hobosexual.

"Un momento, Luther", interrumpió el juez, "ese término suele aplicarse a un hombre, y es homosexual".

Luther negó obstinadamente con la cabeza. "No, señor, Señoría, me refiero a hobosexual. Mi mujer es una vagabunda".

Ahora, ha creado una nueva palabra: hobosexual; tiene más significado, está arraigada en su experiencia.

No lo encontrarás en la Enciclopedia Británica, pero lo que dice no se basa en el conocimiento, sino en su saber, en su experiencia.

El autor de la pregunta parece estar bien informado:

¿CÓMO SE LLAMA LA MENTE DE LA AVARICIA?

Bodhidharma responde simplemente con una frase:

ES LA MENTE DE LA IGNORANCIA.

Parece que incluso Bodhidharma se está cansando un poco de todas estas preguntas tontas.

La segunda pregunta: ¿CÓMO SE LLAMA LA MENTE SIN EGO?

Ahora, es el mismo juego. El ego es codicia: la codicia es ego. Así es como el entendido se vuelve muy astuto y listo con las palabras. No le interesa en absoluto lo que Bodhidharma ha dicho. Vuelve a plantear la misma cuestión de otra forma.

¿CÓMO SE LLAMA LA MENTE SIN EGO?

A esta gente hay que golpearla muy fuerte. Y Bodhidharma debía de estar de muy buen humor aquel día, no debía de ser el de siempre -quizá la mañana era muy hermosa y los pájaros cantaban y los rayos del sol atravesaban los árboles-, de lo contrario habría golpeado a aquel hombre. No era ese tipo de hombre que sigue respondiendo a preguntas estúpidas. Y la pregunta más estúpida es aquella que planteas una y otra vez con nuevas formas. Eso significa simplemente que no has oído la respuesta.

Dos prostitutas se sentaron en un lujoso bar y el camarero, sin que nadie se lo pidiera, les sirvió dos botellas de sus respectivas marcas de cerveza. Las chicas se quedaron asombradas y le preguntaron cómo había sabido lo que querían.

"Ah, sólo soy un camarero listo, eso es todo", respondió.

"¡Tonterías!", respondieron las chicas. "Sólo adivinaste lo que pediríamos; sólo adivinaste...."

"¿Ah, sí? ¿Ves a ese tipo que acaba de entrar? Querrá un whisky con hielo. Ahora mira, iré a pedírselo".

Efectivamente, el nuevo cliente pidió un whisky con hielo, para asombro de las chicas.

"¡Camarero listo, más vale que lo creas!", dijo el camarero mientras volvía a pasar junto a las chicas. Un rato después, cuando el negocio se ralentizó, el camarero se inclinó sobre la barra hacia las dos prostitutas.

"Mira", preguntó confidencialmente, "siempre he querido hacer esta pregunta. ¿Pueden las prostitutas quedarse embarazadas alguna vez?"

"Pues", contestó rápidamente una de las chicas, sonriendo a la otra con complicidad, "desde luego que sí. De dónde crees que salen todos esos camareros tan listos".

Y creo que los eruditos también proceden de la misma fuente. Eruditos inteligentes, que hacen preguntas inteligentes.

De hecho, la respuesta de Bodhidharma debió parecerle muy pobre al preguntón, porque se limita a decir:

ES LA MENTE DE LA IGNORANCIA.

¿Qué clase de respuesta es ésta? Como si simplemente estuviera evitando la pregunta. El interrogador vuelve a plantear la misma pregunta en una nueva forma:

¿CÓMO SE LLAMA LA MENTE SIN EGO?

Bodhidharma dice:

ES LA MENTE DE SHRAVAKA, EL VERDADERO DISCÍPULO DE BUDA.

Esta es una hermosa respuesta -que hay que recordar- porque esto es lo que intentas hacer aquí.

Bodhidharma dice: "un SHRAVAKA". Así como yo llamo a mis discípulos sannyasins, los discípulos de Buda se llaman shravakas. Es una palabra hermosa, significa uno que es capaz de oír, uno que es capaz de escuchar, uno que puede escuchar en silencio; eso es un shravaka: uno que puede escuchar tan atentamente, tan totalmente que incluso antes de que se pronuncien las palabras ya las ha oído.

Sí, eso empieza a suceder. Está ocurriendo aquí. Me llegan muchas cartas diciendo: "Maestro, ¿qué estás haciendo? Antes de que pronuncies la palabra, ya la he oído". "Antes de que haga una pregunta", me escribe mucha gente, "ya la has respondido". Esto no es más que un simple proceso de comunión.

No importa mucho si escribes una pregunta o no, seguro que te la respondo. A veces, cuando la escribes, puede que no la responda. Pero cuando no la escribes, estoy obligado a responderla, porque has confiado en mí. Esperas la respuesta sin preguntarla, ¿cómo puedo olvidarte? Y, poco a poco, a medida que te vas haciendo más íntimo y cercano a mí, antes de que yo haya dicho nada ya la habrás oído. Eso es ser un shravaka.

Bodhidharma dice:

ES LA MENTE DE SHRAVAKA...

La ausencia de ego es la naturaleza del shravaka, del discípulo.

... EL VERDADERO DISCÍPULO DE BUDA.

Tiene que añadir la palabra real, porque hay muchos que pretenden ser discípulos pero no lo son. Ocurre casi todos los días. En los darshans vespertinos todos los días hay algunas personas que sólo fingen ser discípulos, y no lo son. Cuando toco su tercer ojo no hay nada, ninguna vibración. Cuando un verdadero discípulo viene a mí y toco su tercer ojo, hay una conexión energética.

Yo me conecto a él y él se conecta a mí: inmediatamente se produce un intercambio de energía. Es un intercambio real de energía vital. Sin embargo, algunas personas vienen, les toco el tercer ojo... pero no son más que pretendientes, no son discípulos.

Cuando un discípulo se inclina y toca mis pies, inmediatamente se produce un intercambio de energía. Mis pies sienten inmediatamente su contacto. No es sólo un toque de sus manos, toda su vida se derrama allí. Pero luego hay otros que simplemente tocan como una formalidad. Su tacto es feo, su corazón no está en él.

En las sesiones de close-up ocurre lo mismo. Son muchos los que se conmueven hasta lo más profundo.

Yogui y Rakesh tienen que llevarlos. Están tan conmovidos, tan emocionados, se vuelven tan líquidos, que no pueden moverse por sí solos. Les resulta imposible volver andando a su sitio. Hay que llevarlos en brazos.

Pero también hay algunas personas a las que no les ha pasado nada. Vienen vacíos, se van vacíos.

Santosh estuvo aquí un día para un primer plano y no le pasó nada - porque nada PUEDE pasar a menos que estés en un estado de ánimo rendido. Si no estás en un estado de ánimo sin ego, nada es posible. No puedo imponerte nada. Puedo verter, pero tienes que estar abierto para recibirlo.

No pasó nada. Y cuando Yogi vino a ayudarle, él hizo un gesto con la mano diciendo "no hace falta que me ayudes", caminó solo. Debió pensar que estaba haciendo algo grande, que no necesitaba ayuda. Pero me dio pena. El día en que Yogui tenga que llevarle en brazos será un gran día en su vida.

Un shravaka es aquel que realmente se ha rendido al maestro. No importa si está con Jesús, con Gautama, con Mahavira o conmigo. Quienquiera que haya entrado en tu vida como un buda, como el despierto, con él tu entrega tiene que ser total.

Bodhidharma dice: Esa es la mente de la ausencia de ego, la entrega. Ya no estás ahí, permites que el maestro tenga total posesión de tu ser. Le das todo el espacio, sin retener nada. Simplemente te expones. Dices: "Lo que quieras hacer, hazlo. Si quieres matarme, mata. Estoy preparado". Simplemente has agachado la cabeza; si la espada del maestro desciende sobre tu cabeza, estarás agradecido, no retrocederás.

Pero el que pregunta no escucha todas estas cosas. Sigue preguntando distraídamente; de lo contrario, verdades tan profundas... ¿cómo puedes seguir preguntando algo más?

Inmediatamente, la tercera pregunta:

¿CÓMO SE LLAMA LA MENTE DE LA NO-ENTIDAD?

Ahora, es la misma pregunta: no-ego o no-entidad. Pero la compasión del maestro es siempre inmensa. Bodhidharma dice:

ES LA MENTE DE LOS SABIOS QUE NO TIENEN NINGUNA CONEXIÓN CON LA ENSEÑANZA DE BUDA, SINO QUE DESCUBREN LA VERDAD DE LA NO-ENTIDAD POR SÍ MISMOS.

Si por casualidad te encuentras con un buda, puedes relacionarte con él de dos maneras: una es su enseñanza, la otra es su ser. Si te relacionas con su enseñanza, adquirirás conocimientos y te volverás más egoísta. Empezarás a pensar que "soy muy especial, un discípulo de Buda", que "soy un privilegiado", que "no soy ordinario". Te volverás más egoísta. Si te relacionas sólo con la enseñanza, entonces esto sucederá.

Pero si te relacionas con el propio maestro.... El maestro es una no-entidad. No hay nadie dentro de un buda como persona, es sólo una presencia. Puedes sentirlo, pero no puedes tocarlo.

Puedes imbuirte de su espíritu, puedes beber de su copa, pero todo es un fenómeno invisible. Si escuchas a los budas, su mensaje fundamental es: Sé una luz para ti mismo. No dependas de otros, no sigas a otros, porque el núcleo último de tu ser sólo tienes que descubrirlo tú. Los budas sólo pueden indicarte el camino, pero tú tienes que recorrerlo. Nadie puede recorrerlo por ti, no es posible. No se puede hacer en tu nombre.

Bodhidharma dice:
ES LA MENTE DE LOS SABIOS QUE NO TIENEN NINGUNA CONEXIÓN CON LA ENSEÑANZA DE BUDA, SINO QUE DESCUBREN LA VERDAD DE LA NO-ENTIDAD POR SÍ MISMOS.

Puedes empezar a creer en la idea de la no-entidad si te convences de la enseñanza del buda, pero eso será sólo conocimiento: pobre, sin sentido, una carga, una esclavitud; no te va a liberar. Pero si comprendes el mensaje, si eres un shravaka, si escuchas el mensaje, su esencia misma, su latido, si palpitas con el ser del buda y comprendes que un buda es sólo un agente catalizador.... NO te va a hacer nada, pero su presencia puede encender, puede desencadenar algo en ti y entonces te mueves por tu cuenta.

Tendrás que ir a tu núcleo más íntimo solo, absolutamente solo. Por eso la gente Zen dice: Si encuentras al buda en el camino, mátalo inmediatamente - porque tienes que ir tan solo que ni siquiera un buda, ni siquiera tu maestro estará allí en la experiencia ULTIMA.

Sí, antes de eso, justo un paso antes de eso, tú también tendrás que apartarte del maestro; tendrás que despedirte. Justo un paso antes del salto definitivo, con gran gratitud, el discípulo se despide y da el salto. Pero ese salto tiene que ser solo, es un "vuelo del solo al solo".
como lo llama Plotino.

Pero al interrogador no le interesan en absoluto estas respuestas. Está demasiado preocupado por sus propias palabras. Mientras Bodhidharma responde, debe de estar inventando otra pregunta.

La cuarta pregunta: ¿CÓMO SE LLAMA LA MENTE QUE NO TIENE ENTENDIMIENTO PARTICULAR, NI TAMPOCO DELIRIOS DOLOROSOS?

Se trata de las MISMAS preguntas formuladas una y otra vez -aunque ciertamente están formuladas de manera diferente-, pero el interrogador cree que está haciendo preguntas diferentes.

¿CÓMO SE LLAMA LA MENTE QUE NO TIENE NINGÚN ENTENDIMIENTO PARTICULAR Y TAMPOCO DELIRIOS DOLOROSOS?

Antes de que uno se convierta en buda hay un periodo, una brecha, un intervalo. Entre el ser humano ordinario, inconsciente, y el buda consciente, hay un pequeño intervalo en el que ya no eres inconsciente, ya no estás en tus viejos patrones y estructuras, cuando la vieja gestalt ha desaparecido pero la nueva aún no ha aparecido.

Es justo el momento antes del amanecer: la noche se ha ido, la última estrella ha desaparecido, pero el sol aún no ha salido. Todo es luz, la oscuridad ya no existe, pero es una luz muy difusa porque el sol aún no ha salido. Esos pocos momentos son los momentos en los que a una persona se le llama BODHISATTVA, alguien que está preparado para convertirse en buda en cualquier momento. En cualquier momento el horizonte se volverá rojo y saldrá el sol. No está lejos, sólo cerca; la última estrella ha desaparecido, no hay rastro de la noche en ninguna parte. En Oriente este intervalo de tiempo se llama SANDHYA, y te sorprenderá saber que en Oriente la oración también se llama sandhya. Sandhya significa tiempo intermedio.

Hay dos momentos especiales para la oración. Por la mañana, temprano, cuando el sol aún no ha salido y la noche ya no existe, justo ese hermoso intervalo en el que se está produciendo un gran cambio -la noche se está convirtiendo en día-, ése es el momento de la oración. O por la noche, cuando el sol se está poniendo, acaba de descender por el horizonte y la primera estrella aún no ha aparecido, eso también se llama sandhya. Estos dos momentos se consideran muy auspiciosos, muy sagrados por una razón: simbolizan tu proceso interior; son los momentos de los bodhisattvas.

Antes de que alguien se convierta en buda, se convierte en bodhisattva. La palabra bodhisattva significa literalmente esencialmente un buda. Cuando el sol no ha salido, es esencialmente por la mañana, va a suceder en cuestión de segundos, es inevitable ahora. Cuando uno es un bodhisattva, la budeidad es inevitable.

En ese intervalo, ocurre esto.

Pregunta el interrogador:

¿CÓMO LLAMAS A LA MENTE QUE NO TIENE UN ENTENDIMIENTO PARTICULAR...

En este intervalo no hay una comprensión particular, porque el buda aún no ha aparecido.

... ¿Y TAMPOCO DELIRIOS DOLOROSOS?

Pero todos los delirios dolorosos han desaparecido porque la noche ha terminado. La última estrella se ha ido. Es un momento hermoso, pero también muy aterrador. Estás casi en un estado de limbo, colgado entre dos mundos, dos mundos totalmente diferentes. Si no estás con un maestro, puedes asustarte tanto que vuelvas a caer en el viejo patrón, porque al menos había algo a lo que aferrarse. Al menos sabías algo. Puede ser solo conocimiento, pero algo sabias. Ahora no sabes nada, nada en particular.

La brecha puede dar mucho, mucho miedo. Lo es. El maestro nunca es más necesario que en esta brecha, porque puede cogerte de la mano, puede persuadirte de que esperes un poco más, puede contarte su propia historia, que "esto me ha pasado a mí y esto siempre les ha pasado a los que se han convertido en budas". Es un proceso necesario. No te preocupes. Sólo unos minutos más y el sol estará en el horizonte, y tú estarás lleno de luz. No tengas miedo. Sigue adelante".

Tan bellas respuestas, tan pregnantes respuestas, pero el que pregunta sigue adelante. Ni siquiera medita, ni siquiera da un poco de tiempo para que la pregunta que ha planteado y la respuesta que Bodhidharma ha dado puedan encontrarse. No da ninguna oportunidad para que la respuesta de Bodhidharma cale hondo en su corazón. Bodhidharma termina una respuesta e inmediatamente trae otra pregunta.

La quinta pregunta: ¿CÓMO SE LLAMA LA MENTE QUE NO TIENE NADA QUE CONOCER Y TAMPOCO NADA QUE REALIZAR?

Ahora parece que Bodhidharma también está cansado:

NO HAY RESPUESTA DE BODHIDHARMA - a esta pregunta, o tal vez esta ES su respuesta, viendo que este hombre no puede entender las palabras, que este hombre seguirá y seguirá para siempre, ad infinitum, ad nauseam. Este hombre no va a parar; seguirá creando la misma pregunta una y otra vez. Tal vez si las palabras no pueden ayudar, entonces el silencio puede ser de alguna ayuda. Bodhidharma permanece en silencio. Tal vez el silencio le moleste, tal vez en silencio sea capaz de escuchar. Al menos tendrá que darse cuenta de que Bodhidharma no ha respondido a la pregunta. Tal vez el silencio repentino.... Hasta ahora ha estado respondiendo; tal vez el silencio repentino le sacuda. Pero no parece que vaya a ocurrir.

Bodhidharma debió de ver que las palabras no podían ayudarle y el silencio tampoco, porque cuando Bodhidharma permaneció en silencio este hombre debió de ir adentrándose cada vez más en su mente.

No tiene ocupación fuera, así que debe haberse ocupado más dentro. De ahí que, al cabo de un tiempo, Bodhidharma hable por su cuenta, sin esperar su pregunta. Tal vez eso pueda ayudarle, tal vez eso responda a la pregunta que está surgiendo en su mente. Así que Bodhidharma no espera a que se plantee su pregunta, sino que empieza a responder. ¿Qué sentido tiene esperar su pregunta? Ha malinterpretado las palabras.

Las personas que son muy hábiles con las palabras siempre las malinterpretarán. Las palabras pueden tener muchos significados, muchas connotaciones, siempre se puede encontrar una nueva interpretación propia.

Una mujer que viajaba en autobús se sobresaltó cuando un famoso profesor que acababa de coger el autobús se sentó frente a ella con la polla aún al aire.

"¡Ejem!", dijo bruscamente, señalando con disgusto al miembro infractor. "¡Ejem!", repitió en voz más alta, al ver que el hombre no respondía.

Tras un tercer intento, se inclinó hacia delante y dijo: "Profesor, perdone, ¡pero su "cosa" sobresale!".

"¡Oh!" dijo el profesor, ajustándose, "te halagas a ti mismo. Estaba colgando".

Los profesores son profesores, son hábiles con las palabras. No le molesta en absoluto, más bien encuentra defectos en la mujer.

Bodhidharma no espera. Primero permanece en silencio....

Hay un famoso dicho Zen:
CUANDO LA SUAVE LLUVIA HUMEDECE MI ROPA, VEO AL BUDA SIN VER.
CUANDO EL PÉTALO DE UNA FLOR CAE EN SILENCIO, OIGO LA VOZ DEL BUDA SIN OIR.

Si eres un shravaka, no es necesario que el buda hable. Escuchas sus palabras si habla, escuchas su silencio si calla. Su mensaje es el mismo; que utilice palabras o no es irrelevante. Sentado, caminando, comiendo, durmiendo, irradia constantemente el mismo mensaje.

Y cuando te hayas convertido realmente en un shravaka, así es como te sentirás también: Cuando la suave lluvia humedece mi ropa, veo al Buda sin ver. Entonces en todas partes lo encontrarás. La lluvia cae suavemente sobre ti, y sentirás su tacto. El viento soplando tu ropa, y sentirás su presencia invisible. Los cálidos rayos del sol, y sentirás su compasión. Cuando el pétalo de una flor cae en silencio, escucho la voz del buda sin oírla. Sólo un pétalo cayendo de la rosa, o una hoja del árbol acercándose lentamente, cayendo hacia la tierra, y oirás el susurro del buda.

Una vez que te has acostumbrado, una vez que te has sintonizado con el maestro, toda la existencia tiene el mismo color. Ves al maestro en todas partes. Toda la existencia se convierte en su voz, en su cuerpo. Entonces todo te recuerda a él. Y recuerda, lo digo categoricamente:

TODO te recuerda a él. Un niño riendo, y recordarás a Buda. Un cadáver siendo transportado, y recordarás a Buda. Pase lo que pase a tu alrededor, te has sintonizado tanto con el maestro que en todas partes encontrarás su firma.

Bodhidharma permanece en silencio, igual que Buda había permanecido en silencio con el tercer visitante que llegó por la tarde. En esos pocos instantes algo saltó de la llama de Buda al preguntón; éste se inclinó, se mostró agradecido, le dio las gracias y se marchó.

Pero parece que este no es ese tipo de interrogador. Está demasiado embriagado, demasiado metido en la cabeza; no tiene corazón. Viendo eso, Bodhidharma habla por su cuenta. ¿Qué sentido tiene? Seguirá preguntando.

Es mejor decir las cosas como son. Si lo entiende - bien, si no lo entiende, entonces acaba con ello. Él dice:

"DHARMAKAYA NO TIENE FORMA, POR LO TANTO UNO LO VE SIN VER".

Son palabras muy hondas, profundas, pregnantes. La realidad no tiene forma. La verdad no tiene forma, no tiene cuerpo.

La verdad es inmanifestada, incorpórea. Dharmakaya es la palabra budista para la verdad, la realidad, lo último, o se puede utilizar la palabra Dios. Pero esa no es la palabra de Buda: él utiliza dharmakaya.

"DHARMAKAYA NO TIENE FORMA, POR LO TANTO, UNO LO VE SIN VER".

Así que si quieres ver a Dios, tendrás que aprender el arte de ver sin ver, tendrás que aprender el arte de cerrar los ojos a la realidad exterior, a la realidad manifiesta. Tendrás que cerrar los ojos para poder entrar en la dimensión no manifiesta.

Un gran místico, Palatu, ha dicho: Aquellos que son ciegos, sólo ellos pueden entenderme. Una afirmación rara, muy rara, nunca he encontrado nada parecido en ninguna parte. Miles de místicos han pasado por la tierra, pero lo que dice Palatu.... Él es un aldeano: su discurso es directo.

Él dice: A menos que seas ciego, no entenderás lo que digo. ¿Qué quiere decir con ciego? Quiere decir: si sabéis ver SIN ver.

"EL DHARMA NO TIENE VOZ..."

Lo último no tiene voz ni lenguaje.

"... POR LO TANTO, SE OYE SIN OÍR".

Tendrás que volverte tan silencioso que nada se agite en ti, y entonces sin oír se oirá.

Son paradojas. Pero cuanto más te acercas a la verdad, más paradójica es la experiencia.

Prepárate para encontrar paradojas. Y la primera paradoja con la que se encuentra el discípulo es: la victoria a través de la rendición. Ese es el primer encuentro, porque así es como comienza el discipulado. Te rindes al maestro, y la rara belleza es que en esa misma rendición eres victorioso por primera vez. Te conviertes en esclavo del maestro y al convertirte en esclavo eres por primera vez tu propio maestro. Nunca has sido un amo. Y entonces el camino está lleno de paradojas.

"PRAJNA NO TIENE NADA QUE CONOCER..."

PRAJNA significa la comprensión última.

"... NO TIENE NADA QUE CONOCER, POR LO TANTO, SE CONOCE SIN CONOCER. SI CREE QUE VE, LO VE INCOMPLETAMENTE".

Porque si piensas "yo estoy viendo", ese yo está ahí, y tu presencia va a ser una perturbación.

Eres una perturbación, eres una barrera. Por muy sutil que sea tu ego, por muy transparente que se haya vuelto, sigue siendo una barrera y verás de forma incompleta. El ego tiene que desaparecer totalmente, entonces tu visión es libre. Entonces no hay barrera, no hay obstáculo, no hay obstrucción.

"SI CREE QUE LO SABE, NO LO SABE A FONDO".

Así pues, si una persona cree que lo sabe - "eso" significa la verdad, dharmakaya, Dios, la realidad no manifestada-, si alguien cree que lo sabe, entonces no lo conoce a fondo.

Antes de Buda, los Upanishads decían: La persona que cree que sabe, no sabe; y la persona que cree que no sabe, lo sabe. Después de Buda, Sócrates dijo lo mismo en Grecia: Sólo sé una cosa: que no sé nada.

Esta es la forma de acercarse a la realidad: te vas fundiendo, te fundes tanto que no hay nadie que pueda reclamar el conocimiento, nadie que pueda reclamar la realización.

"CUANDO LO SABE SIN SABERLO, LO SABE COMPLETAMENTE".

El espejo no dice: "Te estoy reflejando". El espejo simplemente te refleja, eso es todo. El espejo no reclama nada y la conciencia absolutamente pura no reclama nada. Todas las afirmaciones son del ego.

"SI UNO NO SABE ESTO, NO ES UN VERDADERO CONOCEDOR. SI UNO PIENSA QUE ESTÁ GANANDO, NO ESTÁ GANANDO DEL TODO. CUANDO GANA SIN GANAR, ES DUEÑO DE TODO".

Esto es lo que yo digo que es la victoria a través de la rendición. Perderlo todo si quieres poseerlo todo. Esta es la verdadera renuncia, y también el verdadero regocijo. Y la última paradoja es la del regocijo y la renuncia.

Muere totalmente si quieres resucitar.

"SI UNO PIENSA QUE TIENE RAZÓN, SU JUSTICIA NO ES PERFECTA".

Porque sentir que "yo tengo razón" simplemente significa que sigues intentando ser alguien en particular que tiene razón y que intentas demostrar a los demás que están equivocados. Todo el juego de la superioridad, del más santo que tú continúa.

El verdadero hombre de virtud es absolutamente inconsciente de sus virtudes. Sus virtudes son naturales. Igual que tú respiras, tu sangre circula y tu corazón late, él es virtuoso. La persona realmente virtuosa no sabe nada de virtud, no sabe nada del bien y del mal.

"CUANDO TRASCIENDE EL BIEN Y EL MAL, SUS VIRTUDES ESTÁN CONSUMADAS. TAL SABIDURÍA ES LA PUERTA DE ENTRADA A CIEN MIL PUERTAS DE LA SABIDURÍA SUPERIOR".

Bodhidharma estaba respondiendo a las preguntas de este hombre con afirmaciones sencillas, pero entonces, viendo que no puede ver, que no puede entender, intentó el silencio. Viendo que eso también fracasa, ahora intenta responder a todo lo que se le pueda preguntar. ¿Por qué darle al hombre la molestia de preguntar una y otra vez?

Dice:

"TODOS LOS BUDAS PREDICAN LA VACUIDAD. ¿POR QUÉ? PORQUE DESEAN APLASTAR LAS IDEAS CONCRETAS DE LOS ESTUDIANTES. SI UN ESTUDIANTE SE AFERRA SIQUIERA A UNA IDEA DE VACUIDAD, TRAICIONA A TODOS LOS BUDAS. UNO SE AFERRA A LA VIDA AUNQUE NO HAYA NADA QUE LLAMAR VIDA; OTRO SE AFERRA A LA MUERTE AUNQUE NO HAYA NADA QUE LLAMAR MUERTE. EN REALIDAD NO HAY NADA QUE NAZCA, EN CONSECUENCIA, NO HAY NADA QUE PEREZCA".

Estas son nuestras ideas, nuestras creencias: vida, muerte, amor, odio, bien, mal, correcto, incorrecto, moral, inmoral, virtud, pecado. Son todas nuestras ideas. Intentamos imponer nuestras ideas a la realidad, a los demás, a nosotros mismos.

La persona realmente despierta no tiene ideas. Nada es "bueno" para él, y nada es "malo"; las cosas son como son. Simplemente vive en la talidad de la existencia, en TATHATA. No sigue una cierta moralidad, porque no hay nada "inmoral", nada "moral" para él. Vive momento a momento, espontáneamente, sin preocuparse de lo que está bien, de lo que está mal, de qué elegir y qué no elegir. Vive en la conciencia sin elección y actúa desde la conciencia sin elección.

Entonces lo que ocurra será bueno.

Intenta comprender este punto: siempre estás eligiendo qué hacer: ¿qué está bien, qué está mal? Un buda nunca elige, simplemente vive. Pero cualquier cosa que elijas pensando que es correcta NO PUEDE ser correcta, porque es tu elección. El que elige es siempre la mente, y la mente contamina, envenena todo, lo contamina todo. El que elige es el ego, y la sombra del ego hace que todo esté mal. Incluso si haces lo correcto, se convertirá en incorrecto. Si el ego toca el néctar, se convierte en veneno.

Buda no elige, simplemente vive sin ninguna elección. Vive en la conciencia total y deja que esa conciencia total haga y responda a la realidad. Entonces, si tocas veneno en esa conciencia, se convierte en néctar.

Todo lo que hace un buda es correcto, no es una cuestión de elección.

"AFERRÁNDOSE SE RECONOCE UNA COSA O UNA IDEA. LA REALIDAD NO TIENE NI INTERIOR, NI EXTERIOR, NI PARTE MEDIA. UNA PERSONA IGNORANTE CREA ILUSIONES Y SUFRE DE DISCRIMINACION. EL BIEN Y EL MAL NO EXISTEN EN LA REALIDAD. UNA PERSONA IGNORANTE LOS CREA, LOS RECONOCE, CERCA O LEJOS, DENTRO O FUERA. ENTONCES SUFRE DE DISCRIMINACION. ESTA ES LA MANERA GENERAL DEL MUNDO FENOMENAL".

Sufres a causa de tus propias ideas. Piensas: "Esto es la vida", e inmediatamente creas la idea de la muerte: "Lo contrario debe ser la muerte". Pero no hay vida ni muerte. Todo es eterno. Nunca naciste y nunca morirás. Lo que crees que es el nacimiento es sólo un episodio de la vida eterna, y lo mismo ocurre con la muerte. En el nacimiento no nace nada, sólo algo inmanifestado se manifiesta, algo oculto se desoculta. En la muerte, lo manifestado se traslada de nuevo a lo inmanifestado, para descansar, para rejuvenecerse, y volverá de nuevo cuando llegue su estación. Se tumba como una semilla y espera, y volverá de nuevo.

Nada nace, nada muere. Pero si discriminas entre la vida y la muerte, te aplastarán tus propias ideas. Entonces te aferrarás a la vida, y no puedes aferrarte, porque la vida fluye continuamente. Entonces el aferramiento se convertirá en tu miseria, y tendrás miedo de la muerte - y tampoco puedes evitarla, porque el descanso es una gran necesidad. Después de setenta, ochenta, noventa años de funcionamiento continuo, el cuerpo necesita descansar, las células cerebrales necesitan descansar, el alma necesita descansar. Pero primero te aferras a la vida y te sientes desgraciado porque no puedes aferrarte a ella -se te escapa de las manos-, luego tienes miedo a la muerte y quieres alejarla, la alejas de todas las maneras posibles. No puedes alejarla, no puedes detenerla; forma parte de la naturaleza. Es como una ola que sube y baja en el océano: nada viene, nada se va; es el mismo océano. ¿Y qué diferencia hay entre que la ola haya subido o bajado? El agua sigue siendo la misma.

No te aferres a las ideas.

Esta larga declaración de Bodhidharma es muy extraña. Tras el silencio, el maestro lo intentó de todas las maneras posibles. Primero dio respuestas cortas, debía esperar que este hombre fuera inteligente.... Los budas creen que todos son inteligentes; esa es su percepción. No pueden ver a nadie como poco inteligente, porque ven su posibilidad última. Piensan desde ahí, creen en tu budeidad oculta.

Empezó por contestar al hombre, pero ese recurso fracasó. Entonces intentó lo contrario: Bodhidharma guardó silencio, pero también fracasó. El hombre no puede entender las palabras, no puede entender el silencio. Entonces Bodhidharma da una respuesta larga, una respuesta para la que la persona no ha planteado la pregunta en absoluto, sino una respuesta que contiene la esencia que puede responder a todas sus preguntas si escucha. Bodhidharma esperaba que esta respuesta larga pudiera ayudarle.

Mi impresión es que su respuesta debió de ser aún más larga, porque son las notas de la misma persona que preguntaba. Así que debió de condensarla. Pero hay que decir una cosa: que parece ser un buen taquígrafo; no ha añadido nada. Puede que haya suprimido algunas cosas -no podemos estar seguros de ello-, pero una cosa es cierta: que todo lo que dice son palabras verdaderas de Bodhidharma. De eso puedo dar fe. Con mi propia autoridad puedo decirte: estas palabras sólo pueden provenir de un buda. Así que una cosa tiene de bueno este hombre, por estúpido que sea: es un buen taquígrafo, tiene buena memoria. y debe de haber estado tomando notas, según parece. Mientras Bodhidharma hablaba, debe haber estado tomando notas. Hay algunas personas tontas que siguen haciendo eso.

Cuando te encuentres con un Bodhidharma, un hombre como Bodhidharma, escúchale de todo corazón.

No se distraiga tomando notas. Si no puedes entenderlo mientras está presente ante ti, no podrás entenderlo a través de tus notas. No creo que estas notas hayan tenido ningún impacto en la persona que las tomó. Pero te ha prestado un gran servicio a ti, a la humanidad.

Durante casi mil cuatrocientos años, los billetes estuvieron enterrados en las profundidades de la tierra. Sólo a principios de siglo se excavaron. Pero si hubieran desaparecido en la tierra, tampoco se habría perdido nada. Sin ellas, la enseñanza de Bodhidharma ha fluido, ha florecido en la vida de muchas personas. A través de la transmisión directa de un maestro a otro discípulo, la cadena de Bodhidharma sigue viva. La llama que encendió sigue viva. Todavía hay personas que están sacando mucho provecho del mensaje de Bodhidharma. Pero aún así, estas palabras pueden serte útiles, no como palabras, sino como desencadenantes de la meditación.

Hablar de Bodhidharma es como hablar de mí mismo. No veo ninguna diferencia, en absoluto. Es el mismo mensaje. Bodhidharma está muy cerca de mi corazón. Este hombre único, único no sólo entre los hombres, sino único entre los budas, está muy cerca de mi corazón POR SU singularidad.

Es una flor rara, silvestre, pero muy rara.

Medita sobre estas palabras. Cada palabra está preñada. Cada palabra es una semilla. Cada palabra, si se deja caer en el corazón, puede transformarte totalmente.

Suficiente por hoy.

Totalmente luminoso

La primera pregunta:
AMADO MAESTRO,

Pregunta 1:

ME RINDO. NO LLEGO A NINGUNA PARTE. VINE AQUI LLENO DE ESPERANZA Y ALEGRIA, PERO AHORA ME DOY CUENTA DE QUE TODO CARECE DE SENTIDO. ANTES ME EMOCIONABAS HASTA LAS LÁGRIMAS, PERO ERAN LÁGRIMAS DE ÉXTASIS, DE ALIVIO, LAS QUE FLUYEN CUANDO UNO ESCUCHA MÚSICA HERMOSA. AHORA, INCLUSO MI AMOR POR TI DUELE. MIS LÁGRIMAS NO DAN ALIVIO.

NO PUEDO ENTRAR EN CONTACTO CON MI INTERIOR. NO PUEDO SEPARAR MI EGO DE MI YO REAL E, INCLUSO MIENTRAS TE ESCRIBO, ME ASALTAN DUDAS SOBRE SI SE TRATA DE AUTOCOMPASIÓN O ESTOY EN UN VIAJE MENTAL. ¿QUIERO TU ATENCIÓN?

Dhyano Marion, no hay a donde ir, a donde llegar.

Porque has venido con una expectativa, estás creando tu miseria. Tus expectativas son la causa de tu frustración. Siempre es así: espera y crearás un infierno a tu alrededor. Tarde o temprano las semillas de la expectativa traen toda una jungla de miseria a tu alrededor.

Tú dices: "Me rindo".

Si lo dices de verdad, el trabajo está hecho. Si no lo dices por decir, has llegado a casa.

Es renunciando como se vuelve a casa, pero tiene que ser una renuncia existencial. Lo escribes, lo dices, pero no lo sientes, porque si lo sintieras de verdad, no tendrías por qué sentir tanta pena y dolor. Si te has rendido, ¿de dónde puede venirte la miseria? La raíz misma está cortada.

Renunciar es ser un sannyasin. Renunciar es la cosa más fundamental que te puede ocurrir. Simplemente significa que ya no hay más deseos, ni sueños: "He terminado con ello, he visto a través y a través, y todo carece de sentido". Como aún no estás preparado para aceptar el sinsentido de tus deseos y sueños, te encuentras en una auto-tortura fabricada por tu propia mente.

Tú dices: "Vine aquí lleno de esperanza...."

Quien viene aquí con esperanza, tarde o temprano se sentirá desesperanzado. La esperanza no puede llevarte a ninguna otra parte: la esperanza ya está avanzando hacia la desesperanza. La esperanza es como un pequeño río moviéndose hacia el océano de la desesperanza - llegará al océano tarde o temprano.

Sí, cuando estás lejos de mí puedes tener esperanzas: puedes seguir soñando, puedes fantasear - hermosos sueños, fantasías ocultas, tonterías esotéricas - porque eres totalmente libre. Pero cuando te acercas a mí se hace cada vez más imposible soñar, porque todo el trabajo está en contra del sueño.

Quiero que despiertes, y despertar es un proceso doloroso porque destruirá todas tus esperanzas, destruirá todo lo que has apreciado y considerado muy hermoso. Despertar es destructivo en el sentido de que destruirá tu inconsciencia.

Y todos vivís en la inconsciencia: la inconsciencia ha sido vuestra forma de vida durante muchas vidas; se ha convertido en vuestra segunda naturaleza. De hecho, ha cubierto vuestra naturaleza tan profundamente que no sabéis que hay otra naturaleza en vosotros, que ésta no es vuestra naturaleza, que la forma en que sois no es la forma natural - no la forma del Dharma, del Tao, de la religión. La inconsciencia es profunda, y todo el trabajo aquí consiste en llevarte a la consciencia. Destruirá todo tipo de deseos, esperanzas, fantasías, "futuro".

Me resulta difícil destruir tus sueños, porque a veces son tan dulces, tan bonitos....

Es difícil quitarte tus hábitos inconscientes. No es como quitarse la ropa, es como pelarse la piel: duele.

Lo primero que hay que reconocer es que salir de la inconsciencia a la consciencia después de muchas muchas vidas es un proceso doloroso. El crecimiento es doloroso.

El médico del servicio de salud le dijo a la torneada compañera: "Señorita Wellbuilt, si tengo que averiguar qué le pasa tendré que examinarla a fondo, así que, por favor, desvístase por completo".

A lo que ella se sonrojó y contestó: "De acuerdo, doctor, pero usted primero".

Sólo viejos hábitos. Estamos presos de nuestros viejos hábitos, patrones, estructuras, estrategias.

En cierta ocasión, un vendedor del oeste no volvía a casa más que una vez cada seis meses. La noche que volvió a casa, después de cenar, él y su mujer estaban sentados en el salón leyendo tranquilamente. De repente llamaron a la puerta.

"¡Mi marido!", exclamó la mujer, dejando caer el periódico.

"¡Adiós!" gritó su hombre, saltando por una ventana trasera.

Entiendo dónde está exactamente tu problema. Tienes una gestalt: ha penetrado en el cuerpo, se ha adentrado en la mente, incluso ha llegado a tu propia esencia, a tu propio núcleo. Ahora, desarraigarlo todo, sacudirte, sacudirte para que tomes conciencia, es una tarea difícil. No sólo es doloroso para ti, también lo es para mí.

Es como arrebatarle los juguetes a un niño. Llorará y suplicará que le devuelvas sus juguetes. Pero un día u otro hay que quitarle esos juguetes, porque si no, ¿cuándo podrá vivir en el mundo real? ¿Durante cuánto tiempo podrá fantasear? Los niños pequeños no saben distinguir entre la realidad y el sueño. Por eso, cuando se despiertan por la mañana, a veces se ponen a llorar: "¿Dónde están mis juguetes?". Estaban soñando con juguetes; quieren recuperarlos. No saben que ahora que están despiertos esos sueños han desaparecido. Eso es lo que te ha pasado a ti.

Moses Cohen volvió a casa en mitad de la noche, se deslizó silenciosamente hasta el dormitorio y empezó a desvestirse.

Sarah Cohen se despertó y preguntó: "Moisés, ¿dónde has dejado los calzoncillos?".

"Deben de haber sido robados", respondió Moisés.

Ahora no puedes robar los calzoncillos de nadie... pero la mente inconsciente sigue diciendo, haciendo...

estar inconsciente.

Bill: "Creo que empiezo a caminar dormido".

Will: "¿Qué te hace pensar eso?"

Bill: "Esta mañana me he despertado en mi propia cama".

Marion, en realidad es algo tremendamente significativo lo que te está ocurriendo, pero sólo podrás comprenderlo más adelante. Cuando te alejes un poco de tus sueños y tengas una mejor perspectiva, podrás sentirte agradecida. Pero en este momento puede haber ira y rabia.

Eso le ocurre a casi todos los sannyasin que vienen aquí con expectativas y esperanzas -¿y quién no viene con expectativas y esperanzas?

Tú dices: "Me rindo".

¡Por favor, ríndete! Eso es exactamente lo que hay que hacer. Pero no lo estás haciendo, simplemente lo estás diciendo, tal vez de forma inconsciente, tal vez con desesperación, pero no con comprensión. Sí, uno puede rendirse desesperado, pero entonces quedan heridas, quedan cicatrices. Cuando te rindes con comprensión, viendo la inutilidad de todo, hay una paz tremenda.

Tú dices: "No llego a ninguna parte".

Mi esfuerzo es traerte ahora, aquí, y tú intentas llegar a otro sitio. No intento ayudarte a llegar a ninguna parte, ya estás en todas partes excepto ahora y aquí. Mi función es traerte de vuelta a tu momento presente, a lo real, por muy difícil que sea volver a casa, por mucho que te hayas acostumbrado a vagar. Pero tienes que volver a casa, porque sólo entonces puede haber felicidad, bendición, libertad, lo que Bodhidharma llamaría nirvana: la cesación del ego y el nacimiento del alma.

Tú dices: "No estoy llegando a ninguna parte. He venido aquí lleno de esperanza y alegría....".

Esa esperanza era falsa: todas las esperanzas son falsas. Esperar significa simplemente posponer. Esperar significa que tu presente es feo y quieres evitarlo por un futuro hermoso. Esperar significa que no quieres ver el presente, que quieres seguir ocupado con el futuro. El mañana es más importante para ti que el hoy y el momento siguiente más importante que este momento. O escapas al pasado o escapas al futuro, y la realidad consiste sólo en el presente.

Sí, lo comprendo: habrá venido lleno de esperanza. Pero ese es su problema, ¿qué puedo hacer yo al respecto? Ha acudido a la persona equivocada. No puedo darle más esperanza, porque la esperanza es veneno.

Me gustaría quitarte todas las posibilidades de esperanza. Y recuerda: cuando te quitan todas las posibilidades de esperanza, cuando te sacan todo el veneno de tu sistema, no te sientes desesperanzado. Simplemente te sientes liberado tanto de la esperanza como de la desesperanza, porque la desesperanza sólo puede existir como una sombra de la esperanza; no puede existir sin esperanza. Tu sombra no puede existir sin ti; tú eres necesario allí. La desesperanza es sólo la sombra de la esperanza.

Suelta la esperanza y verás que ocurre un milagro: la desesperanza también desaparece. Y cuando no hay ni esperanza ni desesperanza, surge en ti una gran libertad. Estás fuera de la prisión del deseo.

Tú dices: "Vine aquí lleno de esperanza y alegría."

Esa alegría era sólo una idea: la idea de que algo va a suceder, de que tu esperanza se va a cumplir, de que ahora has encontrado al maestro adecuado. Esto es lo que siempre has querido hacer: encontrar al hombre que pueda colmar todas tus esperanzas. Ahora lo has encontrado, de ahí la alegría; la alegría era un subproducto de la esperanza. Si la esperanza en sí es falsa, ¿cómo puede ser real la alegría que es un subproducto de ella? No era alegría real, era un fenómeno falso, porque ahora que la esperanza está desapareciendo, la alegría está desapareciendo.

Y tú dices: "... pero ahora me doy cuenta de que todo carece de sentido."

Sí, todo carece de sentido. La esperanza y la alegría que crea la esperanza, las fantasías y la alegría que crea la idea de su realización, todo carece de sentido. No es que no haya sentido en la vida, pero el sentido se te revela sólo cuando has dejado todas esas actividades sin sentido. Cuando todas estas actividades desaparecen, aparece el sentido. Estas actividades están impidiendo que tengas sentido.

Y cuando ese sentido aparece en tu ser es inexpresable, es absolutamente incomunicable, pero transforma todo tu ser: te hace luminoso.

Se dice de Moisés que cuando vio a Dios en la montaña su rostro se volvió tan luminoso, tan lleno de luz, tan resplandeciente, que tuvo que cubrirlo, tuvo que velarlo. Se presentó ante su pueblo con un velo sobre el rostro. Ellos se sorprendieron. Dijeron: "¿Por qué te cubres el rostro?".

Dijo: "Porque se ha vuelto tan luminoso, tan lleno de luz, y no quiero parecer más santo que los demás". ¡Esta es la verdadera santidad! "No quiero demostrar que soy superior a los demás, y mi rostro está tan lleno de luz que si me muevo entre vosotros sin velo todos sentirán que me he convertido en el elegido, que Dios ha descendido a mí, que mi corazón ha sido tocado y transformado."

Es una historia hermosa, de un significado tremendo. Así es como han vivido siempre las personas realmente santas: de forma velada. Viven como seres humanos corrientes, ése es el significado de la historia. No es que realmente se cubran la cara, no es necesario; esa no es la forma de ocultarse. Si te mueves con la cara cubierta, llamarás más la atención. Puede que la gente no se fije en tu rostro resplandeciente, porque ¿a quién le importan los demás rostros y los rostros de los demás? Todo el mundo está preocupado por su propia cara: la gente se pasa horas delante de los espejos. ¿A quién le importan los demás? ¿Quién tiene tiempo? Y si ven la luz pueden encontrar mil y una maneras de explicar por qué es así. Incluso pueden pensar: "Este hombre está enfermo, algo ha fallado en su química. Tal vez la electricidad de su cuerpo se está escapando o algo así, un cortocircuito o algo así. Pero si te mueves con el rostro cubierto, todo el mundo se sentirá atraído por ti. Las mujeres mahometanas llaman la atención más que nadie.

El velo se convierte en una provocación, en una invitación: uno quiere descubrirse el rostro y ver lo que hay allí.

Surge una gran curiosidad.

Así que la historia no relata nada fáctico -no creo que Moisés hubiera hecho semejante estupidez-, pero tiene un significado importante. Es una metáfora. Simplemente dice que la persona realmente santa vive de un modo tan ordinario que nadie será consciente de su santidad a menos que se acerque mucho a ella, a menos que se convierta casi en parte de su ser. Jesús come como tú, bebe vino, se relaciona con la gente corriente. Simplemente sigue siendo corriente, no finge nada. El hombre realmente santo no es consciente de su santidad, ése es el significado.

Pero he leído a un filósofo que piensa lo contrario. Los filósofos son gente extraña; pueden encontrar lagunas donde no las hay. Sólo les preocupa encontrar lagunas. He encontrado un análisis de esta metáfora. El filósofo dice que Moisés ocultaba su rostro no porque no quisiera demostrar su santidad a la gente, sino porque temía que tarde o temprano la luz se desvaneciera y entonces ¿dónde estaría su santidad? Así que era mejor que mantuviera su rostro oculto para que nadie supiera nunca que la luz se había desvanecido.

Ahora ves la mente tramposa, ¡la mente astuta! La mente astuta siempre destruye; siempre es destructiva. Ahora una bella metáfora se convierte en algo feo. Ahora Moisés parece astuto, temeroso, asustado de la gente - porque la luz se desvanecerá y cuando la gente vea que la luz se ha desvanecido pensará: "Ahora Moisés ya no es nuestro profeta, nuestro líder". Temeroso del futuro, mantiene su rostro cubierto para poder seguir engañando a la gente.

Hay gente que encontrará espinas en las rosas y hay gente que encontrará rosas en las espinas. Pertenece a la segunda categoría si alguna vez quieres conocer a Dios, si alguna vez quieres conocer el verdadero sentido de tu vida, la grandeza, la gloria, la belleza de tu ser.

No te preocupes tanto por tus esperanzas. La existencia no obliga a nadie, nunca cumple las esperanzas de nadie; sigue su propio camino. Tienes que sintonizar con ella. No tengas metas privadas, y tendrás una tremenda satisfacción. No luches por ambiciones privadas e ideas egoístas, no hay necesidad de demostrar nada, no hay necesidad de ser nada, ya eres eso. Dios te ha hecho a su imagen y semejanza. No te falta ni te sobra nada.

Dices: "Antes me conmoviste hasta las lágrimas, pero eran lágrimas de éxtasis, de alivio, las que fluyen cuando uno escucha música hermosa".

Sigo pronunciando las mismas palabras, es la misma música, pero tu interpretación ha cambiado. Entonces, interpretabas mis palabras a través de tus esperanzas; había una cortina entre tú y yo. Ahora intento apartar esa cortina para que puedas verme tal como soy y yo pueda verte tal como eres.

El discípulo y el maestro tienen que estar completamente desnudos el uno para el otro, seres desnudos.

Tú dices: "Ahora, incluso mi amor por ti duele."

El amor verdadero siempre duele porque transforma. El amor que sentías antes era tu imaginación.

Ahora algo real está sucediendo. Era tu amor, no habías conocido mi amor. Era tu proyección. Ahora estoy aquí, presente; destruiré todas tus proyecciones. Tengo que bajarte a la tierra. Soy un hombre con los pies en la tierra, soy muy pragmático. No puedo ayudar a tus grandes ideales y sueños, son todos estúpidos - cuanto más grandes son, más estúpidos son. Destruiré todos tus éxtasis, lágrimas, emociones y sentimentalismos anticuados.

Recuerda: ser sensible no significa ser sentimental. Ser sensible no significa ser susceptible. Debes haber sido muy susceptible, conmovido por cualquier cosa - pero fuiste conmovido por tus propias ideas, yo no era parte de ello. Por favor, no me culpes por tu alegría, por tu éxtasis, por tu esperanza, por esas grandes lágrimas que te brotaban escuchando mi música. No me culpes por ellas. No soy responsable de ellas en absoluto, pero sí lo soy del amor que ahora te hiere.

Si eres lo bastante valiente y puedes asimilar la herida, el dolor, la agonía de la transformación, más adelante te sentirás agradecido. Sólo más adelante podrás sentirte agradecido; ahora mismo será duro.

Tú dices: "Mis lágrimas no dan alivio."

No te darán nada, ya no. ¡Estoy aquí, no lo permitiré!

"No puedo entrar en contacto con mi núcleo interior".

No te preocupes por el núcleo interno. Déjame destruir tu núcleo externo y estarás en contacto con tu núcleo interno; no hay ningún problema al respecto. Lo primero es destruir la dura costra que ha crecido a tu alrededor, y que te hace daño.

Te gustaría permanecer como eres y estar en contacto con tu núcleo interior; eso no es posible. Soy impotente, no puedo ayudarte de esa manera. Tengo que desmantelar toda la casa, no creo en la renovación. Primero hay que destruir y eliminar toda la casa, toda la ruina podrida.

Pero la gente ama tanto las cosas viejas y podridas. Les ponen nombres bonitos: antigüedades. Yo no soy amante de las antigüedades, en absoluto. Amo lo nuevo, lo fresco, lo joven.

Lo he oído:

Había una iglesia vieja, tan vieja que la gente dejaba de ir: temían que se derrumbara en cualquier momento. El cura estaba en contra de hacer una iglesia nueva.

Los sacerdotes siempre están en contra de lo nuevo, siempre están a favor de lo viejo, cuanto más viejo mejor, porque con lo viejo están seguros, con lo muerto están seguros. Son sacerdotes de la muerte, no de la vida.

Y el consejo de administración también estaba en contra. Eran todos ancianos, los hermanos mayores de la comunidad. Pero cuando todo el mundo dejó de venir e incluso el sacerdote tenía miedo de entrar.... Sólo un poco de viento fuerte y todo el edificio temblaba. Estaba tan podrido que era un milagro que siguiera en pie.

Finalmente tuvieron que convocar una reunión de los administradores. Se reunieron -no dentro de la iglesia, sino lejos de ella- y decidieron algunas cosas. La primera resolución fue: La vieja iglesia tiene que ser demolida. Desgraciadamente, no podemos hacer nada y hay que hacerlo, que Dios nos perdone. La segunda propuesta fue: La nueva iglesia se construirá exactamente en el antiguo lugar y exactamente como la antigua iglesia.

Y la tercera propuesta era: El material de la antigua iglesia - los ladrillos, las puertas, las ventanas, todo - tiene que ser utilizado en la nueva iglesia. No se utilizará nada nuevo en la nueva iglesia; será nueva sólo de nombre. Todo lo de la antigua iglesia debe ser utilizado y la nueva iglesia debe estar hecha de lo viejo; nada nuevo debe ser añadido. Y la cuarta propuesta fue: A menos que lo nuevo esté listo, no demoleremos lo viejo.

Así es como sigue funcionando la estúpida mente humana. Así es como funciona tu mente. Así funciona la mente como tal.

Marion, no te preocupes por el núcleo interno. Está ahí; lo sepas o no, está ahí. No puedes estar sin un núcleo interno, y no puedes conocerlo a menos que el núcleo externo sea demolido. El pájaro no puede salir del huevo a menos que el huevo se rompa. Una vez roto el huevo, el pájaro puede ser libre. El pájaro puede tener todo el cielo. Puede volar. Ten un poco de paciencia.

Marion vino hace sólo unos días. Hace sólo unos días se convirtió en sannyasin. No tengas tanta prisa. No seas tan americano.

Una francesa hablaba con una americana. La francesa le dijo: "Los franceses saben amar. Primero te besan la frente, luego te besan las mejillas, luego te besan los lóbulos de las orejas, luego te besan el cuello, luego te besan la espalda....".

La americana dijo: "¡Espera! Para entonces el americano ya habrá vuelto de su luna de miel".

No seas tan americano. Espera. Ve despacio. Besa la frente y los ojos y la mejilla.... Sé un poco francés. ¿Cuál es la prisa? Hay algunas cosas que no se pueden hacer con prisa.

Ni el amor puede hacerse deprisa ni la oración. Ni la meditación puede hacerse deprisa, ni la autotransformación. Son procesos muy, muy silenciosos y lentos. Y cuanto más paciente seas, más rápido ocurrirán. Cuanto menos paciente seas, más tardarán.

La segunda pregunta:

AMADO MAESTRO,

Pregunta 2:

EL OTRO DIA EN EL DISCURSO TE REFERISTE A LOS JUDIOS COMO PERSONAS MUY INTELIGENTES. EN OTRAS OCASIONES HAS DESCRITO NEGATIVAMENTE AL JUDIO COMO EL ASTUTO HOMBRE DE NEGOCIOS. LA INTELIGENCIA PARECE TENER UN ASPECTO POSITIVO Y OTRO NEGATIVO. POR FAVOR, COMENTE.

Anand Akam, ¡has dado en el clavo! Pero recuerda que perteneces al aspecto negativo.

Sí, la inteligencia, como todo lo demás, tiene ambas posibilidades: puede ser positiva, puede ser negativa. Si la inteligencia es negativa es pura astucia; si la inteligencia es positiva es pura meditación. Y lo negativo es fácil porque lo negativo es una caída, y lo positivo es difícil porque lo positivo es una tarea cuesta arriba. Lo negativo es fácil porque no te pide ningún sacrificio, y lo positivo es arduo porque te pide el sacrificio definitivo: el sacrificio del ego. Lo negativo sostiene al ego y lo positivo sólo es posible cuando el ego se rinde.

Aquí tenemos ambos tipos de judíos. Akam, tú perteneces al negativo. Siento decirlo, por favor, perdóname. A las personas negativas también les resulta muy difícil perdonar; se sienten muy ofendidas.

Pero también hay judíos positivos. Deberías moverte con algunos judíos positivos, por ejemplo, Pradeepa - ella es una judía positiva. He estado bromeando sobre los judíos y me llegan muchas cartas preguntando: "¿Estás en contra de los judíos?". Excepto Pradeepa, todos los judíos han planteado la pregunta en algún momento: "¿Estás en contra de los judíos?" ¿Cómo puedo estar en contra de los judíos? Yo mismo soy un viejo judío... ¡muy antiguo! Usted puede ser muy nuevo.

No estoy en contra de nadie ni a favor de nadie; sólo os expongo cosas que necesitaban ser expuestas, porque sólo así podréis libraros de ellas.

Sí, la inteligencia es astucia si empieza a caer hacia abajo. Y la caída es tan fácil y tan sustentadora y nutritiva para el ego que todo el mundo, casi todo el mundo, elige la caída. Ser astuto parece ser la única manera de existir y sobrevivir en este mundo, porque todos los demás son astutos. Si eres más astuto puedes sobrevivir, si eres menos astuto serás explotado.

Cohen visitó a su médico para una revisión. Llevaba consigo una gran cantidad de muestras líquidas que el médico examinó en su laboratorio.

"Todo está bien", anunció el médico. "No pude encontrar nada malo en su espécimen".

"¿No hay azúcar? ¿No hay albúmina?", preguntó Cohen.

"Ninguno en absoluto. Estás bien".

"¿Puedo usar su teléfono para llamar a mi esposa?"

"Por supuesto".

"Buenas noticias, querida", anunció el judío por teléfono. "Ni a ti ni a mí ni a los niños ni siquiera a la abuela nos pasa nada".

¡Había traído el espécimen de todos!

Durante el reinado de la Gestapo en Alemania, Schloss y Hirsch paseaban por una calle de Munich, cuando un oficial de las SS se les acercó. Schloss tenía credenciales, pero Hirsch no.

"Rápido", dijo Hirsch, "corre por ahí. El nazi te seguirá y podré escapar".

Schloss partió en la dirección indicada, perseguido por el hombre de las SS, mientras Hirsch escapaba. Cuando el nazi por fin lo alcanzó, exigió ver los papeles de Schloss. Vio que estaban en regla.

"¿Y por qué huiste?", preguntó.

"Acabo de tomar un medicamento", dijo Schloss, "y mi médico me dijo que corriera después de tomarlo".

"¿Pero no me viste correr detrás de ti?"

"Sí, pensé que quizá los dos teníamos el mismo médico, y tú también tomaste un fisio".

En este mundo astuto parece que la única forma de existir es ser más astuto. Cuando todo el mundo explota a los demás, ser astuto parece ser una armadura, así que todo el mundo se vuelve astuto.

Todo niño nace inocente, Akam, y todo niño se vuelve astuto, hipócrita, pseudo, engañoso. Todo niño nace santo y todo niño se convierte en un canalla. Todo niño nace religioso y todo niño se convierte en político. Y eso es lo peor que le puede pasar a un hombre.

Ten cuidado, sobrevivir en el mundo no debe ser tu objetivo, porque incluso si sobrevives, la muerte va a llegar. Aunque tengas todo el dinero posible, la muerte va a llegar. Aunque tengas todo el poder y todo el prestigio, todo será falso, porque por dentro eres pobre, vacío.

La persona realmente inteligente es la que descubre los tesoros interiores, la que descubre la eternidad interior, la que descubre a Dios. Esa es mi definición de persona inteligente: la que descubre a Dios. A menos que hayas descubierto a Dios, no te consideres una persona inteligente. Podrás ser intelectual pero no serás inteligente.

Y ser intelectual es fácil. Puedes ir a la universidad y obtener un título, un diploma. Puedes estudiar los libros, puedes visitar las bibliotecas, y puedes familiarizarte con grandes palabras, grandes sistemas de pensamiento. Puedes convertirte en un buen hablador, un buen conversador, un buen escritor, autor, filósofo, pero aún así no serás una persona inteligente, recuerda.

La inteligencia sólo es posible a través de la meditación. Cuando la mente se disuelve en la meditación, cuando los pensamientos dejan de ser tu obsesión constante -cuando puedes dejar a un lado los pensamientos cuando quieras y puedes moverte hacia el vacío interior a tu propia voluntad, cuando no eres una víctima de tu mente sino un maestro- entonces eres inteligente.

Y esos son los momentos en los que descubres quién eres. Descubres qué es esta vida. Descubres cuál es el significado de la palabra Dios. No puedes encontrar el significado en los diccionarios, en las enciclopedias; hay que encontrarlo dentro de tu propio ser.

Akam, vuélvete positivamente inteligente. Te he estado observando: desde el principio, mientras has estado aquí has estado tratando de ser inteligente. ¡Y tratar de ser inteligente conmigo es una completa estupidez!

Puedes tener éxito conmigo sólo si eres totalmente inocente, de lo contrario no hay puente entre tú y yo. Eres un sannyasin, pero nunca te he sentido realmente como tal. Para ser sincero tengo que decirlo. Tal vez ese shock te ponga alerta y empieces a ver todo lo que está pasando entre tú y yo. Estás tratando de ser inteligente. Y no estás solo en eso, hay muchos, así que no te sientas solo. No te hagas el listo conmigo, de lo contrario tu presencia aquí conmigo no servirá de nada.

Este lugar sólo pertenece a aquellos que pueden confiar, que pueden ser inocentes, que pueden ser completamente infantiles.

Entonces se libera una gran inteligencia, y esa inteligencia será una luz en la oscuridad de tu alma.

Esa inteligencia se convertirá en una lámpara, y podrá guiarte hasta la meta final.

La tercera pregunta:

AMADO MAESTRO,

Pregunta 3:

¿POR QUÉ EL BUDA ERA TAN REACIO A PERMITIR LA ENTRADA DE MUJERES EN SU SANGHA? ¿POR QUÉ SE SENTÍA, QUÉ SENTÍA CON RESPECTO A LAS MUJERES?

Nandan, debe haber sido su experiencia con las mujeres. Cuando yo me iluminé sólo tenía veintiún años y absolutamente ninguna experiencia con las mujeres, así que no tuve ningún problema en aceptar a las mujeres en mi SANGHA. Pero cuando Buda se iluminó tenía cuarenta años.... Ahora puedes entenderlo. Tenía tanta experiencia, pobre hombre, que quiso salvar a sus discípulos de la misma experiencia.

Mulla Nasruddin tiene mucho miedo cuando camina por la calle, y si ve que se acerca un camión o un autobús, empieza a temblar y a sudar.

Un día caminaba con él por la carretera y le pregunté: "¿Qué te pasa? Cada vez que pasa un autobús o un camión de repente empiezas a sudar y a temblar".

Me contestó: "Mi mujer se fugó con un camionero y cada vez que oigo un claxon temo que la traiga de vuelta".

Buda tenía mucha experiencia con las mujeres, mucha más que nadie, mucho más que cualquier otro hombre iluminado del mundo. Mahavira era contemporáneo de Buda, pero no se oponía a las mujeres, las aceptaba inmediatamente. Cuando ellas pedían ser iniciadas, él las iniciaba sin ninguna vacilación. ¿Por qué no se oponía? - Porque parece ser más ascético que Buda. Buda sigue el camino del medio; Mahavira es un extremista, un extremista total, es absolutamente asceta. Según él, hay que llegar al extremo, hay que negarlo todo, renunciar a todo. Sólo entonces se puede dar el salto definitivo, el salto definitivo a lo divino.

Buda es más relajado al respecto. Dice: "Sigue el camino del medio. No hay necesidad de irse a los extremos. No hay necesidad de ser demasiado mundano y no hay necesidad de ser demasiado de otro mundo. Simplemente estate en el medio".

Cabría esperar que Buda permitiera a las mujeres entrar en su sangha con más facilidad que Mahavira; pero Mahavira las permitió sin vacilar, ni una sola vez dijo que no. El día que la primera mujer se lo pidió, la inició inmediatamente del mismo modo que a los hombres. Pero Buda siguió rechazando a las mujeres durante al menos diez años. Sus propios discípulos casi le obligaron. Empezaron a llorar y a llorar y decían: "¡Esto no está bien!". Aún así él decía: "Lo pensaré".

Pero finalmente, cuando su madrastra le pidió que se iniciara, le resultó difícil negarse. Su madre había muerto inmediatamente después de que él naciera, así que de hecho no sabía nada de su madre; fue criado por su madrastra. La madrastra era su madre; él la conocía como su madre. Y cuando la madre le pide que se inicie, ¿cómo puede negarse? Así que de mala gana, no muy felizmente.... Y esta conspiración que implicaba a la madre era la estrategia de otras mujeres y otros discípulos: persuadían a la madre. "Si vienes a preguntarle no podrá decir que no, y entonces la puerta se abrirá. Entonces no podrá decir que no a ninguna otra mujer". Una conspiración a causa de una gran compasión.

¿Por qué dudaba tanto Buda? Por la sencilla razón de que.... Tendrás que adentrarte en la historia de la vida de Buda para comprender su psicología, para comprender su mente, porque incluso cuando te iluminas tienes que funcionar a través de la mente, y la mente sigue siendo la misma. La iluminación es la misma - Mahavira, Buda, Zaratustra, Jesús - no hay diferencia - pero las mentes son diferentes. Y cuando se comunican contigo la mente tiene que ser utilizada, y la mente está hecha del pasado. Buda tiene una mente determinada, Mahavira tiene una mente diferente.

Lo que le ocurrió a Buda fue realmente muy raro, único. Cuando nació, su padre llamó a todos los grandes astrólogos para preguntarles en qué se iba a convertir. Todos los astrólogos, excepto el más joven, levantaron dos dedos.

El padre preguntó: "¿Qué quieres decir con dos dedos?".

Decían: "O se convierte en un chakravartin, un conquistador del mundo, un emperador mundial, que gobernará los seis continentes, o se convierte en un renunciante, un sannyasin, que renunciará al mundo y vivirá como un mendigo". Estas son las dos posibilidades. Ambas están abiertas, y no podemos decir con seguridad cuál va a suceder".

Entonces el padre tuvo mucho miedo. Llevaba tanto tiempo esperando, y ahora, en su vejez, nacía el hijo - habría sido mejor que no hubiera nacido. Ahora, en la vejez, todas sus esperanzas estaban puestas en él -iba a llevar a cabo todas sus ambiciones incompletas- y si renunciaba al mundo eso sería un gran shock para él, podría morir del shock. No podía concebir ni aceptar esa posibilidad.

Muy asustado, preguntó a Kondanna, el astrólogo más joven que había levantado un dedo. Le preguntó a Kondanna, porque aunque era el más joven era el astrólogo más famoso; su percepción era la más clara. Tenía miedo porque sólo levantaba un dedo: podía estar levantándolo para sannyas, podía estar levantándolo porque se convertiría en un gran emperador, un chakravartin.

El rey le preguntó: "¿Qué quieres decir con levantar un dedo?".

Kondanna dijo: "Te dolerá, pero no puedo evitarlo. Tu hijo va a convertirse en sannyasin; es absolutamente seguro. Renunciará al mundo, renunciará a la familia, renunciará a los palacios y al reino, y se trasladará a la selva a meditar, porque está destinado a convertirse en el más grande Buda."

El padre se echó a llorar. Dijo: "¡Sálvalo! Estoy dispuesto a todo".

Kondanna dijo: "No puedo ayudar. Esto está absolutamente destinado. Durante muchas vidas ha estado buscando, buscando y buscando; ahora la búsqueda ha llegado a su punto culminante. Esta es su última vida. Y no voy a participar en su distracción".

Kondanna se fue, pero los otros viejos astrólogos se quedaron y dijeron: "Hay una posibilidad. No te preocupes por este Kondanna; no tiene experiencia. Aunque es muy famoso, es joven. Pero nosotros tenemos más experiencia, conocemos mejor la vida. Sabemos que la vida es siempre una elección, nada está tan absolutamente determinado. La astrología sólo puede indicar las alternativas vagamente. La astrología no es una ciencia tan exacta como para decir: 'Dos más dos son cuatro'. A veces son tres, a veces son cinco. No te preocupes".

Consolaron al rey y le dijeron: "Haz una cosa: desde el principio mantenlo en tal lujo, mantenlo en tal comodidad, que nunca piense en renunciar. Que se acostumbre tanto al lujo y a la comodidad que la sola idea de ir al bosque le asuste. Hazle tres palacios en lugares diferentes para las tres estaciones, de modo que cada estación sea hermosa para él."

Esos tres palacios estaban construidos en tres lugares diferentes. En verano, él estaría en un lugar casi como una estación de montaña donde no había verano, donde era fresco. En invierno se trasladaba a lugares más calurosos. Cuando llovía, se trasladaba a lugares en los que no llovía demasiado -sólo unos chubascos de vez en cuando- y disfrutaba de ellos. Hermosos palacios con lagos, con jardines que se extendían por kilómetros.

Y los ancianos sugirieron: "Encuentra a las mujeres más bellas del país. Que esas hermosas mujeres se ocupen de él".

Así que se llamó a todas las mujeres hermosas del país, y se pusieron al servicio de Siddhartha, que iba a convertirse finalmente en Buda. Vivía con mujeres.

Los astrólogos decían que nunca debía permitirse ver a un anciano, porque eso podría suscitar la pregunta en su mente: ¿Voy a envejecer yo también? "Nunca le permitas ver a nadie muerto, ni siquiera una hoja muerta"... porque Lao Tzu se había iluminado al ver caer una hoja muerta del árbol. Ese fue un incidente muy estremecedor, un incidente tremendamente importante para Lao Tzu. Al ver la hoja muerta, pensó de inmediato: "Yo también voy a morir un día como esta hoja: de polvo en polvo".

Antes hay que hacer algo. Antes de eso tengo que saber si hay algo más en la vida, o sólo esta mundana, superficial, llamada vida. ¿Hay algo más que el tiempo?"

Así que dijeron: "Ni siquiera en su jardín se le debe permitir ver una hoja muerta o una flor marchita".

Y el rey se las arregló así: no creo que nadie haya vivido con tanto lujo como Gautama el Buda hasta sus veintinueve años. Todas las mujeres hermosas estaban a su disposición. Todo su día, de la mañana a la noche, era un picnic, una fiesta: baile, canto, música, mujeres hermosas a su disposición, todos los lujos, sin problemas ni ansiedades. Y es básicamente por esto por lo que un día se escapó: se hartó.

Demasiado lujo es algo peligroso. Es fácil ser pobre y estar en el mundo, porque uno sigue esperando. Es muy difícil ser realmente rico y no renunciar al mundo, porque la riqueza es mucho más frustrante que cualquier otra cosa.

Cuando tienes todas las riquezas y ves que eres tan miserable como antes, las riquezas pierden todo su sentido.

Arnold ha escrito uno de los libros más hermosos sobre Buda, La luz de Asia, en el que describe la escena en que Buda abandona la casa, el palacio. Hasta las doce de la noche hubo danza y música y hermosas mujeres bailando a su alrededor. Luego fue demasiado tarde, se quedó dormido y las mujeres también se durmieron en la misma habitación.

En mitad de la noche -era noche de luna llena: la luna se asomaba por la ventana, la luz de la luna entraba en la habitación-, Buda miró a su alrededor y contempló los hermosos rostros. Algunas bocas estaban abiertas y la saliva fluía, y era repugnante. Algunas mujeres roncaban -hermosas músicas y, sin embargo, roncaban tan fuerte y con tal fealdad que él sintió mucho asco.

Recorrió la habitación: era un caos. Vio por primera vez en la realidad a todas aquellas hermosas mujeres. Ya no estaban maquilladas, se les habían caído las pestañas postizas; pudo ver su aspecto real. Esa misma noche abandonó el palacio.

Y pensar en un hombre que había vivido durante veintinueve años con mujeres - y sólo mujeres.... Esa debe haber sido la causa.

Me preguntas: "¿Por qué Buda era tan reacio a permitir la entrada de mujeres en su sangha?".

Por compasión hacia los pobres bhikkhus, los sannyasins, porque sabía que podían convertirse en víctimas. No habían vivido con tanto lujo. Muchos de ellos no habían conocido la realidad de las mujeres.

Harto de la intolerancia estadounidense y de su regañona esposa, Ashford se fue a Nueva Guinea y se hizo caníbal. Seis meses después, su mujer lo localizó con una citación judicial de no manutención. Sólo había una cosa que hacer: se la comió.

¿Adivina qué? Ella seguía sin estar de acuerdo con él.

Demasiada experiencia del otro sexo es aburrida. Y no ocurre sólo con las mujeres, sino también con los hombres. Si Buda hubiera sido mujer, se habría mostrado reacio a iniciar a los hombres. Así que lo que digo no tiene nada que ver con las mujeres como tales; es sólo un accidente que fuera hombre. Si no hubiera sido un hombre, si hubiera sido una mujer que hubiera vivido con hombres durante veintinueve años, habría ocurrido lo mismo. No habría permitido fácilmente la entrada de hombres en su sangha.

Un anciano inglés estaba sentado tranquilamente en su club de Londres cuando un viejo amigo se acercó y le dijo: "Siento, viejo amigo, oír que ayer enterraste a tu mujer".

"Tuve que hacerlo", respondió el otro hombre. "Muerto, ya sabes".

La cuarta pregunta:

AMADO MAESTRO,

Pregunta 4:

¿EXISTE REALMENTE EL INFIERNO?

Sí, al principio Dios quería crear el infierno, pero después de crear la India cambió de idea. Una vez que creó la India era inútil crear el infierno, era una pura pérdida de tiempo y espacio. Y tú estás aquí, en la India, y todavía te preguntas: "¿Existe realmente el infierno...?".

Está por todas partes. La India es muy representativa: representa el infierno. Hambre, miseria, pobreza.

Y no sólo eso: una tremenda estupidez. La gente se aferra a su pobreza, a su inanición. No sólo se aferran, sino que lo racionalizan, le sacan mucho partido, presumen de ello. Piensan que ser pobre es algo espiritual, estar enfermo y hambriento parece ser algo sagrado.

El Conde Keyserling vino a la India. El hijo de su hijo es ahora uno de mis sannyasins. En su diario escribe:

En la India me di cuenta de que ser pobre es ser espiritual, estar enfermo es ser espiritual, pasar hambre es ser espiritual.

Más que la pobreza, más que el hambre, más que la miseria, es la estupidez la que crea el infierno. India se aferra a su miseria, presume de ella. Piensa: El mundo entero es mundano excepto nosotros. Somos religiosos, somos de otro mundo.

Tienes que ser de otro mundo, porque esa es tu única esperanza. Este mundo que has hecho tan feo, esta vida que estás viviendo en tal miseria, que te será imposible vivir en absoluto si esta es la única vida.

Tienes que proyectar tus ideas a la vida después de la muerte.

Así que los indios siempre están pensando en la vida después de la muerte. Los indios vienen a mí y me preguntan: "¿Qué pasa después de la muerte?".

Les digo: "No digas tonterías, pregunta qué pasa antes de la muerte. La verdadera pregunta es antes de la muerte, no después de la muerte. Y todo lo que ocurre antes de la muerte seguirá ocurriendo después de la muerte.

No te preocupes".

Pero puedo entender por qué no preguntan por la vida. Todos se han conformado con la fealdad de la misma, no están dispuestos a cambiarla. Esto es el infierno, y creado por la propia gente. Ningún diablo es responsable de ello.

Puedes cambiarlo. Incluso si hay un infierno, si las personas adecuadas van allí lo cambiarán.

He oído una historia:

Un ateo preguntó a un sacerdote... porque el sacerdote había dicho en su discurso de ese día que las personas que creen en Dios y que hacen obras virtuosas van al cielo, y las personas que no creen en Dios y que son pecadoras van al infierno.

Un ateo levantó la mano y preguntó: "Señor, entonces hay que resolver una cuestión. ¿Qué pasa con las personas que no creen en Dios y sin embargo hacen obras virtuosas, a dónde irán? Y qué pasa con aquellas personas que creen en Dios y sin embargo son pecadores, ¿adónde irán?".

Naturalmente, el cura no entendía nada. Si dice que las personas virtuosas irán al infierno porque no creen en Dios, no parece correcto. Entonces, ¿para qué sirve ser virtuoso? Entonces simplemente cree en Dios y disfruta de todos los pecados que puedas disfrutar. ¿Por qué preocuparse por ser virtuoso? Si dice que irán al cielo las personas que creen en Dios y que aún son pecadoras, entonces basta con creer. Así que a Dios no le interesa lo que haces, no le interesan tus actos. Puedes matar, puedes ser un Genghis Khan o un Adolf Hitler, si sigues creyendo en Dios.

Y Adolf Hitler creía en Dios, recuerden. Genghis Khan creía en Dios, recuérdalo: antes de masacrar a miles de personas, cada día por la mañana temprano recitaba el Corán. Lo primero era el namaz, la oración, y luego pasaba a todo tipo de cosas feas, carnicerías inimaginables.

El cura debía de ser una persona muy sensible, alerta. Dijo: "Por favor, deme tiempo. La pregunta es difícil, no es tan fácil. El próximo domingo responderé".

Aquellos siete días fueron realmente un infierno para el cura; lo intentó de esta y de aquella manera, pero nada iba a funcionar. Llegó el domingo, y sabía que el ateo estaría allí, pero no presentarse sería humillante. Así que acudió un poco antes para rezar a Jesucristo: "¡Ayúdame! Soy tu siervo, he hablado en tu nombre. Ahora ayúdame: ¿cuál es la pista? Este hombre ha creado tantos problemas".

Rezando a Cristo - y durante siete días no había dormido, pensando toda la noche, pensando todo el día - se durmió ante la estatua de Cristo y tuvo un sueño. En el sueño vio un tren listo para partir hacia el cielo. Se subió. Dijo: "Esto es perfectamente correcto. ¿Por qué no voy allí y lo veo con mis propios ojos? Si veo a Adolf Hitler, Genghis Khan, Tamburlaine, en el cielo, entonces la cuestión está resuelta. O si veo a Sócrates, que no creía en Dios pero era uno de los hombres más virtuosos, si veo a Gautama el Buda, que no creía en Dios pero era una de las personas más piadosas que jamás haya pisado la tierra, entonces la cuestión está resuelta."

Se precipitó al tren y el tren partió. Llegó al cielo. Se quedó un poco sorprendido, perplejo, porque el cielo no parecía muy celestial; era muy triste, apagado y húmedo: nada de alegría, nada de sol, nada de canciones. Había oído hablar mucho de los ángeles que tocan el arpa, cantan y bailan. Ni arpas, ni cantos, ni bailes. Sólo unos cuantos santos de aspecto estúpido sentados bajo sus árboles cubiertos de polvo.

Se dirigió al jefe de estación y le preguntó: "¿Hay algún error? ¿Es esto realmente el cielo?"

El jefe de estación dijo: "Sí, y no hay ningún error".

Pero el cura dijo: "¡Parece más bien el infierno! ¿Hay algún tren que salga para el infierno? - porque a mí también me gustaría ver el infierno, así podré comparar".

Consiguió una reserva, fue al infierno... y realmente se sorprendió más que al ver el cielo.

Había alegría, canciones y música: todo era sol y luz. La gente trabajaba, tenía luces en los ojos. No había diablo, ni fuego del infierno, ni nadie torturando, nada. Así que preguntó: "¡Esto se parece más al cielo!"

Y el jefe de estación dijo: "Sí, ahora sí, pero antes era tal y como se describe en vuestras escrituras. Desde que Buda, Mahavira y Sócrates vinieron aquí, lo han transformado".

Un hombre muy rico que estaba a punto de morir le pidió a su mujer que le prometiera enterrarlo sin ropa.

Era un hombre tan avaro que pensó: ¿Por qué no guardar la ropa?

La mujer se escandalizó, pero él le dijo: "Escucha, sé por dónde voy. No necesitaré ropa ahí abajo, hace demasiado calor".

Cuando finalmente falleció, su mujer cumplió su promesa. Pocos días después, justo cuando la viuda se disponía a acostarse, el fantasma del hombre apareció por la ventana y le dijo: "Saca mi ropa interior de invierno y mi abrigo de tweed, cariño. Ahora hay tantos ricos en el infierno que han instalado aire acondicionado".

Todo depende de ti. El infierno no forma parte de la geografía, sino de tu psicología, al igual que el cielo.

Tú creas tu infierno, tú creas tu cielo. Y no es en el futuro. Ahora alguien está viviendo en el cielo y alguien está viviendo en el infierno - y pueden estar sentados juntos, pueden ser amigos.

Ahora mismo, te digo, estoy en el cielo, y te invito a entrar en mi espacio y compartirlo.

De eso se trata sannyas: una invitación dada, una invitación recibida: una invitación de mi parte y un gesto de tu parte de que "sí, estoy dispuesto a entrar en tu espacio".

No te preocupes por el infierno y el cielo; son sólo tus estados. Si vives en la mente, vives en el infierno. Si vives en la no-mente, vives en el cielo.

La quinta pregunta:

AMADO MAESTRO,

Pregunta 5:

ALGUIEN TE HA DICHO QUE EL BUICK ES EL COCHE DE LOS CHULOS, Y AHORA LA NOTICIA QUE DESVELO ES QUE EL CADILLAC ES EL COCHE DE LOS CHULOS, ¡AL MENOS EN NUEVA YORK Y OAKLAND, CALIFORNIA! ENTONCES, ¿QUE TAL UN LINCOLN CONTINENTAL MARK IV, COMO LOS COCHES EN LOS QUE VIAJAN LOS PRESIDENTES DE LOS EEUU?

Kavita, ¡eso es mucho peor! Entonces me gustaría volver a mi Impala y ser fontanero. Eso es lo que soy: ¡un fontanero de la mente, un fontanero del alma!

Pero parece que ningún coche va a funcionar. De hecho, ¡necesito un elefante naranja!

La última pregunta:

AMADO MAESTRO,

Pregunta 6:

¿QUÉ ES LA FILOSOFÍA?

Sudarshan, la filosofía es una obsesión con las palabras. La palabra Dios se vuelve más significativa que la experiencia de Dios; eso es filosofía. Los filósofos preguntan: ¿Qué quieres decir cuando usas la palabra Dios? ¿Qué quieres decir cuando usas la palabra verdad? ¿Qué quieres decir con la palabra bien? ¿Qué quiere decir la palabra amor?

La filosofía es, más o menos, un fenómeno lingüístico, una cuestión de lenguaje y gramática, de división de cabellos y de boxeo de sombra. No se ocupa en absoluto de la realidad. Habla de la realidad. Pero recuerden que hablar de la realidad es una cosa y adentrarse en ella es otra muy distinta. La filosofía es palabrería, la religión es experiencia.

Mi interés está en la religión, no en la filosofía en absoluto.

El vecino de Noah Webster entró en la despensa y lo encontró besando a la guapa camarera.

"¡Vaya, Sr. Webster!", exclamó. "¡Estoy sorprendida!"

"No, querida", dijo el Sr. Webster con una sonrisa de reproche. "Tú estás asombrada, yo estoy sorprendido".

Es sólo una cuestión de palabras: la realidad se deja a un lado. Webster es un lingüista, un gran gramático. Cambia las palabras, dice: "No, querida, estás asombrada. Estás usando la palabra equivocada cuando dices 'estoy sorprendido'. Tú estás asombrada, yo estoy sorprendido".

El énfasis ya no está en el acto de besar a la hermosa doncella, el énfasis está en la palabra equivocada o en la palabra correcta.

Los filósofos siguen y siguen con las palabras, y las palabras tienen su propio camino. Una palabra trae otra palabra, y así sucesivamente. Se puede seguir y seguir hasta el infinito; las palabras no tienen fin. Puedes inventar, fabricar, nuevas palabras, y puedes crear tal alboroto con las palabras que puedes desconcertar a la gente. La filosofía es un truco mental, un truco muy sofisticado, pero un truco mental.

La religión no tiene nada que ver con la filosofía, la religión es una dimensión totalmente diferente. Va más allá de las palabras, llega a la experiencia. La religión es existencial, la filosofía es intelectual. Y no puedes entender ni siquiera una cosa tan pequeña como una flor de rosa intelectualmente.

Si intentas comprender intelectualmente la flor de la rosa y su belleza, o tienes que decir que la belleza es indefinible -que es otra forma de decir que es impensable- o tienes que decir que no hay belleza en absoluto; todo es proyección, todo es ilusión. Éstas son las dos únicas alternativas para la filosofía.

El filósofo dice: "Dios es una ilusión, la verdad es una ilusión, el amor es una ilusión" -trata de demostrar que todo es ilusión- y de pronto no sabe qué hacer; se encuentra sumido en una profunda miseria, en una gran frustración. La vida le parece un caos sin sentido. Entonces el suicidio parece ser la única salida a todo este embrollo.

Muchos filósofos piensan en suicidarse y muchos se suicidan también. Y los que no pueden suicidarse, se vuelven locos. Justo en medio de los dos, ni vivo ni muerto, sólo colgando en el limbo, eso es la locura.

G. E. Moore ha escrito un gran libro, en lo que a libros se refiere, Principia Ethica. Durante doscientas páginas discute qué es el "bien". Si alguien me pregunta: "¿Qué es el bien?" Diré: "Es indefinible" - ahora mismo, inmediatamente. Pero él llega a la conclusión de que es indefinible después de doscientas páginas, y doscientas páginas de gran lógica. Fue uno de los más grandes lógicos de esta época.

Estos tres nombres son muy importantes: G. E. Moore, Bertrand Russell y Ludwig Wittgenstein.

Doscientas páginas de duro trabajo -¡tanta transpiración y nada de inspiración! - y luego la conclusión es que el bien es indefinible, porque el bien es una cualidad simple como el amarillo. ¿Cómo se puede definir el amarillo? El amarillo es amarillo. ¿Qué más se puede decir del amarillo? Pero, ¿es necesario pasar por este infierno de doscientas páginas sólo para llegar a la simple conclusión de que la vida es indefinible, es misteriosa, lo que el místico siempre ha estado diciendo?

No puedes desmitificar la vida. Sí, puedes disfrutarla, puedes adentrarte en el misterio y formar parte de ella, puedes bailarla, puedes cantarla, puedes celebrarla, pero no puedes comprenderla.

La filosofía intenta comprender y no comprende nada. La religión nunca intenta comprender y llega a una comprensión profunda.

¡Cuidado con las palabras! Las palabras son muy encantadoras, hipnotizantes. A veces puedes quedar atrapado en toda una red de palabras.

Dos señoras que realizan una encuesta escolar llaman al timbre de una puerta a la que responde un hombre que se ha estado duchando y que sólo se cubre con un periódico. Les dice que es Peter Pepperpod, su mujer Pauline y sus hijos Paul y Peter Jr. "Soy empaquetador de cacahuetes para Planter's Peanuts y me dedico a organizar fiestas a tiempo parcial".

Más tarde, una de las señoras va al baño en la primera gasolinera por la que pasan y no regresa hasta pasados quince minutos. Le explica a la otra: "Me quedé allí sentada y me puse a pensar en ese simpático Sr. Peter Pepperpod, el empaquetador de cacahuetes de Planter's Peanuts y organizador de fiestas a tiempo parcial, allí de pie con su pertinaz y petrificado pivote asomando por el papel, ¡y me hizo fruncir el coño con tal peccata minuta que no pude ni precipitarme!".

¡Eso es la filosofía!

Suficiente por hoy.

Sólo en silencio

PREGUNTA: ¿EXISTEN VÍAS RÁPIDAS Y LENTAS DE CONSECUCIÓN?

RESPUESTA: SI UNO VE QUE EL TIEMPO SIN FIN ES LA MENTE, LO ALCANZARÁ RÁPIDAMENTE, PERO SI HACE UN PUNTO EN SU MENTE Y APUNTA A SU DESTINO, LO ALCANZARÁ LENTAMENTE.

EL SABIO SABE QUE SU MENTE ES EL CAMINO; EL ESTÚPIDO HACE UN CAMINO MÁS ALLÁ DE SU MENTE. NO SABE DÓNDE ESTÁ EL CAMINO NI SABE QUE LA MENTE MISMA ES EL CAMINO.

PREGUNTA: ¿POR QUÉ SE ALCANZA RÁPIDAMENTE?

RESPUESTA: PORQUE LA MENTE ES EL CUERPO DEL CAMINO, POR LO TANTO SE ALCANZA RÁPIDAMENTE.

LOS ESTÚPIDOS MARCAN SU PROPIO TIEMPO COMENZANDO DE ACUERDO A ESE ESTÁNDAR, POR LO TANTO DEBEN HACER SU PROPIO DESTINO DE ACUERDO A SUS PROPIAS ILUSIONES.

PREGUNTA: ¿QUÉ PARTE DE LA MENTE ES EL CUERPO DEL CAMINO?

RESPUESTA: LA MENTE ES COMO LA MADERA O LA PIEDRA DE LA QUE UNA PERSONA TALLA UNA IMAGEN. SI TALLA UN DRAGON O UN TIGRE, Y AL VERLO LE TEME, ES COMO UNA PERSONA ESTUPIDA QUE CREA UNA IMAGEN DEL INFIERNO Y LUEGO TEME ENFRENTARSE A ELLA. SI NO LE TEME, SUS PENSAMIENTOS INNECESARIOS DESAPARECERAN. PARTE DE LA MENTE PRODUCE LA VISTA,

EL SONIDO, EL GUSTO, EL OLOR Y LA SENSIBILIDAD, Y DE ELLOS SURGEN LA CODICIA, LA IRA Y LA IGNORANCIA CON AL] SUS GUSTOS Y DISGUSTOS. ASI SE PLANTA LA SEMILLA, QUE CRECE HASTA EL GRAN SUFRIMIENTO. SI UNO SE DA CUENTA DE QUE DESDE EL PRINCIPIO LA ESENCIA DE LA MENTE ESTÁ VACÍA Y TRANQUILA, NO DEBE CONOCER NINGÚN TIEMPO O LUGAR ESPECÍFICO. EN VEZ DE ESO, SE HACE UNA IMAGEN DE UN TIGRE, LEON, DRAGON, DEMONIO, GUERRERO U OTRO MONSTRUO, LOS RECONOCE POR COMPARACION Y PRODUCE GUSTOS Y DISGUSTOS. SI SABE QUE DESDE EL PRINCIPIO NO EXISTE TAL COSA, ENTONCES DEBERIA SABER QUE LA ESENCIA DE LA MENTE NO ESTA FORMADA, POR LO TANTO ESTAS IMAGENES NO SON MAS QUE ILUSIONES. CUANDO SE DÉ CUENTA DE ESTE HECHO, SE EMANCIPARÁ EN ESE INSTANTE.

PREGUNTA: ¿QUÉ ES LA MENTE NATURAL, SIMPLE, Y QUÉ ES LA MENTE ARTIFICIAL, COMPLICADA?

RESPUESTA: LAS CARTAS Y LOS DISCURSOS PROCEDEN DE LA MENTE ARTIFICIAL Y COMPLICADA.

TANTO EN EL MUNDO MATERIAL COMO EN EL INMATERIAL UNA PERSONA SE QUEDA O SE VA, SE SIENTA O SE ACUESTA, Y SE MUEVE INOCENTEMENTE, O, PUEDE DECIRSE, CON LA MENTE NATURAL Y SIMPLE.

CUANDO UNO PERMANECE IMPASIBLE ANTE EL PLACER O EL SUFRIMIENTO, SU MENTE PUEDE LLAMARSE LA MENTE NATURAL Y SIMPLE.

La mente es el problema y la mente es también la solución.

La mente como ego es el problema; la mente sin ego es la solución. La mente con m minúscula es el problema; la mente con M mayúscula es la solución. La mente con minúscula es parte de la personalidad; la mente con mayúscula es universal. No es tuya, no es mía; no es de nadie o es de todos.

La mente universal contiene todas las conciencias.

La otra forma de decirlo, que es la forma Zen, es: la mente es el problema y la no-mente es la solución. La no-mente es simplemente otra forma de decir la mente cósmica, la mente universal. El "no" niega el ego, no la mente, recuérdalo. El "no" niega lo personal, no lo universal. El "no" simplemente niega todas las limitaciones y te ayuda a volverte tan infinito como realmente eres.

Esta es la verdad más fundamental sobre los budas. Su trabajo consiste en ayudarte a disolver la mente personal, que es como una gota de rocío, en lo universal, que es lo oceánico.

Algunas personas han llamado "Dios" a esa mente oceánica. El nombre es hermoso, pero ha creado sus propios problemas. En el momento en que la llamas Dios, surge la idea de adoración, iglesias, templos, rituales, y la mente inferior entra por la puerta de atrás. Te conviertes en cristiano o hindú o mahometano, y vuelves a estar atrapado en las mismas cadenas -quizá coloreadas de forma diferente- y vuelves a estar prisionero. De nuevo te defines y te limitas, de nuevo pierdes el contacto con el todo.

Lo personal es lo ilusorio; es lo personal lo que te convierte en idiota. Lo universal es la verdad.

Si no se está dispuesto a morir en lo universal, no se puede alcanzar la verdad.

La verdad es una muerte -la muerte de la mente egoísta-, aunque también es una resurrección -la resurrección en lo universal-. Mueres como persona y renaces como Dios, como buda, como cristo. De ahí que el camino consista en comprender la mente y su funcionamiento. La mente egoísta quiere mantenerse constantemente ocupada. Esa es una de sus formas de engañarte: te mantiene tan ocupado que no tienes tiempo de mirar hacia dentro. Toda ocupación es extrovertida. Mirar hacia dentro significa estar desocupado; no hay "ocupación interior" como tal. Y si también estás ocupado de forma interna, entonces te estás engañando a ti mismo.

Puedes estar cantando un mantra en tu interior, pero cantar un mantra en tu interior simplemente te engaña porque tú no eres el mantra y el mantra sigue estando fuera de ti. Puede que no esté fuera de tu cuerpo, pero está fuera de tu conciencia. Puedes ser testigo de tu canto, puedes ver tu canto, puedes observarlo. Eso significa que tú estás fuera de él y él está fuera de ti. Toda ocupación es no meditativa.

De ahí que la meditación trascendental de Maharishi Mahesh Yogi sea un fenómeno falso; ni es trascendental ni es meditación. Es simplemente cambiar una ocupación por otra ocupación.

Alguien está cantando una canción de película y alguien está cantando el nombre de Dios; no hay diferencia en esencia - ambos están ocupados.

Esto es lo primero que hay que comprender si realmente quieres ir más allá de la mente, la llamada mente ordinaria, y alcanzar lo universal. Y alcanzar lo universal es iluminación; permanecer confinado en lo inferior es ignorancia.

La primera lección es aprender a estar desocupado, aunque sea por unos instantes; simplemente sin ocupación, interna o externa -porque todas son ocupaciones externas, incluso las llamadas internas. Sin ocupación, inmediatamente estás más allá de la mente ordinaria. Vas más allá de las limitaciones, vas más allá de los límites. De repente te conviertes en el océano; la gota de rocío desaparece. En esa experiencia oceánica uno se libera, se libera.

La mente ordinaria siempre quiere negocios; cualquier tipo de negocio está bien. Dale negocio. Ten algún objetivo, alguna meta: dinero, poder, prestigio; y si estás cansado de todo eso, entonces meditación, Dios, paraíso, verdad. Pero de nuevo estás sustituyendo viejas metas por nuevas metas, viejas ambiciones por nuevas ambiciones; nada ha cambiado radicalmente. Tú sigues siendo el mismo, tu gestalt sigue siendo la misma; sólo ha cambiado el objeto. Y debido al cambio de objeto puedes sentirte muy espiritual, muy santo.

La mente es astuta. Sé consciente de que sólo puede existir cuando estás en el negocio, cuando estás ocupado.

Cuando no estás ocupado se evapora, no puede existir sin negocio. De ahí que la gente esté ocupada incluso sin negocio.

La estudiante estaba acostada con su novio e intentaba impresionar a su joven y ansiosa cita: "Así que te llamas Tom. Sé que George significa amante de los caballos, y Philip significa amado, y Don significa jefe. ¿Sabes lo que significa Tom?".

"¡Negocios, nena, negocios!"

Pero eso es exactamente lo que significa la mente: negocios constantes, día tras día. Si estás despierto hay negocio, si estás dormido hay negocio. Puedes estar soñando, pero son negocios.

La mente no te deja ni siquiera unos instantes de cielo abierto, despejado, para que puedas ver la realidad tal como es. Mantiene tus ojos nublados, llenos de polvo: el polvo del deseo, el polvo del pensamiento, el polvo de la memoria, de la imaginación. Y estas capas y capas de polvo han cubierto completamente tu conciencia de espejo que es capaz de reflejarlo todo. Siempre te mantiene en otro lugar. Nunca te permite estar ahora, porque estar ahora significa estar desocupado. Esta es la segunda lección que hay que aprender.

De ahí la insistencia de todos los budas en vivir en el presente, en estar presentes en el presente.

La mente sólo puede permanecer ocupada en el pasado o en el futuro. ¿Cómo puede ocuparse en el presente? Es imposible. El presente simplemente destruye el ego; el presente se lleva toda la basura de tu mente, toda la chatarra. Simplemente te deja abierto, disponible, vulnerable, receptivo; emocionado, extasiado, por supuesto, pero no ocupado.

Siempre que estás aquí y ahora, no eres. Permíteme repetirlo: siempre que estás aquí y ahora, no eres; Dios es, la budeidad es... Porque aquí y ahora tu pequeña mente no puede existir; se funde, desaparece.

La mente sólo puede existir con lo no existencial. Un fenómeno raro, una contradicción en la superficie:

la mente sólo puede existir con lo no existencial - porque la mente misma es no existencial, se alimenta de lo no existencial.

Hay dos cosas que son las más inexistentes del mundo: una es el pasado, que ya no existe; la otra es el futuro, que aún no existe. La mente existe en estos dos puntales: el "ya no" y el "todavía no". Y entre los dos está el pequeño intervalo, el intervalo atómico. Es tan pequeño que, a menos que estés absolutamente alerta y consciente, es muy probable que lo pases por alto.

Estar en el presente significa no ser. Y no ser es la puerta de Dios, la puerta de la verdad, la puerta de la realidad.

Son afirmaciones sencillas si se entienden. Pero seguimos pretendiendo comprender sin comprender, porque comprender parece arriesgado, peligroso, mortal. Y, en cierto modo, lo es. Comprender correctamente cómo existe la mente es prepararse para la muerte.

Sannyas es la muerte; siempre ha sido así. De ahí que sólo los pocos valientes que pueden entrar en el camino - personas que están tan profundamente enamorados de la verdad que están dispuestos a sacrificarse a sí mismos.

Cueste lo que cueste, están dispuestos a pagarlo, porque están hartos de las mentiras de la vida.

Un día, Ginzburg vuelve pronto del trabajo, seguro de que su mujer tiene un amante. Registra la casa con frenesí. Descubre a un hombrecillo acurrucado entre la ropa del armario.

"¿Qué demonios haces aquí?", grita Ginzburg.

"Bueno, todos tenemos que estar en algún sitio", responde el culpable.

La mente tiene que estar en alguna parte, en el pasado o en el futuro. Si le quitas esos dos apoyos, no puede existir. Simplemente se cae al suelo. Muere inmediatamente. No puede respirar, ni siquiera por un instante.

Este es el camino de la meditación: encontrar el presente en toda su tremenda belleza, simplemente estar en el presente. Dentro, la mente se detiene. Fuera, el mundo cambia totalmente. Ya no es el mundo ordinario que has conocido antes. De hecho, no lo conocías en absoluto. Tu mente lo distorsionaba todo, creaba fantasías. Tus ojos estaban llenos de fantasías y mirabas a través de ellas. Nunca te permitieron ver lo que es. Si la mente desaparece, aunque sea por un momento, de repente toda la existencia estalla sobre ti.

Norman yacía desnudo sobre la hierba en una zona apartada del parque, con una expresión aturdida pero extrañamente feliz en el rostro.

"¿Qué ha pasado?", preguntó el policía.

"Yo estaba... ocupándome de mis asuntos", murmuró el hombre, "cuando llegó una pandilla de chicas de la hermandad de Vassar, se abalanzaron sobre mí y... me arrancaron la ropa. Y entonces...."

"¿Y después qué?"

"¡Y entonces todo el cielo se desató!"

Eso puede haberle sucedido a Norman o puede no haberle sucedido, pero sucede cuando la mente está absolutamente desocupada, cuando la mente está completamente en el momento, cuando no está en ningún otro lugar más que aquí y ahora. Y estar aquí y ahora, permíteme que te recuerde, significa que ya no existe. Sí, entonces todo el cielo se desata. De repente te empiezan a llover lotos blancos. Toda tu vida tiene una calidad totalmente diferente. Entonces todo lo que tocas se convierte en oro y todo lo que ves es simplemente increíble, increíble. La mente sigue dándote ideas sobre la realidad, pero esas son las ideas de la MENTE y la mente es completamente idiota. Creer en tu propia mente es la cosa más tonta del mundo que uno puede hacer, pero como quieres creer en tu propia importancia sigues creyendo en tu propia mente. Y la mente es muy inteligente para argumentar su caso. Aunque no argumente, porque quieres creer que eres alguien especial, extraordinario, superior, más santo, y la mente conoce tus debilidades....

El otro día leía una declaración de Idi Amin. Dice que es el hombre más bello del mundo. Piensa en la cara de Idi Amin. Pero dice: "Como los periodistas están contra mí, imprimen mis fotos para hacerme parecer un mono".

La persona que le entrevistaba le preguntó: "¿En qué se basa para decir que es usted el hombre más bello del mundo?".

Dijo: "Lo dice mi madre, lo dice mi mujer, y también mis otras mujeres" -porque tiene muchas mujeres- "lo dicen mis amigas. Dicen que soy el hombre más bello del mundo, ¿y por qué habrían de mentir?".

Ya ven el argumento. Toda madre le dice a su hijo: "Eres la persona más bella" - y toda esposa y todo esposo y todo amigo. Pero si tú quieres creerlo... ¡y nosotros queremos creerlo! Ahora, si hasta Idi Amin puede creer que es el hombre más bello del mundo, entonces puedes creer cualquier cosa.

Y estoy de acuerdo con él en que no parece un mono. Parece un gorila, o incluso peor...

porque en la misma declaración dice que ha probado la carne humana. Y puede afirmar con autoridad que es lo más delicioso que ha probado jamás. La delicia de la carne humana es tal, dice, que es imposible expresarla; es una experiencia inexpresable. Este hombre se considera el más bello del mundo. Pero todo el mundo piensa lo mismo. No te rías de Idi Amin, así piensa todo el mundo. Es tan tonto como para hacer tales declaraciones. La gente no hace tales declaraciones, pero en el fondo saben....

Una rica estadounidense visitaba a un gurú indio que se consideraba el más grande de todos. Le habían dicho de antemano que ella pensaba hacer una gran donación a su obra.

Cuando llegó el momento de que el gurú apareciera en su darshan -la hora de la recepción-, vio a este visitante entre la multitud que había acudido a presentar sus respetos.

"¿Sí?", le dijo enseguida.

"¿Quién es el mejor hombre del mundo?", preguntó.

"Coca cola", respondió el gurú sin dudarlo un instante.

Después, su ayudante principal le preguntó por qué había dado una respuesta tan extraña. "¿Qué sabiduría secreta es esta, oh Gran Maestro?"

"Bueno", dijo el mahatma, "yo, por supuesto, sabía que el hombre más grande del mundo soy yo. Pero cuando vi en la inscripción de su camiseta que respetaba a otra persona, me dije: '¡Los negocios son los negocios! Después de todo, probablemente esté muerto, ¡así que no hay nada malo en honrarle!".

Todo el mundo sabe en el fondo de sí mismo que es el más grande. No sólo Idi Amin o Muhammad Ali se creen los más grandes; todos los idiotas piensan así. Esa es la esencia misma de la mente idiota.

Los budas se consideran a sí mismos ordinarios, los grandes se consideran a sí mismos ordinarios. No tienen complejo de inferioridad ni tampoco de superioridad. El hombre realmente grande no tiene complejo de inferioridad ni de superioridad, porque esos dos complejos no son dos, sino dos caras de la misma moneda. Es el hombre inferior el que pretende ser superior. Es el hombre inferior el que al pretender ser superior se encuentra con tantos problemas en los que no puede demostrar su superioridad - fracasa tantas veces - que surge en él la inferioridad. No son diferentes: la inferioridad proyecta superioridad. Cuando no puedes demostrar tu superioridad caes en una profunda depresión y empiezas a sentirte inferior. Pero un hombre realmente despierto no es ni lo uno ni lo otro. Simplemente es, y eso es más que suficiente.

No escuches a la mente y lo que te dice. Te va a dar información errónea; te va a dar nociones que no son reales. Crea alucinaciones a tu alrededor. No sólo crea sueños por la noche, sino que incluso durante el día te mantiene soñando. Cierra los ojos en cualquier momento y verás sueños sutiles pasando como corrientes subterráneas bajo ti. En la superficie sigues ocupado con tus cosas, haciendo tus cosas, pero en el fondo la mente sigue creando sus propios sueños. Te mantiene constantemente inconsciente, somnoliento. Ten cuidado con estos simples hechos, y entonces las palabras de Bodhidharma serán muy claras para ti.

La primera pregunta: ¿EXISTEN VÍAS RÁPIDAS Y LENTAS DE CONSECUCIÓN?

Bodhidharma ha dicho al indagador que no hay logro. Todo lo que se alcanza ya está contenido en ti. Sólo se descubre, no se alcanza, o ni siquiera se descubre, sino que sólo se recuerda, se reconoce, porque tú eres portador de todo lo que puedes llegar a ser. Y si no eres eso, significa simplemente que estás intentando ser otra persona.

Y eso es lo que te han enseñado. Te han enseñado a ser como Cristo, a ser como Buda, a ser como Krishna, a ser como Mahoma. Y lo has estado intentando -muy religiosamente, muy sinceramente- y todo lo que ha sucedido a través de ese esfuerzo es que te has convertido en pseudo, falso, farsante. No puedes ser Cristo, no puedes ser Buda, no puedes ser Krishna. No puedes imitar a nadie, sólo puedes ser tú mismo. Y eso es más que suficiente: ¡tú eres Dios! Sólo tienes que aceptar tu realidad tal como es, sin distorsionarla, sin pintarte la cara como un buda; eso no servirá de nada. La vida real no es un drama. No necesitas ensayarla, no necesitas practicarla.

Bodhidharma ha dicho que no existe el logro como tal. No hay que alcanzar nada, porque no has perdido nada en absoluto. Ya eres lo que quieres ser, lo que anhelas ser. Así que no es una cuestión de logro, es sólo una indagación en tu propio ser: "¿Quién soy yo?" Eso es suficiente.

Pero el interrogador plantea la cuestión desde otro ángulo. Ahora pregunta:

¿EXISTEN VÍAS RÁPIDAS Y LENTAS DE CONSECUCIÓN?

Si no hay logro, ¿cómo puede haber caminos lentos o rápidos? Pero se ha perdido esa verdad última.

Viendo que se lo ha perdido, Bodhidharma le da algo menos que lo último.

Los maestros tienen que mirarte; no pueden darte lo que no puedes absorber. Su primer esfuerzo es siempre darte la verdad más pura, la verdad absoluta -la verdad y nada más-, pero cuando ven que te es imposible recibirla, entonces tienen que bajar un poco para estar más disponibles para ti. Su compasión es tal que, si es necesario, bajarán hasta el mismo nivel en el que te encuentras para poder hablar contigo como amigos, para que puedas comprender.

Sólo puedes comprender lo que se te da en el mismo plano en el que existes.

A un maestro zen le pillaban una y otra vez robando cosas pequeñas, tan pequeñas - un botón, la aguja de alguien, un zapato, la gorra de alguien.... Y era un maestro tan respetado que sus discípulos le dijeron: "¿Por qué sigues haciendo cosas tan ridículas? ¿Qué sentido tiene todo esto? Estamos dispuestos a daros lo que necesitéis, ¡no hace falta que robéis!".

Pero el amo se reía y no decía nada. Una y otra vez lo encarcelaban durante unos días, salía, volvía a robar y lo volvían a encarcelar.

Cuando agonizaba, los discípulos le preguntaron: "Señor, dinos ahora el secreto".

El secreto es muy sencillo. Quería ayudar a los presos de la cárcel, y sólo podían entenderme si yo también era un preso. No había otro modo de ayudarles. Tenía que caer a su nivel para poder ayudarles a elevarse a mi plano".

Debió de ser un buda tremendamente compasivo, que caía al nivel de los prisioneros para ayudarles... porque no entenderán a un santo, no entenderán a un maestro zen; sólo pueden entender a un ladrón. Conocen el lenguaje, y con un ladrón pueden comunicarse. Y el maestro Zen realmente transformó a muchos. Siguió yendo a la cárcel una y otra vez, pero las personas con las que se comunicaba en la cárcel nunca volvieron. Liberó a mucha gente.

Y, moribundo, dijo: "Lo mismo ocurre también con el mundo. Un buda nace, como todo el mundo, del mismo vientre; crece de la misma manera, come, duerme, vive de la misma manera. Como este mundo es una gran prisión, él viene a esta prisión para ayudar a otros prisioneros a escapar. No puedes ayudar a los prisioneros a escapar a menos que te hagas amigo de ellos. Y sólo serán amistosos si existes en su plano, de lo contrario siempre sospecharán de ti. Seguirás siendo un extraño y no te aceptarán en su corazón".

Bodhidharma ha dicho la verdad última: No hay nada que alcanzar, ninguna meta que alcanzar, ningún objetivo. La vida es una creatividad lúdica sin meta como tal. No va a ninguna parte, no se mueve en ninguna dirección.

Es una energía lúdica. Es sólo energía bailando sin ningún propósito, por el simple placer de bailar. La existencia es una danza.

Pero eso no se ha entendido; la pregunta ha vuelto a surgir. Ahora tiene que responderla en un plano inferior.

Bodhidharma dice:

SI UNO VE QUE EL TIEMPO SIN FIN ES LA MENTE, ALCANZARÁ RÁPIDAMENTE, PERO SI HACE UN PUNTO EN SU MENTE Y APUNTA A SU DESTINO, ALCANZARÁ LENTAMENTE. EL SABIO SABE QUE SU MENTE ES EL CAMINO; EL ESTÚPIDO HACE UN CAMINO MÁS ALLÁ DE SU MENTE.

NO SABE DÓNDE ESTÁ EL CAMINO NI SABE QUE LA MENTE MISMA ES EL CAMINO.

Aunque habla en el lenguaje del indagador, sigue dando pistas del más allá. No es una verdad pura e incontaminada. El sol está ahí, pero las nubes también. Si eres lo suficientemente inteligente puedes mirar al sol y no necesitas ocuparte de las nubes, pero si no eres tan inteligente entonces este es el único camino. Te interesan las nubes, entonces las nubes tienen que serte dadas. Tal vez a través de las nubes, un día accidentalmente serás consciente de la realidad del sol.

SI UNO VE QUE EL TIEMPO SIN FIN ES LA MENTE....

Esto es algo que hay que comprender. Buda lo dice, Bodhidharma lo dice, yo lo digo: que la mente y el tiempo no son dos cosas. Tu mente, la mente finita, la mente que conocemos como ego, no es más que tiempo. Por lo tanto, cuando la mente desaparece, se abre la eternidad, la atemporalidad.

SI UNO VE QUE EL TIEMPO SIN FIN ES LA MENTE...

... que es la mente la que crea el tiempo sin fin, que es la creación de la mente, la innovación.... ¿Por qué la mente crea el tiempo? - Porque no puede existir de otro modo; necesita tiempo para existir. El pasado es tiempo, el futuro es tiempo; el presente no es tiempo, el presente no lo crea la mente. El presente es la naturaleza de la mente universal, de la mente cósmica. No tiene nada que ver con tu mente. Tu mente fabrica el futuro, fabrica el pasado.

Le sorprenderá saber que todo lo que recuerda del pasado no es real, es muy ficticio. Toda persona en su vejez comienza a pensar que su infancia fue muy hermosa: "Mi infancia... aquellos eran los días, los verdaderos días, los días dorados". Pero pregunta a cualquier niño, y ningún niño te dirá:

"Aquellos eran los días dorados". Todo niño quiere crecer rápido, pronto, porque puede ver que los adultos disfrutan de la vida, puede ver que los adultos son poderosos. Ve que le dominan, que tiran de él, que le empujan, que le obligan a hacer cosas que no quiere. Quiere crecer cuanto antes. Todas sus plegarias son para que esta infancia termine. Quiere ser poderoso, dominante.

Y los niños pequeños intentan por todos los medios aparentar, al menos ante sí mismos, que son mayores. Si el padre no está en casa, se sientan en su silla con el mismo gesto. Puede que fumen su puro de la misma manera que lo hace el padre. Puede que no sepan leer el periódico -puede que lo sostengan al revés-, pero sostendrán el periódico de la misma forma que lo hace el padre, porque estos son signos de personas adultas.

Un día, hace veinte años, salí a dar un paseo matutino y vi a un niño, de no más de seis o siete años, con un bigote postizo... ¡y caminaba con tanta grandeza! Al verme, se avergonzó y salió corriendo hacia el interior de su casa. Le seguí. Cerró la puerta. Llamé a la puerta. Su padre abrió la puerta; entonces todo quedó claro: su padre también tenía el mismo tipo de bigote -verdadero, por supuesto.

Le pregunté: "¿Dónde está tu hijo? Quiero verle".

Sacó al hijo; se había quitado el bigote. Le pregunté: "¿Dónde está el bigote y por qué lo llevabas?".

Me dijo: "Me hago pasar por mi papá y me divierte. Tengo que salir muy temprano por la mañana para que nadie me vea".

Los niños pequeños siempre intentan hacerse más grandes. Pero más tarde estas mismas personas dirán que su infancia fue la verdadera edad de oro. Es una ficción: la están creando, no es un recuerdo real.

Por lo tanto, no creo en las autobiografías, en absoluto, porque la gente escribe autobiografías a finales de los setenta, ochenta años, y están informando sobre lo que sucedió hace setenta años. Han pasado setenta años y ahora están informando. Todo ese informe es falso, ficticio. Están creando su infancia tal y como les hubiera gustado que fuera, aunque lo hacen de forma muy inconsciente, no es que intenten engañar a nadie conscientemente. Presumen de su infancia, de sus logros, de sus años escolares y universitarios, y siguen presumiendo. A veces, la jactancia también puede adoptar la forma de condena; esa también es una forma de jactancia.

San Agustín escribe sobre su infancia y su juventud de un modo tan condenatorio que te quedarás perplejo. Pensarás: "Al menos debe tener razón, porque demuestra ser el mayor pecador posible". Pero eso es sólo una estrategia de la mente. Primero demuestra que era un gran pecador, y luego se transforma. Naturalmente, cuando un gran pecador es transformado se convierte en un gran santo. Si eres un pecador ordinario y te transformas, tu santidad también será ordinaria; estará en la misma proporción.

Mahatma Gandhi escribe sobre su infancia y juventud de forma muy despectiva. Sigue a San Agustín, porque todo depende de eso. Lo pinta tan oscuro y lúgubre y negro que con ese fondo sólo un poco de pintura blanca se mostrará y brillará como la plata. La única manera de demostrar que eres un gran mahatma es primero demostrar que has sido un gran pecador - el más grande. Pero el ego es tal que incluso cuando hablas de pecado no puedes ser moderado, tienes que ser el mayor pecador. El mayor santo o el mayor pecador, nadie quiere ser mediocre. Si eres un pecador, solo un pecador ordinario, duele.

La gente crea su pasado. No creo que haya una sola autobiografía que sea realmente verdadera. No puede haberla, porque nuestras experiencias posteriores siguen interpretando, reinterpretando, nuestro pasado. Vamos retocando tanto los cuadros que los cuadros originales se pierden por completo; aparece otra cosa. Hemos pintado esos cuadros con nuevas percepciones, nuevas experiencias, tantas veces, que ya no son verdaderos.

Creamos el pasado y vivimos en el pasado; ésa es una dimensión del tiempo. La otra dimensión es el futuro: creamos el futuro y vivimos en el futuro. Por supuesto, tenemos más libertad con el futuro porque allí no hay nada, está todo vacío. Podemos hacer cualquier cosa del futuro. Por eso, si te sientas en silencio cualquier día y piensas en tu futuro, te conviertes en presidente o primer ministro.

Deja que la mente fluya libremente y te sorprenderás: pronto serás Alejandro Magno, el mayor emperador del mundo. Más tarde te reirás, pero la mente lo hacía y lo hace constantemente. Todo el mundo imagina su futuro, todo el mundo crea su pasado.

El tiempo tiene dos dimensiones, no tres: pasado y futuro. El presente no forma parte del tiempo, es la penetración de la eternidad.

Bodhidharma dice:

SI UNO VE QUE EL TIEMPO SIN FIN ES LA MENTE, ALCANZARÁ RÁPIDAMENTE...

Si puedes comprender que el tiempo es mente, entonces el logro puede ser muy rápido, puede ser inmediato, porque entonces dejas de crear el pasado y dejas de crear el futuro. Ambos son falsos, imaginarios.

De repente te ves arrojado al presente, y ahí es donde tomas conciencia de la verdad.

... PERO SI HACE UN PUNTO EN SU MENTE Y APUNTA A SU DESTINO, LO ALCANZARÁ LENTAMENTE.

Pero si haces de la budeidad, la cristiandad, la divinidad una meta, un destino que alcanzar, si esos son los objetivos, las metas de tu mente, entonces esos son de nuevo nuevos trucos, nuevas formas de la mente para crear otro futuro, un futuro espiritual, un futuro sagrado. Es mucho más peligroso, porque cuando se piensa que el veneno es santo, sagrado, hay muchas posibilidades de que lo bebas de todo corazón, sin ninguna vacilación.

Pensar que "mañana voy a convertirme en un buda" es más peligroso que pensar que "mañana voy a convertirme en un gran emperador". Eso no es tan peligroso, porque la sola idea de convertirse en un buda mañana es tan seductora, tan encantadora, tan hipnotizante..... Pero es el mismo veneno: "mañana" es el veneno. Así que lo que quieras llegar a ser mañana no importa.

Si te lo propones en tu mente, dice Bodhidharma, y tu mente empieza a trabajar hacia el futuro para que se alcance un determinado destino, entonces el crecimiento va a ser muy lento; tal vez te lleve vidas y vidas. Y la mente es tan lista y tan astuta que cada vez que te hartas de un objeto, inmediatamente te da otro juguete, más complicado que el anterior, más difícil que el anterior, así que tardas más tiempo en ver que esto de nuevo es un juguete. Y los mejores juguetes son las metas espirituales.

Como, por definición, no se puede transmitir lo incomunicable, cierto derviche buscó la manera de transmitir, mediante una demostración, algo de las maravillas que había experimentado.

"La analogía es la respuesta", se dijo, y se puso manos a la obra. Después de muchos ensayos y errores, aprendió a caminar sobre el agua.

Luego reunió a todos los aldeanos locales, encabezados por el alcalde, y se paseó lentamente por un lago.

"¿Qué os parece?", les preguntó al llegar al otro lado.

"Una cosa me intriga", dijo el alcalde: "¿por qué no aprendiste a nadar, como todo el mundo?".

Pero la llamada gente espiritual y santa ha estado haciendo lo mismo a lo largo de los siglos. Crean algún tipo de meta estúpida: caminar sobre el agua, leer los pensamientos de alguien, producir cosas de la nada, de la nada, y piensan que estas son cosas espirituales. No lo son. Es otra vez el mismo ego tratando de probar algo, pretendiendo que "soy superior".

La llamada gente espiritual ha estado ayunando y destruyendo sus cuerpos, o haciendo yoga y distorsionando sus cuerpos de todas las maneras posibles, sólo para demostrar a otras personas que son especiales.

Alguien se para sobre su cabeza durante horas y piensa que es especial, y la gente también piensa que es especial.

He visto a un hombre que lleva diez años de pie, que no se ha sentado. Ahora no puede ni aunque quiera. Sus piernas se han engrosado tanto que todo su cuerpo se ha adelgazado: toda la sangre -todo- se ha acumulado en sus piernas. Es una persona muy enferma; esas piernas también están muertas. No puede moverse; tiene que ser movido por la gente. Y no duerme, no se sienta; permanece de pie. La gente tiene que sostenerle por la noche para que no se caiga. Y toda la noche hay cantos, kirtan, bhajan, a su alrededor para mantenerlo despierto. Está tan mal que cuando lo vi me dio mucha pena. Pero es adorado por miles de personas por la sencilla razón de que lleva diez años en pie. ¿Qué clase de logro es ese?

Pero este tipo de farsante atrae la atención de la gente fácilmente, porque la gente también está demasiado identificada con su cuerpo. Estas cosas parecen ser poderes muy superiores; no son nada.

Así sucedió un día en que, encontrándose dos pseudo-maestros de la vía mística, uno le dijo al otro, tras el acostumbrado intercambio de cumplidos: "Tengo un discípulo que me pide constantemente tareas e iluminaciones. ¿Tienes idea de lo que podría hacer con él?".

El otro iluminado respondió: "Es interesante que digas eso: Yo mismo he tenido un caso similar. Le hice beber una taza de queroseno".

Se separaron y, al cabo de unos meses, volvieron a encontrarse.

El primer místico dijo: "Probé tu idea con mi discípulo. Encendió una cerilla para fumarse un cigarrillo, ¡estalló en llamas y se consumió por completo!".

"Así es", dijo el otro, "¡a los míos les pasó lo mismo!

Hay gente que va aconsejando a los demás, sin saber nada de la verdadera espiritualidad. Pero porque pueden estar de pie sobre sus cabezas durante horas y pueden distorsionar sus cuerpos de muchas maneras, parecen ser yoguis, mahatmas. Porque pueden ayunar durante meses... es una práctica sencilla. Si un hombre está sano puede ayunar al menos noventa días sin morir. Acumulas tanta comida extra en tu cuerpo que puedes vivir de ella durante tres meses. Seguirás adelgazando, pero no morirás. Así que no es un gran logro; simplemente te has convertido en un caníbal, te estás comiendo a ti mismo, eso es todo. Estás digiriendo tu propia sangre, tu propia carne.

De hecho, el ayuno debería considerarse una práctica muy violenta, fea. Tal vez de vez en cuando, por razones médicas, se debería decir a una persona que ayune, pero por ninguna otra razón.

Y estar de pie sobre la cabeza es peligroso, destructivo. ¿Has visto alguna vez a algún yogui que esté de pie durante horas sobre su cabeza mostrando algún tipo de inteligencia? He conocido a muchos yoguis, pero nunca con un rayo de inteligencia en sus ojos - aburridos, estúpidos, muy mediocres. Es normal que sea así, porque estar de pie sobre la cabeza es destructivo para la inteligencia; destruye el sistema nervioso sutil de tu cerebro.

Demasiada sangre entrando en el cerebro es destructiva. Y mantiene el cerebro demasiado tenso, no permite que se relaje.

Por eso necesitas una almohada por la noche, porque con la almohada la sangre no va hacia la cabeza. Si intentas dormir sin almohada no puedes dormir, porque la sangre llega a la cabeza y la sangre mantiene la cabeza inquieta, funcionando. La almohada ayuda; la cabeza queda un poco más alta, le llega menos sangre.

De hecho, el hombre se hizo hombre sólo porque dejó de andar a cuatro patas y se puso de pie. Estar de pie significa que le llegará un mínimo de sangre al cerebro, porque tendrá que moverse en contra de la gravitación. Ningún animal es inteligente por la sencilla razón de que le llega tanta sangre a la cabeza que la inteligencia no es posible.

El yoga es un retroceso; no te ayuda a crecer en inteligencia, en genialidad, en consciencia. Sí, puede darte un cuerpo muy fuerte -eso es posible, los animales tienen cuerpos fuertes-, puede tener la cualidad de darte una vida más larga, pero que vivas mucho o poco no importa al final.

Lo único que importa es la intensidad de tu vida, no su duración; tu intensidad, tu apasionada sintonía con la vida, no cuánto tiempo sigas arrastrándote y vegetando.

Bodhidharma dice:

EL SABIO SABE QUE SU MENTE ES EL CAMINO....

No te preocupes demasiado por el cuerpo; no es necesario hacer tantas posturas de yoga.

Sí, un poco de ejercicio es bueno. Y el mejor ejercicio es algo natural: caminar, nadar, correr, hacer footing. Los ejercicios de yoga son complicados y peligrosos: pueden sentar bien a una persona, pero pueden no sentar nada bien a otra. Lo que era bueno para Patanjali puede no serlo para ti. Pero correr, nadar, trotar, son ejercicios sencillos; son adecuados para todo el mundo. No son complicados, y no necesitas acudir a nadie para aprenderlos; son tan sencillos que ya los conoces.

Te sorprenderá saber que nadar es un ejercicio natural. Un psicólogo de Japón lo ha probado con niños tan pequeños, de seis meses, y lo aprenden enseguida. ¡Los niños de seis meses empiezan a nadar! De hecho, el niño nada en el vientre de su madre; vive en líquido durante nueve meses, porque un niño empieza su vida en el vientre de su madre como un pez.

Así empezó la humanidad: todos empezamos al principio como peces en el océano. Cada niño repite toda la historia, de forma muy rápida, por supuesto; en nueve meses repite millones de años de historia.

Pero cada vez que un niño está en el vientre de su madre comienza desde el principio, como un pez.

Si el hombre ha empezado como un pez, si cada niño empieza como un pez, entonces nadar es un fenómeno natural.

Sólo necesitas que te ayuden un poco. De hecho, no hace falta que te enseñen a nadar; todo lo que hace falta es un poco de valor, alguien que se pare en la orilla del río para que no tengas que estar demasiado preocupado y asustado. Si los niños de seis meses pueden zen aprender a nadar... y ahora el psicólogo está intentando enseñar a niños de tres meses y dice que lo conseguirá. Si los niños de seis meses saben nadar, ¿por qué no los niños de tres meses?

Correr es natural, hacer footing es natural. Un poco de ejercicio es bueno, pero no le des mucha importancia, porque el verdadero camino es la mente; el verdadero camino no es el cuerpo.

... EL ESTÚPIDO HACE UN CAMINO MÁS ALLÁ DE SU MENTE.

El estúpido dirige su mente a algo lejano, más allá de su mente. El sabio no tiene destino, vigila su mente, observa su mente, sus formas de funcionar, sus formas de engañar, sus formas de crear alucinaciones, y al observarlas lentamente se vuelve tan alerta, tan lleno de luz, que la mente desaparece como la oscuridad.

Madame: "Mona, ¿qué tan consumada eres?"

Mona: "No me gusta presumir, ¡pero puedo hacer el amor de pie sobre mi cabeza!"

Madame: "Entonces tú eres el que quiero. ¡Hay un yogui esperando abajo!"

Puedes hacer el amor de pie sobre tu cabeza y puede parecer un logro, pero es simplemente mantenerte ocupado con algo totalmente sin sentido. Cuidado. Tu mente puede llevarte por mal camino muy fácilmente.

Y a medida que te concentras más y más en un objetivo determinado, tu mente libera en tu interior algunas energías que no son energías ordinarias. Te vuelves capaz de hacer cosas que la gente común no es capaz de hacer; eso te da un gran ego. Sí, existe la posibilidad de que puedas leer los pensamientos de la gente. Existe la posibilidad de crear ilusiones para la gente. Existe la posibilidad de que puedas hipnotizar a la gente muy fácilmente y hacerles ver y sentir y darse cuenta de algunas cosas que no existen.

El treinta y tres por ciento de la gente es tan sugestionable, tan crédula, que puedes conseguir cualquier cosa con ese treinta y tres por ciento y están dispuestos a creerlo. Este es el treinta y tres por ciento que se reúne alrededor de gente como Sai Baba. Estas son las personas que ayudan a los llamados hacedores de milagros, porque están dispuestos a creer en cualquier cosa. Están ansiosos por creer, están hambrientos, quieren creer, así que cualquier cosa les vale. Quieren aferrarse a alguna creencia, a alguien extraordinario.

El hombre que es un poco inteligente, sabio, alerta, no caerá en tales trampas. Su único esfuerzo será cómo ser absolutamente consciente de todos los caminos, burdos y sutiles, de la mente, porque ésa es la única manera de liberarse de ella. Y cuando estás libre de tu mente te vuelves disponible para la mente de Dios y la mente de Dios se vuelve disponible para ti.

La segunda pregunta: ¿POR QUÉ SE ALCANZA RÁPIDAMENTE?

Al ver estas preguntas, una y otra vez siento que Bodhidharma debía de estar en un estado de ánimo compasivo realmente profundo. ¡Este hombre necesita una buena paliza! ¿Qué le pasa a Bodhidharma?

Eso es lo que me desconcierta. Este hombre no es conocido así. ¿Ha olvidado su bastón y no lo lleva consigo? Es muy raro que Bodhidharma continúe respondiendo tales preguntas. Con el Emperador Wu fue tan duro... con todo el mundo ha sido duro.

Puede que el preguntón sea tan estúpido que sienta verdadera lástima por él. Puede que el preguntón sea tan estúpido que sea inútil pegarle; no lo entenderá. Por eso le sigue respondiendo.

¿POR QUÉ SE LOGRA RÁPIDAMENTE? pregunta el autor de la pregunta.

Bodhidharma dice:

PORQUE LA MENTE ES EL CUERPO DEL CAMINO, POR LO TANTO SE ALCANZA RAPIDAMENTE. LOS ESTÚPIDOS MARCAN SU PROPIO TIEMPO COMENZANDO DE ACUERDO A ESE ESTÁNDAR, POR LO TANTO DEBEN HACER SU PROPIO DESTINO DE ACUERDO A SUS PROPIAS ILUSIONES.

No puedes marcarte un objetivo, porque si te lo marcas estarás haciéndolo a partir de tus propias ilusiones.

Será parte de un sueño y, por tanto, será muy difícil llegar a él. De hecho, es imposible llegar, es un sueño. Puedes seguir y seguir, pero el sueño seguirá retrocediendo como el horizonte; nunca lo alcanzarás. Por lo tanto, te llevará un tiempo infinito y, sin embargo, estarás tan lejos como siempre.

No te pongas una meta, porque en este momento todo lo que puedas hacer será ilusorio. Con tu mente funcionando, todo lo que hagas será erróneo. Primero despierta. Entonces las cosas empiezan a suceder rápidamente.

La tercera pregunta: ¿QUÉ PARTE DE LA MENTE ES EL CUERPO DEL CAMINO?

Bodhidharma dice: LA MENTE ES COMO LA MADERA O LA PIEDRA DE LA QUE UNA PERSONA TALLA UNA IMAGEN. SI

TALLA UN DRAGÓN O UN TIGRE, Y AL VERLO LE TEME, ES COMO UNA PERSONA ESTÚPIDA QUE CREA UNA IMAGEN DEL INFIERNO Y LUEGO TEME ENFRENTARSE A ÉL.

Pero eso es lo que hemos hecho todos. Todos lo hacemos: imponemos nuestras proyecciones y luego empezamos a reaccionar a nuestras propias proyecciones.

Una historia Zen dice: La esposa de un hombre estaba muriendo. La esposa había controlado al hombre como si nada; era el marido más perfectamente calzonazos. Y él se sentía un poco feliz de que la esposa estuviera muriendo; su día de libertad no estaba lejos.

Pero la esposa no iba a dejarlo tan fácilmente. Mientras exhalaba su último suspiro dijo: "¡Mira!

No te sientas tan feliz, porque me voy a convertir en fantasma y te perseguiré y me encargaré de que no hagas nada malo. Nunca hagas tonterías, porque te atraparé todas las noches".

La mujer murió. El marido tenía mucho miedo, pero al cabo de unos días pensó: "Ahora está muerta. ¿Quién sabe si se ha convertido en un fantasma o no? ¿Por qué no ser realmente libre ahora? Siempre he deseado a esta mujer, a aquella mujer. He querido ir al bar. ¡Ahora es el momento! Y han pasado tantos días y ella no ha venido".

Esa noche alguien llamó a la puerta. Abrió la puerta y allí estaba su mujer. Y ella le dijo: "¡Así que has empezado a soñar, a pensar y a planear cosas así!

¡Cuidado! No estoy lejos, siempre estoy aquí. Puede que me veas, puede que no me veas. No pienses en tu libertad, etcétera, ¡déjate de tonterías!".

Y ella dijo todo lo que él había pensado, cada una de las cosas que había pensado -ir al pub, pensar en la mujer del vecino-, lo dijo todo. Ahora estaba absolutamente claro que ella lo sabía, y era muy difícil. Su vida se convirtió en una gran miseria; era libre y, sin embargo, no era libre.

Y a partir de ese día la mujer empezó a venir a verle casi todas las noches y le contaba lo que había estado pensando en la oficina, lo que había estado pensando sobre la mecanógrafa... ¡cada pensamiento!

Estaba tan cansado que acudió a un maestro zen y le pidió: "¡Ayúdame! Ella me torturó toda mi vida, ¡ahora está muerta y me está matando! No tengo paz mental. Ni siquiera puedo soñar libremente. Al menos, mientras ella vivía, yo soñaba libremente; ahora, incluso lee mis sueños. Por la mañana me sacude y me dice: '¡Así que tenías un sueño sexual!'".

El maestro zen se rió. Le dio una pequeña bolsa y le dijo que no la abriera. "Contiene unos cuantos guijarros. Llévatela a casa y, cuando llegue tu mujer, pregúntale cuántos guijarros hay en la bolsa. Si te da el número correcto, cuéntalas inmediatamente; si te da el número correcto, ven a verme. Si ella no puede darte el número correcto entonces ella es sólo una fantasía de tu propia mente, tu proyección. Entonces también ven sólo para decírmelo".

El hombre se fue a casa. La mujer ya le estaba esperando. Cuando entró en la habitación, la mujer estaba sentada en su silla. Le dijo: "¿Así que has ido a ver a ese farsante, ese maestro zen? Le conozco bien. Y te ha dado una bolsa -contiene guijarros- y te ha dicho que me preguntes cuántos guijarros contiene".

El hombre se asustó tanto que ella ya lo sabía todo. Pero aún así, el maestro había dicho que ella lo sabría. Así que se acordó y le dijo: "Vale, ya lo sabes todo. Ahora dime el número de guijarros".

¡Y la mujer desapareció! Como él mismo no conocía el número, no pudo proyectarlo. La silla estaba vacía. Miró a su alrededor; la mujer no estaba allí. Desde aquel día la mujer dejó de venir.

Fue a ver al maestro zen. Le dijo: "¿Qué truco has hecho? ¿Qué magia hay en esta bolsa?"

El maestro dijo: "No hay magia". Abrió la bolsa; sólo había unos guijarros dentro. Dijo: "No hay magia, nada. Es un proceso sencillo. Tú la proyectabas: como eras el proyector, tu proyección reflejaba tus sueños, tus ideas, tus pensamientos. Ahora bien, como tú no sabías cuántos guijarros había en esta bolsa, ¿cómo iba a saberlo ella? Ella era tu proyección. Si hubieras conocido.... Ella sabía que habías estado con el maestro zen porque tú lo sabías.

Ella sabía lo que te dije porque tú lo sabías, pero no pudo decirte el número de guijarros, y ahora no volverá jamás. ¡Termina con ella!"

Podemos crear mil y una alucinaciones sobre nosotros mismos, podemos verter nuestra realidad en ellas - y pueden parecer tan reales. Hay mucha gente que tiene miedo del infierno, y nosotros hemos creado el infierno; el infierno no existe. Y hay mucha gente que ansía el paraíso, y nosotros hemos creado el paraíso, pero no existe. Nuestras proyecciones, y nos sentimos agobiados por ellas - temerosos, codiciosos, asustados. Hemos creado nuestros dioses en los templos, en las iglesias, y nosotros somos los adoradores. Seguimos adorando nuestras propias creaciones. Este es el camino de la mente estúpida.

La persona inteligente deja de crear, deja de proyectar y observa la mente con tanta claridad que la mente no puede proyectar nada. Al desaparecer las proyecciones, desaparece el mundo. Un día, cuando la mente ya no está ahí para proyectar nada, todo es transparente.

LA MENTE ES COMO LA MADERA O LA PIEDRA DE LA QUE UNA PERSONA TALLA UNA IMAGEN. SI TALLA UN DRAGON O UN TIGRE, Y AL VERLO LE TEME, ES COMO UNA PERSONA ESTUPIDA QUE CREA UNA IMAGEN DEL INFIERNO Y LUEGO TEME ENFRENTARSE A ELLA. SI NO LE TEME, SUS PENSAMIENTOS INNECESARIOS DESAPARECERAN. UNA PARTE DE LA MENTE PRODUCE LA VISTA, EL SONIDO, EL GUSTO, EL OLOR Y LA SENSIBILIDAD, Y DE ELLOS SURGEN LA CODICIA, LA IRA Y LA IGNORANCIA CON TODOS LOS GUSTOS Y DISGUSTOS QUE LAS ACOMPAÑAN. ASI SE PLANTA LA SEMILLA, QUE CRECE HASTA EL GRAN SUFRIMIENTO. SI UNO SE DA CUENTA DE QUE DESDE EL PRINCIPIO LA ESENCIA DE LA MENTE ESTÁ VACÍA Y QUIETA, NO DEBE CONOCER NINGÚN TIEMPO O LUGAR ESPECÍFICO. EN LUGAR DE ESO, SE HACE UNA IMAGEN DE UN TIGRE, LEON, DRAGON, DEMONIO, GUERRERO U OTRO MONSTRUO, LOS RECONOCE POR COMPARACION Y PRODUCE GUSTOS Y DISGUSTOS. SI SABE QUE DESDE EL PRINCIPIO NO EXISTE TAL COSA, ENTONCES DEBERIA SABER QUE LA ESENCIA DE LA MENTE NO ESTA FORMADA, POR LO TANTO ESTAS IMAGENES NO SON MAS QUE ILUSIONES. CUANDO SE DÉ CUENTA DE ESTE HECHO, SE EMANCIPARÁ EN ESE INSTANTE.

La emancipación es la emancipación de tu pequeña mente y sus juegos. En realidad no estás encadenado, sólo crees que lo estás. No estás encarcelado, es sólo tu idea. Crees que eres cristiano; es sólo tu idea; puedes salirte de la idea en cualquier momento. Aquí hay mucha gente que ha abandonado el cristianismo, el hinduismo, el judaísmo, el jainismo o el budismo. Por eso todos los sacerdotes religiosos están en mi contra. Su miedo es que si la gente sigue viniendo a mí, seguirán saliendo de su poder, de su dominio, de sus rediles.

Este puede ser el único lugar sobre la faz de la tierra donde a nadie le importa si eres cristiano, hindú o mahometano. Simplemente sois seres humanos. Os habéis escapado de vuestras jaulas tan fácilmente, porque las jaulas no son reales. Tenéis que mantenerlas. Tú eres la prisión, tú eres el prisionero y tú eres el encarcelado. Tú eres el todo en todo; nadie más está ahí. Así que en el momento en que decidas salir de tu prisión nadie puede impedírtelo; no hay nadie que te lo impida. Si crees, entonces estás atrapado. Tu creencia es tu problema, no hay otro problema. Un hombre sin creencias, un hombre sin prejuicios, es un hombre libre. Y ser libre es ser inteligente.

Bodhidharma dice: Nuestra mente crea ambas cosas, el miedo y la codicia. Estos son los instintos básicos, de ahí el infierno y el cielo. Tienes miedo de perder algo que no tienes en primer lugar, y quieres ganar algo que ya tienes desde el principio. Ahora te estás creando problemas innecesarios. ¿Cómo puedes conseguir lo que ya tienes? Es imposible. ¿Y por qué deberías tener miedo de perder lo que no tienes? La gente tiene miedo de perder cosas que no tiene en absoluto y la gente es codiciosa por cosas que ya le han sido dadas al nacer. Son intrínsecas a tu ser. Al ver esto, uno se ríe de sí mismo.

Los tontos se ríen de los demás. El sabio se ríe de sí mismo y de su propio ridículo pasado, de lo absurdo.

La cuarta y última pregunta: ¿QUÉ ES LA MENTE NATURAL, SIMPLE, Y QUÉ ES LA MENTE ARTIFICIAL, COMPLICADA?

Bodhidharma dice:

CARTAS Y DISCURSOS PROVIENEN DE LA MENTE ARTIFICIAL Y COMPLICADA.

El lenguaje es el mundo de la mente complicada: el silencio es el mundo de la mente simple. La verdadera meditación no es verbal, la verdadera meditación es un silencio absoluto. La verdadera oración no es verbal, la verdadera oración es un silencio absoluto en el corazón. Nada se agita, pero se siente una profunda gratitud. Es un sentimiento, no un pensamiento.

CARTAS Y DISCURSOS PROVIENEN DE LA MENTE ARTIFICIAL Y COMPLICADA.

Una tarde, un Joe cansado entró en un concurrido restaurante del barrio latino de París.

"¿TOC?", dijo la apresurada camarera. Al ver que Joe se quedaba en blanco, le explicó que estaba muy ocupada. ¿Es té o café para él, siendo la abreviatura T-O-C - TOC?

Joe pidió café.

Cuando volvió a pasar la camarera, le cogió la mano y le dijo: "PIS". Al ver su cara inexpresiva le explicó: "Ponle azúcar".

Cuando le presentaron la cuenta, se la llevó al mostrador y la camarera le siguió. La miró y le susurró: "CUNT". Al verla desconcertada le explicó: "Pago en efectivo, sin propina".

La camarera se quedó boquiabierta a la salida. Dijo Joe, "COCK".

"¿Y eso qué significa?", preguntó la camarera.

Joe sonrió. "Se refiere a cualquier cosa que lleve falda, pero no a ti".

La mente es muy astuta con las palabras. Puede fabricar, puede seguir fabricando. Todas tus filosofías se producen de esa manera: interminables fabricaciones de palabras, palabras complicadas, palabras difíciles. Y cuanto más sin sentido es una filosofía, más depende de palabras complicadas y grandes.

Si quieres un ejemplo deberías buscar en los libros de Hegel. Las frases son interminables. Encontrarás frases de media página, frases de página entera, con tantas cláusulas que cuando llegas al final de la frase ya has olvidado el principio.

Se pensaba que Hegel era uno de los pensadores más profundos de Europa. No lo era. Su profundidad se basaba en sus malabarismos lingüísticos. Era un malabarista; jugaba con las palabras y hacía frases tan complicadas que nadie era capaz de encontrarles sentido. Y la gente es así, si no le encuentra sentido a algo, piensa que debe ser profundo.

De hecho, la verdad es muy simple. Es tan simple que incluso puede ser comunicada por el silencio. De hecho, sólo puede ser comunicada por el silencio.

LAS CARTAS Y LOS DISCURSOS PROCEDEN DE LA MENTE ARTIFICIAL Y COMPLICADA. TANTO EN EL MUNDO MATERIAL COMO EN EL INMATERIAL UNA PERSONA SE QUEDA O SE VA, SE SIENTA O SE ACUESTA, Y SE MUEVE

INOCENTEMENTE, O, PUEDE DECIRSE, EN LA MENTE NATURAL, SIMPLE.

Ser sencillo significa ser no verbal, no lingüístico. Tu aproximación a la realidad no debe ser a través del lenguaje. Pero nos hemos acostumbrado tan mecánicamente al lenguaje que en cuanto ves una rosa, inmediatamente tu mente dice: "¡Qué flor tan bonita!". ¿Es necesario? ¿Ayuda de alguna manera a apreciar la rosa? ¿Por qué repetirlo mentalmente? ¿No puedes simplemente ver la belleza de la rosa y absorberla y beber de ella? ¿Es necesario el lenguaje?

Sucedió: Un hombre solía dar un paseo matutino con Lao Tzu. Lao Tzu le dijo al hombre: "Recuerda una cosa: no hables, entonces podrás venir conmigo".

El hombre conocía a Lao Tzu, y cuando decía algo lo decía en serio, así que se callaba. Muchas veces le hubiera gustado decir algo sobre el tiempo y el amanecer y las hermosas flores y los pájaros, pero lo reprimía.

Un día, un invitado se alojaba con el hombre y el invitado también estaba interesado en acompañar a Lao Tzu, pues había oído hablar mucho de él. Así que ambos acompañaron a Lao Tzu.

El huésped ignoraba cuál era la condición, y su anfitrión no se lo había dicho; se había olvidado por completo de decírselo. Durante horas se adentraron en las colinas en silencio. Entonces amaneció, y el huésped dijo: "¡Qué amanecer tan hermoso!".

Y Lao Tzu se detuvo en ese momento y le dijo a su vecino: "¡Se acabó! No vengas más conmigo.

Llévense a su invitado inmediatamente, habla demasiado".

Después de tres horas de caminata, sólo una frase: "¡Qué hermosa mañana! Qué hermoso amanecer!" Y Lao Tzu dice que habla demasiado y que es absolutamente innecesario: "Tengo ojos, puedo ver la belleza, puedo sentir el amanecer". ¿Por qué debería decirlo? ¿Cree que estoy ciego?

Esto es muy insultante".

Y Lao Tzu tiene razón. ¿Cuál es la necesidad? ¿No puedes simplemente sentir el calor del sol naciente? ¿Tienes que decir algo?

Aunque estés solo, sigues hablando solo. No puedes detener el constante parloteo de tu mente.

Y hay que detenerlo, de lo contrario no te permitirá ver las cosas como son.

Ser sencillo significa ser no lingüístico, estar lleno de sensibilidad pero sin palabras. Las palabras son inadecuadas para expresar la verdad; sólo el silencio puede contenerla. Ser silencioso es ser simple y ser silencioso es ser inocente. Estar en silencio es el puente de la mente ordinaria a la mente cósmica, de la mente a la no-mente. Aprende el silencio y los caminos del silencio.

Pero estamos tan hipnotizados por el lenguaje y las palabras que si amas a una mujer tienes que repetirlo una y otra vez: "Te quiero". ¿Sospechas? ¿Tienes miedo de que si no lo dices no te entiendan? Si tu amor no es capaz de comunicarse sin palabras, no tiene mucho de amor.

Cuando amas de verdad a una persona no puedes pronunciar las palabras "te quiero". ¡Parecerán tan inadecuadas, tan inútiles, tan superfluas! Cuando no amas a una persona, sólo entonces puedes decir: "Te quiero", y seguir repitiéndolo una y otra vez. Convencerás a la otra persona de que la amas a través del lenguaje, y la otra persona también te convencerá a ti a través del lenguaje.

El verdadero amor no necesita lenguaje; sobrecoge a ambos amantes. Una verdadera experiencia de belleza te deja tan asombrado que no puedes decir ni una sola palabra; te deja mudo.

Bodhidharma tiene razón: callar es ser inocente. Y callar es la forma natural, la forma espontánea. Entonces actúas desde tu espontaneidad, no desde tu conocimiento.

CUANDO UNO PERMANECE IMPASIBLE ANTE EL PLACER O EL SUFRIMIENTO, SU MENTE PUEDE LLAMARSE LA MENTE NATURAL Y SIMPLE.

Joe entró en un monasterio donde la regla del silencio era muy estricta. Sólo una vez cada siete años se permitía a un monje hablar -brevemente- con el padre abad.

Joe llevaba siete años de monje: le llegó la hora de hablar.

"¿Tienes algo que decir?", preguntó el abad.

"Sí", respondió Joe. "¡La cama está muy dura!"

Pasaron siete años más, y de nuevo se permitió hablar al hermano Joe.

"¿Algo que decir?", preguntó el abad.

"¡La comida es terrible!", dijo Joe.

Tras siete años más de silencio, se presentó de nuevo ante el Padre Abad. "¿Algo que decir?"

"¡Sí, me voy!"

"Bueno", dijo el abad, "me alegro mucho de oírlo. No has hecho más que quejarte desde que estás aquí".

Ahora bien, una persona que después de siete años de silencio simplemente viene a decir: "La cama es demasiado dura", o "La comida es terrible", no puede estar callada. Durante siete años está pensando continuamente: "La cama es demasiado dura y la comida es terrible. Que llegue el momento y lo diré". Día y noche debe estar obsesionado con ello; de lo contrario, tras siete años de silencio no habrá nada que decir. Uno se inclinará. Ni siquiera se dirá: "Gracias", porque eso es demasiado poco, no vale la pena decirlo. Pero así son las cosas. Al menos Joe fue un hombre de gran control... ¡durante siete años!

Lo he oído: Mulla Nasruddin y tres de sus amigos se sumieron en el silencio. Al oírme hablar demasiado del silencio -que el silencio es el puente de oro, el puente arco iris hacia Dios- se retiraron a una cueva para hacer un experimento de siete días de silencio.

Pero al cabo de una hora volvieron todos.

Le dije: "¿Qué ha pasado?"

Dijeron: "¡Todo ha fallado! Los cuatro nos sentamos en silencio con los ojos cerrados. Al cabo de diez o doce minutos, uno de nosotros dijo: 'Me pregunto si habré dejado la electricidad encendida o no'. Y el segundo dijo: '¿Has olvidado que hemos hecho voto de silencio durante siete días? Y el tercero dijo: "¡Tonto! Tú también has hablado". Y entonces Nasruddin dijo: "¡Gracias a Dios! Soy el único que aún no ha hablado"'.

Suficiente por hoy.

Una historia de amor con el Universo

La primera pregunta:

Pregunta 1:

MAESTRO, EN LA INDIA HAY UNA GRAN HIPOCRESÍA CON RESPECTO AL SEXO. LA GENTE NI SIQUIERA ESTÁ DISPUESTA A HABLAR DE ELLO ABIERTAMENTE, Y SIN EMBARGO HAY UNA CRECIENTE PROLIFERACIÓN Y OBSESIÓN POR LAS FOTOS DE DESNUDOS. ¿SERVIRÁ DE ALGO ESTA AVALANCHA DE PORNOGRAFÍA?

¿PUEDE POR FIN SALIR A LA LUZ EL SEXO EN LA INDIA?

D. M. Silvera, el pasado del hombre ha sido muy estúpido, y toda la estupidez ha surgido de un enfoque, de una actitud de vida negativa. Y todas las religiones del pasado han apoyado el enfoque negativo de la vida. No los Budas, no los Cristos, no los Zaratustra, sino los sacerdotes. Es el religioso profesional el que ha estado explotando los nombres de los Budas, los Cristos, los Zaratustra, el que ha estado explotando a las masas.

Al sacerdote le ha resultado muy útil mantener a la gente con vida negativa, porque en el momento en que una persona tiene vida negativa se vuelve débil. Y es fácil explotar al débil, esclavizar al débil. Es fácil dominar a los débiles, destruir a los débiles.

De ahí que el sacerdote haya descubierto que dos cosas son muy esenciales para la fuerza, la libertad y la conciencia del hombre, y ambas tienen que ser destruidas. Una es la comida, la otra es el sexo - ambas son instintos básicos. La comida es necesaria para que el individuo sobreviva y el sexo es necesario para que la raza sobreviva. Sin comida y sin sexo la humanidad desaparecerá. Sabiendo esto, que estos son los requerimientos esenciales de un hombre realmente vivo, los sacerdotes han estado en contra de ambos, y han apoyado el ayuno y han apoyado el celibato. Debido a que han apoyado el ayuno han hecho que la gente se obsesione con la comida. Cualquier religión que tenga el ayuno como su orientación - por ejemplo, el Jainismo - está destinada a crear obsesión por la comida en sus seguidores. Cualquier religión que se base en su oposición al sexo está destinada a crear obsesión por el sexo.

La pornografía es un subproducto de sus llamadas religiones. Es un fenómeno religioso, ¡perdón!

La pornografía existe gracias a vuestros sacerdotes. Y no es algo nuevo, es tan antiguo como el hombre. Khajuraho, Konarak, Puri, ¿qué son? Pornografía en la escultura. Y puedes ir a las cuevas más antiguas y siempre encontrarás pornografía de un tipo u otro. Puedes echar un vistazo a la literatura popular, a las canciones populares, a las historias populares, y siempre las encontrarás pornográficas.

La pornografía es tan antigua como el sacerdote. Una vez que entra el cura, la pornografía llega como una sombra; es inevitable que ocurra. Y cuando te enseñan a ser negativo ante la vida, tienes miedo de hablar de las cosas con franqueza, con autenticidad. No te gusta hablar de sexo, porque ¿qué pensará la gente de ti? Quieres ocultarlo. Intentas crear una fachada, como si el sexo no existiera en tu vida. Pero en el fondo estás hirviendo. En el fondo, piensas en sexo las veinticuatro horas del día.

Los estudios psicológicos modernos dicen que cada hombre piensa en el sexo al menos una vez cada tres minutos.

Y esto es sobre los irreligiosos, recuerda, así que ¿qué decir de los religiosos? Deben de pensar en el sexo cada tres segundos. Las mujeres piensan en el sexo una vez cada siete minutos: esa es la diferencia entre el hombre y la mujer. Por eso las mujeres pueden fingir más que son muy superiores, que no les concierne, que toda esta fealdad del sexo es creación del hombre. Son seres superiores. Pero la diferencia es sólo de cuatro minutos. El hombre tiene que seguir persuadiéndolas: "Cuatro minutos más".

Eso es todo.

De ahí que el hombre tenga que entrar en una especie de juego previo. Antes de que pueda persuadir a una mujer para que sea normal, para que sea saludable, se necesitan al menos cuatro minutos de juegos preliminares. Y como el hombre es el sexo agresivo, porque las energías del hombre son energías agresivas y la mujer es el sexo receptivo, eso también marca una gran diferencia. El hombre tiene que tomar la iniciativa. La mujer puede fingir: "No voy detrás de ti".

Mulla Nasruddin y su esposa estaban discutiendo, y Mulla dijo: "Debe haber sido el momento más desafortunado de mi vida cuando me casé contigo".

La mujer dijo: "Pero yo no corría detrás de ti".

Mulla dijo: "Eso es cierto. Ninguna ratonera corre tras el ratón. La ratonera simplemente espera; el ratón viene por sí mismo".

Eso es cierto: ratón o Mulla Nasruddin - no hay diferencia. Porque las mujeres son receptivas, son un poco frías. El hombre es caliente. Y porque las mujeres son el sexo receptivo no están muy interesadas en la pornografía - porque la parte más agresiva en el cuerpo del hombre o de la mujer es el ojo.

Hay una diferencia entre el ojo del hombre y el de la mujer, no una diferencia fisiológica, por supuesto, sino algo muy profundo y psicológico. El ojo del hombre es agresivo, el de la mujer es receptivo. De ahí que a la mujer no le interese mucho la pornografía.

Además, el sexo del hombre tiene algo de extroversión y el de la mujer algo de introversión. Cuando haces el amor con una mujer, ella cierra los ojos, porque cuando haces el amor con una mujer, ella no está tan interesada en ti; está mucho más interesada en lo que ocurre en su interior. Cierra los ojos. Disfruta de la sensación que provocas en su interior. Pero el hombre está más interesado en mirar lo que le pasa a la mujer. Quiere mantener las luces encendidas. Y no sólo eso: hay algunas personas muy religiosas que tienen cámaras automáticas en sus dormitorios para hacer fotos y poder disfrutar más tarde de lo que está pasando.

El hombre está más interesado en ver lo que le ocurre a la mujer y menos en sus propios sentimientos internos.

Besa a una mujer y ella cierra los ojos, porque quiere saborear el beso en su interioridad, quiere absorberlo. Y el hombre quiere ver lo que le pasa a la mujer; su interés está dirigido a otra cosa. De ahí que el hombre siempre se haya interesado por la pornografía.

Pero la pornografía no es un fenómeno natural -hay que recordárselo una y otra vez-, es un fenómeno religioso. Como los curas han estado tan en contra del sexo, el hombre lo ha reprimido. Y cuando reprimes algo demasiado, está destinado a imponerse de maneras sutiles, de maneras ocultas, de maneras tales que ni siquiera serás consciente de lo que estás haciendo. Comenzará a moverse en tu mente inconsciente.

De ahí el tremendo interés por el cuerpo de la mujer. Fotos, estatuas, películas... básicamente, todo es directa o indirectamente pornográfico. Si no hay algo de sexo, no interesa. El sexo y el asesinato son esenciales para que una película tenga éxito, para que una historia se lea, para que una ficción guste. ¡Qué extraño! Sexo y asesinato, ¿por qué están relacionados? Están relacionados: si reprimes demasiado te vuelves asesino. De hecho, asesinar a alguien es un acto pervertido del sexo.

El hombre quiere entrar en el cuerpo de la mujer. Si no se le permite, empezará a buscar cualquier forma posible de entrar en el cuerpo de la otra. Se volverá homosexual; si no puede encontrar una mujer, encontrará un hombre. Si no puede encontrar un hombre, encontrará animales. Si eso también se vuelve difícil, entonces empezará a crear mujeres de goma, mujeres de plástico que pueda guardar en su bolso para que, cuando necesite a la mujer, sólo tenga que inflarla un poco. Y si no hay ninguna posibilidad, se enfurece.

La energía sexual reprimida se convierte en ira, se vuelve asesina.

De hecho, los psicólogos dicen que todas nuestras armas no son más que símbolos, metáforas, del órgano genital masculino: son una estocada en el cuerpo del otro. Nuestras bayonetas, nuestras balas, nuestras espadas, no son más que otro vástago de religiones negativas para la vida. Ahora bien, a los políticos también les interesaba reprimir el sexo por esta razón, por este mismo propósito: si se reprime el sexo de las personas, es fácil hacer que maten a otras y que otras las maten.

Y todo el pasado del hombre ha sido una historia de guerras y guerras. En los últimos tres mil años hemos librado cinco mil guerras. Parece una absoluta locura -cinco mil guerras en tres mil años-, ¡como si viviéramos aquí sólo para matarnos unos a otros! ¿Qué le pasa al hombre? Ningún animal mata a otro miembro de su propia especie. Ningún león mata a otro león; nunca. Ningún perro mata a otro perro; nunca. Sólo ocurre con el hombre. ¿Por qué le ha pasado al hombre? - Porque ningún otro animal tiene el sacerdocio, el papa, el shankaracharya, etcétera. Ningún otro animal tiene gente como el ayatolá Jomeini.

Al oír la noticia de que el sha padece cáncer, este supuesto religioso, jefe de los religiosos iraníes, dijo: "Insh'allah, si Dios quiere, la noticia es cierta y el cáncer lo mata."

Y ha emitido una declaración a los iraníes americanos: "¡Maten a este hombre! ¡Córtenlo en pedazos y envíen esos pedazos a Irán!".

Pero ésta ha sido siempre la actitud de los llamados religiosos: asesinos. Es el sexo reprimido.

El sexo reprimido está destinado a crearte problemas.

Los esposos tenían dificultades para decidir a qué renunciar durante la Cuaresma, pero finalmente, en un ferviente espíritu de expiación, se pusieron de acuerdo sobre el sexo.

Con el paso de las semanas, empezaron a arrepentirse de su elección, pero siguieron adelante, durmiendo en habitaciones separadas y cerrando las puertas con llave para controlar la tentación.

Finalmente, salió el glorioso sol de Pascua y la esposa fue despertada por una serie de estruendosos golpes en su puerta.

"¡Oh, George!", gritó, "¡Ya sé para qué estás llamando!".

"¡Tienes toda la razón!", le gritó. "¿Pero sabes lo que estoy golpeando CON?"

¡Esto es natural! El hombre es el único animal pervertido de la tierra. Todo tipo de perversiones.... Y durante siglos has sido condicionado a ser muy frío con el sexo. Y porque eres frío con el sexo, eres frío con todo lo demás. Tu fuente de calor desaparece.

El sexo es la fuente de la vida; es la forma en que Dios crea la existencia. Debe ser respetado, venerado. Es sagrado. El sexo es el fenómeno más sagrado de la existencia, porque es la base de toda vida. Si la vida no es sagrada, el sexo tampoco lo es. Si la vida es sagrada, el sexo es sagrado.

Pero los políticos y los sacerdotes conspiraron contra el hombre. Los políticos querían soldados; los sacerdotes querían esclavos estúpidos, gente obediente. Destruye la dignidad del hombre y se convertirá fácilmente en un esclavo obediente. Y la mejor manera de destruir su dignidad es hacerle luchar contra sí mismo: empieza a sentirse culpable porque no puede vencer.

Ahora, ¿cómo puedes conquistar el sexo o la comida? Si luchas con tu sexo te estás dividiendo en dos personas: te estás escindiendo - estás entrando voluntariamente en el mundo de los esquizofrénicos - te estás enfermando y enfermando. Luchando con tu propia energía nunca podrás salir victorioso; luchar con tu propia energía es como si hicieras una gran pelea entre tu mano derecha y tu mano izquierda. ¿Quién va a ganar? Nadie puede ganar. Sólo tus energías se disiparán, te debilitarás.

Y ocurrirá algo mayor, de consecuencias a largo plazo: si no puedes vencer a tu sexo, empezarás a sentirte tan culpable, tan feo, tan condenado, tan indigno, que estarás dispuesto a inclinarte ante cualquier estúpido. Cualquiera que pueda ser un buen simulador, un hipócrita, se convertirá en tu líder político, se convertirá en tu sacerdote religioso. Todo lo que necesita es hipocresía, todo lo que necesita es astucia, todo lo que necesita es una fachada tras la que esconderse. Vuestros políticos viven dobles vidas, vuestros sacerdotes viven dobles vidas: una por la puerta principal, la otra por la puerta de atrás. Y la vida de la puerta trasera es su verdadera vida. Esas sonrisas de la puerta delantera son sólo falsas, esas caras que parecen tan inocentes son sólo cultivadas.

Si quieres ver la realidad del político tendrás que verlo desde su puerta trasera. Ahí está en su desnudez, tal como es, y también el cura. Estos dos tipos de astutos han dominado a la humanidad. Y descubrieron muy pronto que si quieres dominar a la humanidad, hazla débil, hazla sentir culpable, hazla sentir indigna. Destruye su dignidad, quítale toda la gloria, humíllala.

Y han encontrado formas tan sutiles de humillación que no entran en escena en absoluto. Te dejan que te humilles, que te destruyas. Te han enseñado una especie de suicidio lento.

Pregúntame, Silvera: "Hay una gran cantidad de hipocresía en la India sobre el sexo."

No se trata sólo de sexo. El sexo es la hipocresía más fundamental, pero hay muchas ramas de ella. India es el país más hipócrita del mundo porque pretende ser el más religioso. La religión y la hipocresía son primas hermanas.

Ser religioso y no ser hipócrita es un fenómeno muy raro. Sólo de vez en cuando un Buda, un Bodhidharma, un Kabir, un Jesús... sólo de vez en cuando encontrarás a un hombre que sea religioso y no sea hipócrita. Pero entonces nunca toleramos a estas personas. Envenenamos a Sócrates simplemente porque era honestamente religioso. Era tan honesto que dijo: "No hay Dios. La verdad es Dios". Era tan honesto que no podía decir que hay cielo e infierno. Y porque sólo podía decir: "Si no lo sé, ¿cómo puedo hacer afirmaciones tan grandes?", fue envenenado y asesinado.

¿Cuál era su delito? El delito que se le imputaba en el tribunal era que estaba corrompiendo a la juventud. Siempre que hay un hombre como Sócrates, un amante de la verdad, un verdadero amante de Dios, parece estar corrompiendo a la gente. De hecho, intenta hacerlos auténticos y verdaderos, intenta sacarlos de sus hipocresías, pero a la multitud eso le parece corrupción.

Jesús fue crucificado por la sencilla razón de que era un rebelde, un rebelde contra toda hipocresía. Buda fue apedreado, hubo muchos atentados contra su vida, por la sencilla razón de que era un hombre sincero que decía las cosas como las veía.

Sí, existe la posibilidad de trascender el sexo, pero eso no se hace mediante la represión. Se puede trascender el sexo, y es una gran experiencia trascender el sexo, pero no se puede hacer si estás en contra de él. Sólo se puede hacer si te haces amigo de la energía, si absorbes la energía, si descubres cuál es el secreto del anhelo sexual, si encuentras la clave. Y la clave no es muy difícil de encontrar, pero los sacerdotes han desordenado tanto las cosas que ahora es casi imposible encontrar la clave. La clave es simple, pero miles de años de condicionamiento erróneo han hecho muy difícil conocer lo más simple y obvio.

¿Por qué a la gente le interesa el sexo? No es sólo una cuestión de biología, sino más bien de espiritualidad. Mi propia observación es que la gente se interesa por el sexo porque es la única ventana natural a Dios, un don natural. En los estados orgásmicos profundos, cuando los amantes se encuentran y se funden y desaparecen el uno en el otro por un momento, el tiempo desaparece, la mente desaparece, el ego desaparece y uno saborea la meditación, el samadhi, la superconciencia. Ese sabor te dará la clave.

Si puedes alcanzar la no-mente, el no-ego, el no-tiempo, sin sexo, el sexo desaparecerá de tu vida; no habrá necesidad de él. Pero eso es una desaparición. No es que lo hayas negado, no es que hayas rechazado una parte de tu ser; es absorbido, es transformado. Entonces la misma cruda energía del sexo, la misma energía biológica, llega a tales alturas.... Primero se convierte en amor, luego en oración. Es la misma energía que se mueve, que se eleva.

Recuerda: no estoy diciendo que no se pueda trascender el sexo. El sexo puede ser trascendido, debe ser trascendido, pero no a través de la represión. Nadie ha sido capaz de trascenderlo a través de la represión. Si reprimes el sexo te vuelves frío; si te vuelves frío pierdes la cualidad orgásmica.

Un día, mientras hacía el amor con su esposa, Mulla Nasruddin descubrió algo nuevo en un momento. Le preguntó a su esposa: "¿Te estoy haciendo daño, querida?".

Ella respondió: "No, ¿por qué? ¿Por qué haces esa pregunta?"

Dijo: "Debo haberlo imaginado. Por un momento pensé que te habías movido".

Ahora, hace veinte años que están casados, él es padre de siete hijos, ¡y la esposa nunca se ha mudado! Eso no se considera correcto. Las buenas mujeres no disfrutan haciendo el amor, sólo las malas disfrutan haciéndolo. Las mujeres buenas simplemente yacen muertas, completamente frías. Y cuando la mujer permanece fría, la experiencia orgásmica del hombre permanece local, genital. No llega a su alma, no llega a todo su cuerpo. Todas sus células y todas las fibras de su ser no se emocionan, no bailan. Es pobre, muy pobre. Es una liberación, un alivio, pero no una experiencia orgásmica. Sí, se libera de una carga. Su energía sexual estaba desbordada, ha aliviado la energía, pero no es realmente un éxtasis orgásmico. A través de él no ha conocido la intemporalidad, la ausencia de ego, la ausencia de mente. No ha penetrado en lo último a través de él. Ha sido un puro desperdicio en lo que a experiencia espiritual se refiere. Biológicamente está bien, puede dar a luz a niños, pero no será capaz de dar a luz a su propio ser. Su alma seguirá sin nacer.

Ahora, las mujeres se han vuelto tan frías porque llevan mucho tiempo escuchando a los curas. Y los sacerdotes las han estado alabando mucho: les han estado diciendo que son las personas más espirituales del mundo. Es a través de la mujer que el sacerdote ha destruido la dimensión orgásmica de la mujer y las alturas orgásmicas del hombre. El hombre todavía puede tener un poco de orgasmo, pero es sólo un parpadeo, nada del otro mundo, nada que pueda transformarte. Y la mujer lo ha olvidado completamente.

En Oriente, sobre todo en la India, no creo que ninguna mujer alcance nunca el gozo orgásmico. En Occidente también ocurría lo mismo en el pasado. Sólo en los últimos treinta o cuarenta años, gracias al movimiento de liberación de la mujer, algunas mujeres han alcanzado el orgasmo, no muchas, sólo el diez por ciento. El noventa por ciento de las mujeres en Occidente siguen viviendo en un estado primitivo, y el cien por cien en la India. No saben lo que es el orgasmo, no tienen ni idea de él, nunca lo han experimentado. Ahora bien, nada puede ser más cruel. Esto realmente está cortando las raíces mismas de la humanidad. Está destruyendo a la humanidad desde sus cimientos. El templo no puede ser construido.

Un guardagujas fue abordado por una prostituta en el patio del ferrocarril. Ella le convenció para que la visitara en un cobertizo cercano. El ferroviario, no muy entusiasmado, decidió utilizar un pincho de hierro en lugar de su polla.

Durante diez minutos ninguno de los participantes habló. Finalmente preguntó: "¿Te gusta?".

"Me alegro de que hayas dicho algo", respondió la mujer. "¡Tu herramienta está tan fría que temí que estuvieras muerto!"

El hombre se ha vuelto demasiado frío, y cuando el hombre se vuelve demasiado frío en su realidad, sus fantasías empiezan a ser cada vez más fuertes. Eso es la pornografía. Cuando el cuerpo está reprimido sexualmente, el sexo se traslada a la cabeza. La pornografía es sexo a través de la cabeza. Es tan estúpido como fantasear con comida en la cabeza y pensar que te va a nutrir. No te va a alimentar, te vas a morir de hambre. Se necesita comida de verdad para alimentarse.

La pornografía es sexo reprimido en su espacio natural que se ha afirmado a través de la cabeza. Y tiene muchos peligros. Un peligro es: si te interesas demasiado por la pornografía -lo que ha ocurrido en todo el mundo- entonces la mujer real no parece tan atractiva y el hombre real no parece tan atractivo. Entonces surge un gran problema: tu fantasía necesita a la mujer que has visto en la revista PLAYBOY. Pero no puedes encontrar a esa mujer en ninguna parte - cualquiera que encuentres se quedará corta. Ahora nada le satisfará. Poco a poco la realidad se vuelve irreal y lo irreal se vuelve más real.

Pero toda la culpa es de los llamados religiosos, que son los que quieren que el hombre se libere de todo tipo de esclavitud. Quieren que la gente se libere de la esclavitud del sexo, y son ellos los que mantienen al hombre en la esclavitud sexual. Ellos son los culpables, ellos son los criminales. Pero parecen ser grandes moralistas, grandes puritanos: contra la pornografía, contra los besos en las películas, contra los abrazos en la calle, contra todo tipo de relaciones cálidas, contra cualquier expresión de amor apasionado. Enfrían a todo el mundo. Entonces estas personas frías empiezan a moverse hacia la cabeza; no hay otro camino. ¿Adónde más se puede ir?

La pornografía desaparecerá el día que desaparezcan los sacerdotes, de lo contrario no va a desaparecer. Y recuerden, las prostitutas también desaparecerán el día que desaparezcan los sacerdotes. La prostituta es la contraparte del sacerdote; si el sacerdote permanece, la prostituta va a permanecer. La prostituta es la creación del sacerdote.

Usted me pregunta: "En la India hay mucha hipocresía sobre el sexo. La gente ni siquiera está dispuesta a hablar de ello abiertamente y, sin embargo, cada vez proliferan más las fotos de desnudos y la obsesión por ellas."

Eso es natural. Si la gente no habla de ello, si no tiene el valor suficiente para hablar de ello con franqueza, si no puede vivir su vida con naturalidad, está obligada a encontrar formas subterráneas. La naturaleza es persistente. No es fácil trascender la naturaleza; para trascender la naturaleza se necesita una gran habilidad. Buda dice:

gran upaya - gran habilidad, gran arte, gran comprensión.

Sí, la trascendencia es hermosa, te trae una gran bendición, pero antes tienes que ser inmensamente artero, comprensivo, meditativo. Esta no es la manera de ir más allá.

En ese sentido, la pornografía es una ayuda en dos sentidos. Es una ayuda para las víctimas de los curas. Las víctimas lo necesitan, de lo contrario se volverían locas, enloquecerían. La pornografía las mantiene cuerdas. Sirve a un gran propósito humanitario. Puede que no hayas pensado en ello de esa manera, pero la pornografía sirve a un gran propósito: mantiene a la gente un poco cuerda y sana, porque así su sexualidad puede tener una salida clandestina. Si cierras todas las salidas, la gente empezará a explotar en la locura.

Y si la pornografía está permitida, aceptada -en el cine, en la televisión, en las películas, en las revistas, en los libros-, ayudará a la gente a salir de sus escondites. Será beneficioso. Ayudará a la gente a hablar de sexo con más claridad, con más verdad, con más sinceridad. El sexo dejará de ser un tabú. Y cuando algo sale a la luz, se producen grandes cambios.

Saca tu ser interior a la intemperie, al viento, al sol, a la lluvia, y te sorprenderás:

te vuelves más limpio, más puro, sin peso. Tu comprensión crece, tu integridad crece, tu autoestima crece, tu independencia crece, y cada vez dependes menos de los demás: líderes políticos, sacerdotes religiosos.

En mi visión de la vida, el mundo será un mundo hermoso si conseguimos librarnos de los políticos y los curas.

Estas son las personas que no permiten a la humanidad vivir su vida totalmente.

Sí, Silvera, la pornografía puede ayudar: puede sacar por fin el sexo a la luz. Y si la gente empieza a hablar de ello abiertamente, con franqueza, sin tapujos, sin prejuicios ni condenas.... Porque es un fenómeno natural, tan natural como las flores, tan natural como las estrellas.

Si la gente empieza a hablar de sexo y a estudiarlo con naturalidad, sin ningún sentimiento de culpa, ocurrirán dos cosas.

Lo más extraño será que desaparezca la pornografía. ¿A quién le interesa una foto de un desnudo si puede alcanzar el gozo orgásmico con una mujer? A menos que sea completamente estúpido, ¿por qué debería interesarle?

Una imagen es sólo una imagen. No hay nada, nadie, sólo unos pocos colores y unas pocas líneas dispuestas de una determinada manera. No te dejas engañar por la comida de un cuadro; no llevas ese cuadro cerca de tu corazón, pensando que siempre que tengas hambre mirarás el cuadro y te saciará.

Pero tú sigues llevando las fotos de desnudos cerca de tu corazón. El hombre que piensa que puede alimentarse y vivir de este "alimento" mirando fotos de comida deliciosa es un tonto. Y también lo es la persona que piensa que llevando fotos de desnudos puede tener alguna percepción de la cumbre última del sexo, de la experiencia orgásmica.

Una vez vino un hombre a ver a Picasso -era realista- y le dijo: "Tus cuadros son absolutamente irreales. Soy un filósofo realista y he venido a decirle que está perdiendo el tiempo. Sea realista".

Picasso preguntó: "¿Qué entiendes por ser realista?".

Inmediatamente sacó una foto de su mujer del bolso, se la enseñó a Picasso y le dijo: "Esta es una fotografía de mi mujer. Representa exactamente cómo es mi mujer. Es una foto realista. Y he visto tus retratos de mujeres: es muy difícil encontrar lo que realmente quieres representar".

Y es cierto. Una vez una mujer le pidió a Picasso que le hiciera un retrato, y él lo hizo. Tardó seis meses y exigió un precio fabuloso por él. La mujer le dijo: "De acuerdo, te pagaré, pero sólo hay una cosa: mi nariz no está bien en el retrato, así que hazla bien".

Picasso miró el cuadro y dijo: "Eso es imposible".

La mujer dijo: "¿Por qué es imposible? Estoy dispuesta a pagar".

Me dijo: "Esa no es la cuestión. Ahora no sé dónde he pintado la nariz".

Así que este hombre tuvo razón al enseñarle un cuadro de su mujer. Picasso miró el cuadro y dijo: "¿Esto es algo realista?".

El hombre dijo: "Sí, absolutamente representativo, absolutamente realista".

Picasso dijo: "Entonces tienes una mujer muy pequeña... ¡y muy plana, además!".

Una fotografía es una fotografía - plana; no puedes encontrar ninguna de las curvas de tu mujer en la fotografía.

Podéis seguir buscando vidas juntos, pero no encontraréis nada. No hay nada.

Si la pornografía se convierte en algo aceptado, una cosa será.... Y no hay nada malo en ello. Si alguien disfruta viendo una foto desnudo, no es asunto de nadie interferir. Ni la ley ni el gobierno ni la policía tienen derecho a interferir. Si disfruta, simplemente está disfrutando de una foto; no está interfiriendo en la vida de nadie. Pero parece que está haciendo algo malo. De hecho, disfrutar se ha convertido en algo malo.

Durante miles de años se nos ha dicho que disfrutar es algo pecaminoso. Ser desgraciado está bien, ser alegre está mal. Así que destruimos la alegría de la gente de todas las formas posibles. Nos inmiscuimos en su vida privada. Ahora bien, esto es absolutamente personal: una persona disfrutando de una foto desnuda; no es asunto de nadie meterse en ello. Pero la policía está ahí, el magistrado está ahí, la ley está ahí, el gobierno está ahí, el cura está ahí, y toda la multitud, sólo porque está disfrutando de una foto.

¡Y está disfrutando de la foto por culpa de estas mismas personas! Estas son las personas que han creado todo el problema. Primero crean el problema y luego están ahí para aconsejarte cómo deshacerte de él.

Dos hombres tenían un negocio: eran socios. El primero llegaba a un pueblo y por la noche echaba alquitrán de hulla en las ventanas y puertas de la gente. Y al cabo de tres o cuatro días, el segundo venía a limpiarlo. Si alguien se lo pedía, si estaba dispuesto a limpiar el alquitrán de hulla, lo limpiaba. Para entonces el otro socio estaría destruyendo alguna otra ciudad. Así ganaban mucho dinero. Un bonito trabajo, ¡sin inversión! Uno va destruyendo los cristales de las ventanas de la gente, y el otro viene a limpiarlos.

Esto es lo que tus sacerdotes, tu policía, tus políticos, han estado haciendo a lo largo de los tiempos: te destruyen y luego están listos para ayudarte. Te tiran al barro y luego están allí, grandes salvadores, para salvarte. ¿Quién te ha tirado al barro en primer lugar? Pero entonces, si no te tiran al barro, no pueden ser salvadores. Para ser salvadores, primero tienen que tirarte al barro y luego te salvarán, y sus nombres permanecerán en la historia y se hablará de ellos durante siglos como grandes hombres.

Amo lo ordinario, lo natural, al hombre sencillo. No respeto a los grandes hombres, a los llamados grandes hombres. Tengo un tremendo respeto por el ser humano ordinario, natural.

La pornografía puede serte de gran ayuda -te ayudará a librarte de tus curas-, pero la pornografía por sí sola no te servirá de mucho para crecer interiormente. Tendrás que buscar, indagar, en tu energía sexual mucho más profundamente. Tendrás que viajar al núcleo más profundo de tu ser y descubrir qué es lo que te atrae.

¿Ha visto alguna vez a animales haciendo el amor? Si no lo ha hecho, véalo y se sorprenderá. Una gran revelación le estará esperando: los animales no disfrutan haciendo el amor.

Es un hecho probado: ningún animal disfruta haciendo el amor; es casi una compulsión, una compulsión natural a la que tiene que someterse. En el momento en que termina el acto amoroso, la hembra y el macho siguen su camino, y puedes ver sus caras, en sus ojos: están tristes, frustrados, tal vez preguntándose en el fondo por qué se meten en esta tontería una y otra vez. Sólo el hombre tiene la capacidad de alcanzar el gozo orgásmico.

El sexo es animal, pero el sexo con alegría es humano. Es algo absolutamente humano; con gran alegría, con calidez, es una prerrogativa de los seres humanos. Los animales que hacen el amor parecen casi como si estuvieran peleando, como si hubiera una riña, como si el macho estuviera atacando a la hembra y la hembra simplemente lo aceptara.

Si ella no acepta, el macho puede volverse aún más agresivo y puede resultar fatal. Así que ella simplemente acepta y cede, pero se siente humillada. Y el macho también parece no saber por qué lo hace.

Pero en los seres humanos es un fenómeno totalmente distinto. Es un asunto muy suave y delicado. Es poesía, es música. Es la fuente de toda poesía, de toda música, de todo gran arte.

La pornografía ayudará un poco, por supuesto, pero no mucho. Tendrás que adentrarte en exploraciones más profundas de las energías sexuales. Tendrás que volver a aprender algo de Tantra.

Ese es todo mi esfuerzo aquí: introducir un neo-Tantra en el mundo, una nueva visión del amor y de las posibilidades del amor, y una visión de la realidad del orgasmo - porque el orgasmo es tu mayor fuente para encontrar a Dios, la armonía, la verdad, la unidad universal de toda la vida. Si puedes ser uno con una mujer, con un hombre, tienes la llave secreta en tus manos. Puedes ser uno con todo el universo, con todo el cosmos.

Intento daros una religión totalmente nueva: una religión que ama la vida, una religión que afirma la vida, una religión que es un profundo romance con el universo. Las viejas religiones están acabadas; sus días han pasado. La humanidad necesita una nueva perspectiva. La humanidad necesita una mente totalmente nueva: un hombre nuevo que ame la vida, que esté ebrio de la alegría de vivir, que sepa bailar con los árboles y cantar con los pájaros y que no esté en contra de nada, sino siempre dispuesto a transformar las cosas en planos superiores.

Sí, el sexo puede transformarse en amor y el amor puede transformarse en oración. Cuando el sexo se convierte en oración has llegado a casa.

La segunda pregunta:

AMADO MAESTRO,

Pregunta 2:

CUANDO DIJISTE QUE SOLO FINGIA SER UN DISCIPULO, ME DEMOLISTE POR COMPLETO. FUI APLASTADO. SE ME CAYÓ EL FONDO DE TODO. PERO AHORA, VEINTICUATRO HORAS DESPUÉS, DEBO CONFESAR QUE ME SIENTO MUY BIEN Y DESPIERTO.

ES COMO UNA NUEVA MAÑANA. LO QUE DECIDAS HACER CONMIGO, TE LO AGRADEZCO.

Santosh, te he pegado fuerte sólo para que te despiertes. Es por compasión y amor. No hay ninguna otra razón, ningún otro motivo en absoluto. No tengo nada que ganar de ti, no tengo ningún deseo que cumplir. Puedo morir en este mismo momento porque no tengo nada que hacer mañana. Cada momento es completo, cada momento es más que suficiente. Así que si a veces te golpeo, recuerda siempre, debe ser porque te considero digno de ser golpeado.

No golpeo a cualquiera ni a todo el mundo. Sólo golpeo a las personas elegidas, sólo golpeo cuando veo el potencial, cuando veo que el golpe va a despertarte. Al principio, por supuesto, es una experiencia dolorosa, es un rayo caído del cielo... y tan inesperado.

Santosh no se lo esperaba y, de repente, la espada desciende sobre su garganta y, antes de que pueda decir nada, el trabajo está hecho. Es un trabajo muy sutil. Tardaste veinticuatro horas en ver el punto, Santosh, pero incluso si puedes verlo después de veinticuatro horas, eso es muy pronto. Hay personas que no lo verán hasta pasados meses, años o vidas.

Me alegro de que te sientas bien y despierto, de que sientas una nueva mañana. Se ha destruido alguna roca que te impedía acercarte a mí, se ha abierto alguna puerta. Y no me preocupo por las llaves; si faltan las llaves, ¡martilleo la cerradura! Me alegro de que lo hayas entendido. No vuelvas a olvidarlo.

La mente tiende a olvidar. La mente es un olvido. Tienes que recordar continuamente dónde estás, por qué estás aquí. No estás viviendo de forma mundana, en el mercado. Estás viviendo en un campo búdico. Te has convertido en parte de un gran peregrinaje. Sé consciente de ello, sé consciente de la gran oportunidad. No permanezcáis inconscientes conmigo, porque cuanto más conscientes seáis, mayor será la posibilidad de que, antes de que yo abandone el cuerpo, muchos de vosotros os hayáis iluminado. Mi esfuerzo es este: Me gustaría dejar miles de personas iluminadas. Y no es imposible; cada día siento que la posibilidad se hace más y más real, más y más personas se sintonizan conmigo, se sienten en casa conmigo. No te quedes atrás. Recuérdalo ahora.

Por supuesto, si vuelves a olvidarlo, volveré a martillearte, y la próxima vez será más doloroso, porque entonces necesitarás más martillazos para que puedas recordar. Sé como el caballo del que habla Buda, para el que sólo basta la sombra del látigo. Sí, una persona inteligente no necesita que le repitan lo mismo una y otra vez.

Y Santosh es inteligente, una de las personas más inteligentes aquí, pero dormido. Gran potencial, gran posibilidad, pero en la semilla. ¡Ha llegado el momento, Santosh! Cae en la tierra. Deja que la semilla muera para que tú puedas nacer.

La tercera pregunta:

AMADO MAESTRO,

Pregunta 3:

EL DRAMA DE MI VIDA AMOROSA REFLEJA AHORA UN VIEJO DICHO DE HUMPHREY BOGART: LAS MUJERES - SON UN INFIERNO PARA VIVIR CON ELLAS, Y UN INFIERNO PARA VIVIR SIN ELLAS. ¿QUÉ HACER?

Deva Abhiyana, uno tiene que pasar por este infierno. Uno tiene que experimentar tanto el infierno de vivir con una mujer como el infierno de vivir sin una mujer. Y no sólo es cierto en el caso de las mujeres, también es exactamente cierto en el caso de los hombres. Así que no seas un cerdo machista. Es aplicable en ambos sentidos, es un arma de doble filo. Las mujeres también están cansadas de vivir con hombres y también se sienten frustradas cuando tienen que vivir solas. Es uno de los dilemas humanos más fundamentales; hay que entenderlo. No puedes vivir sin una mujer porque no sabes vivir contigo mismo. No eres lo suficientemente meditativo.

La meditación es el arte de vivir contigo mismo. No es más que eso, simplemente eso: el arte de estar gozosamente solo. Un meditador puede sentarse gozosamente solo durante meses, durante años. No anhela al otro, porque su propio éxtasis interior es tanto, es tan abrumador, que ¿quién se preocupa por el otro? Si el otro entra en su vida no es una necesidad, es un lujo.

Y estoy a favor del lujo, porque el lujo significa que puedes disfrutarlo si está ahí y puedes disfrutarlo cuando no está ahí. Una necesidad es un fenómeno difícil. Por ejemplo, el pan y la mantequilla son necesidades, pero las flores del jardín son un lujo. Puedes vivir sin las flores, no morirás, pero no puedes vivir sin pan ni mantequilla.

Para el hombre que no puede vivir consigo mismo, el otro es una necesidad, una necesidad absoluta, porque siempre que está solo se aburre de sí mismo, tanto que desea alguna ocupación con otra persona.

Porque es una necesidad se convierte en una dependencia, tienes que depender del otro. Y como se convierte en dependencia, odias, te rebelas, te resistes, porque es una esclavitud. La dependencia es un tipo de esclavitud, y nadie quiere ser esclavo.

Abhiyana se encuentra con una mujer - Abhiyana no es capaz de vivir solo. La mujer tampoco puede vivir sola, por eso se encuentra con Abhiyana; de otro modo no habría necesidad. Ambos están aburridos de sí mismos y ambos están pensando que el otro les ayudará a deshacerse del aburrimiento. Sí, al principio parece así, pero sólo al principio. A medida que se asientan juntos, pronto ven que el aburrimiento no se destruye, sino que no sólo se duplica, sino que se multiplica. Primero se aburrían de sí mismos, ahora también se aburren del otro, porque cuanto más te acercas al otro, cuanto más lo conoces, más se convierte en parte de ti.

Por eso, si ves pasar a una pareja aburrida, puedes estar seguro de que están casados. Si no están aburridos, puedes estar seguro de que no están casados. El hombre debe estar paseando con la mujer de otro, por eso hay tanta alegría.

Una vez viajaba en tren. En mi compartimento había una mujer, y su acompañante solía entrar en cada estación, a veces con helado, a veces con fruta, a veces con esto, a veces con aquello.

Le pregunté a la mujer: "¿Está casada? ¿Quién es este hombre?"

Me dijo: "Es mi marido y llevamos casados siete años".

Le dije: "¡Es un error! Si fuera tu marido, habría desaparecido en su compartimento y no habría aparecido. Aparece en todas las estaciones. No puedo creerte. Sé sincera conmigo".

Parecía desconcertada. Ella dijo: "Pero, ¿cómo has llegado a saber?"

Le dije: "No es gran cosa; es algo sencillo. Viene tan extasiado que no puede ser tu marido".

Ella dijo: "Tienes razón. No es mi marido, es el marido de mi amiga, y nos vamos en secreto al Himalaya sólo para pasar allí siete o diez días juntos. Es mi amante".

Cuando estás enamorado -cuando aún no has convencido a la mujer y la mujer aún no te ha convencido a ti de estar juntos para siempre-, ambos fingís una gran alegría. Y algo de eso es verdad, también, por la esperanza de que "Quién sabe, puede que salga de mi aburrimiento, de mi angustia, de mi ansiedad, de mi soledad. Esta mujer puede ayudarme". Y la mujer también tiene esperanzas. Pero una vez juntos, las esperanzas desaparecen pronto, la desesperación se instala de nuevo. Ahora estás aburrido y el problema se ha multiplicado. Ahora, ¿cómo librarse de esta mujer?

Como no eres meditativo, necesitas a los demás para mantenerte ocupado. Y porque no eres meditativo tampoco eres capaz de amar, porque el amor es una alegría desbordante. Estás aburrido de ti mismo. ¿Qué tienes que compartir con el otro? Por lo tanto, estar con el otro también se convierte en un infierno.

En ese sentido, Jean-Paul Sartre tiene razón cuando dice que el otro es el infierno. El otro no es realmente el infierno, sólo lo parece. El infierno existe en ti, en tu falta de meditación, en tu incapacidad para estar solo y extasiado.

Y ambos son incapaces de estar solos y extasiados. Ahora ambos están en la garganta del otro, continuamente tratando de arrebatar un poco de felicidad el uno del otro. Ambos están haciendo eso y ambos son mendigos.

Lo he oído:

Un psicoanalista se encontró con otro psicoanalista en la calle. El primero le dijo al otro: "Tienes buen aspecto. ¿Cómo estoy yo?"

Nadie sabe de sí mismo, nadie se conoce. Sólo vemos las caras de los demás. Una mujer parece hermosa, un hombre parece hermoso, sonriente, todo sonrisas. No conocemos su angustia.

Tal vez todas esas sonrisas no sean más que una fachada para engañar a los demás y engañarse a sí mismo. Tal vez detrás de esas sonrisas hay grandes lágrimas. Tal vez teme que si no sonríe puede empezar a llorar.

Pero cuando ves al otro simplemente ves la superficie, te enamoras de la superficie. Pero cuando te acercas, pronto sabes que las profundidades interiores de la otra persona son tan oscuras como las tuyas.

Él es un mendigo igual que tú. Ahora... dos mendigos mendigándose el uno al otro. Entonces se convierte en un infierno.

Sí, Abhiyana, tienes razón: "Las mujeres - son el infierno para vivir con ellas, y el infierno para vivir sin ellas".

No es una cuestión de mujeres en absoluto, ni una cuestión de hombres; es una cuestión de meditación y amor.

La meditación es la fuente de la que brota la alegría y comienza a desbordarse. Si tienes suficiente alegría para compartir, entonces sólo tu amor será una satisfacción. Si no tienes suficiente alegría para compartir, tu amor será cansado, agotador, aburrido.

Así que siempre que estás con una mujer te aburres y quieres deshacerte de ella, y siempre que estás solo te aburres de ti mismo y quieres deshacerte de tu soledad, y buscas y buscas una mujer. Es un círculo vicioso. Puedes seguir moviéndote como un péndulo de un extremo al otro toda tu vida.

¡Vean el verdadero problema! El verdadero problema no tiene nada que ver con el hombre y la mujer. El verdadero problema tiene que ver con la meditación y el florecimiento de la meditación en el amor, en la alegría, en la bienaventuranza.

Primero medita, sé dichoso, entonces mucho amor sucederá por sí mismo. Entonces estar con otros es hermoso y estar solo también es hermoso. Entonces también es sencillo. No dependes de los demás y no haces que los demás dependan de ti. Entonces es siempre una amistad, una amabilidad. Nunca se convierte en una relación, siempre es una relación. Te relacionas, pero no creas un matrimonio.

El matrimonio es por miedo, la relación es por amor.

Te relacionas; mientras las cosas vayan bien, compartes. Y si ves que ha llegado el momento de partir, porque vuestros caminos se separan en esta encrucijada, te despides con gran gratitud por todo lo que el otro ha sido para ti, por todas las alegrías y todos los placeres y todos los bellos momentos que has compartido con el otro. Sin miseria, sin dolor, simplemente os separáis.

Nadie puede garantizar que dos personas vayan a ser felices juntas siempre, porque la gente cambia.

Cuando conoces a una mujer, ella es una persona, tú eres una persona. Después de diez años tú serás otra persona, ella será otra persona. Es como un río: el agua fluye continuamente. Las personas que se habían enamorado ya no están ahí, ambos ya no están ahí. Ahora puedes seguir aferrándote a una promesa que te ha hecho otra persona, pero tú no la has hecho.

Un verdadero hombre comprensivo nunca promete para mañana, sólo puede decir: "Por el momento". Un hombre realmente sincero no puede prometer nada. ¿Cómo puede prometer? ¿Quién sabe el mañana?

Mañana puede venir, puede no venir. Mañana puede venir: "Yo no seré el mismo, tú no serás el mismo". Mañana puede venir: "Puede que encuentres a alguien con quien encajes más profundamente, puede que yo encuentre a alguien con quien vaya más armoniosamente". El mundo es inmenso. ¿Por qué agotarlo hoy? Mantén las puertas abiertas, mantén las alternativas abiertas.

Estoy en contra del matrimonio. Es el matrimonio el que crea problemas. Es el matrimonio el que se ha vuelto muy feo. La institución más fea del mundo es el matrimonio, porque obliga a las personas a ser falsas: han cambiado, pero siguen fingiendo que son las mismas.

Un anciano de ochenta años celebraba su quincuagésimo aniversario de boda con su mujer, de setenta y cinco. Fueron al mismo hotel, a la misma estación de montaña donde habían pasado su luna de miel. ¡Qué nostalgia! Ahora él tiene ochenta años y ella setenta y cinco. Reservaron en el mismo hotel y cogieron la misma habitación. Intentaban volver a vivir aquellos hermosos días de hace cincuenta años.

Y cuando se iban a dormir, la mujer dijo: "¿Te has olvidado? ¿No vas a besarme como me besaste en nuestra noche de luna de miel?".

El viejo dijo: "De acuerdo". Así que se levantó.

La mujer preguntó: "¿Adónde vas?".

Dijo: "Voy a buscar mis dientes al baño".

Todo ha cambiado. Ahora este beso sin dientes o con dientes postizos no va a ser el mismo beso. Pero el hombre dice: "De acuerdo". El viaje debe haber sido agotador, y para una persona de ochenta años.... Pero la gente sigue comportándose como si fuera lo mismo.

Una anciana y un anciano se casaron. Debe haber ocurrido en América, ¡dónde si no! En América nadie parece envejecer, todo el mundo finge ser joven.

Así que se fueron de luna de miel. El anciano tomó la mano de la esposa entre las suyas y la apretó durante dos o tres minutos -eso era todo lo que podían hacer en cuanto a hacer el amor- y luego se fueron a dormir.

Al día siguiente, volvió a apretar la mano de la anciana, pero esta vez sólo durante un minuto; tres minutos quizá hubieran sido demasiado. Y al tercer día, justo cuando iba a apretar la mano de la mujer, ésta dijo, volviéndose hacia el otro lado: "Hoy me duele la cabeza".

Muy pocas personas crecen de verdad; aunque envejezcan, no crecen. Envejecer no es madurar. La verdadera madurez llega a través de la meditación.

Aprende a estar en silencio, en paz, quieto. Aprende a ser una no-mente. Ese tiene que ser el comienzo para todos los sannyasins. No se puede hacer nada antes de eso y todo se vuelve más fácil después de eso. Cuando te encuentres completamente feliz y dichoso, entonces aunque ocurra la tercera guerra mundial y el mundo entero desaparezca dejándote solo, no te afectará. Seguirás sentado bajo tu árbol haciendo vipassana.

El día que llegue ese momento en tu vida podrás compartir tu alegría: ahora eres capaz de dar amor.

Antes va a ser miseria, esperanzas y frustraciones, deseos y fracasos, sueños... y luego polvo en la mano y en la boca.

Cuidado, no pierdas el tiempo. Cuanto antes te sintonices con la no-mente, mejor. Entonces pueden florecer en ti muchas cosas: amor, creatividad, espontaneidad, alegría, oración, gratitud, Dios.

La última pregunta:

AMADO MAESTRO,

Pregunta 4:

NUNCA RECUERDO LO QUE ME DICES ¿QUÉ DEBO HACER?

Savito, no hay necesidad de recordar lo que digo. Las palabras no tienen ninguna importancia. Aquí no sois estudiantes; no va a haber ningún examen. No es necesario que recordéis mis palabras. Sólo empápate de mí, del espíritu del lugar, del sabor de mi ser. Dejad que mi silencio os alcance. Si olvidáis las palabras, no pasa nada; hay que olvidarlas porque, de lo contrario, se os agolparán en la mente.

No estoy aquí para darte más información; estoy aquí para darte TRANSformación. Para la transformación, la memoria no es necesaria, así que no te preocupes. Mucha gente se preocupa: "Seguimos olvidando lo que dices". Seguís pensando que estáis en una universidad o en una escuela o en un colegio, y que más tarde os examinarán y tendréis que reproducir. No hay que reproducir nada, nadie va a preguntar nada. Al menos yo nunca te voy a preguntar nada.

Utilizo las palabras para transmitir silencio. Utilizo las palabras para mantener tu mente ocupada y que pueda haber una comunión de corazón a corazón. La mente se ocupa con las palabras, y como un ladrón puedo entrar en tu corazón. Tengo mis propios trucos. Te cuento un chiste, te echas a reír, abres la boca... ¡y ya estoy dentro!

Savito, una broma para ti:

Sol y Abe, dos viudos de ochenta y cinco años, estaban sentados en un banco de un parque de San Petersburgo, Florida. Sol le hablaba a Abe de una chica local con la que había salido la noche anterior.

"¿Qué has hecho?", preguntó Abe.

"Nos registramos en un motel, nos metimos en la cama y canté 'Those were the Days'".

"Parece una velada estupenda", dijo Abe. "¿Te importa si la saco esta noche?"

"Claro, adelante".

Al día siguiente, Sol dijo: "¿Cómo te fue anoche?".

"Bien."

"¿Qué has hecho?"

"Bueno, conseguimos una habitación de motel y nos metimos en la cama. No me acordaba de la canción, así que me la tiré".

Suficiente por hoy.

Verdaderamente correcto

PREGUNTA: ¿QUÉ ESTÁ BIEN Y QUÉ ESTÁ MAL?

RESPUESTA: LA DISCRIMINACIÓN SIN MENTE ES CORRECTA. LA DISCRIMINACIÓN CON MENTE ES INCORRECTA. CUANDO UNO TRASCIENDE LO CORRECTO Y LO INCORRECTO, ES VERDADERAMENTE CORRECTO. EN UN SUTRA SE DICE: "CUANDO UNO HABITA EN EL CAMINO CORRECTO, NO DISCRIMINA "ESTO ESTÁ BIEN, ESTO ESTÁ MAL"".

PREGUNTA: ¿QUÉ ES UN ESTUDIANTE SAGAZ Y QUÉ ES UN ESTUDIANTE ABURRIDO?

RESPUESTA: UN ESTUDIANTE SAGAZ NO DEPENDE DE LAS PALABRAS DE SU MAESTRO, SINO QUE UTILIZA SU PROPIA EXPERIENCIA PARA ENCONTRAR LA VERDAD. UN ESTUDIANTE TORPE DEPENDE DE LLEGAR A UNA COMPRENSIÓN GRADUAL A TRAVÉS DE LA PALABRA DE SU MAESTRO: UN MAESTRO TIENE DOS TIPOS DE ESTUDIANTES; UNO ESCUCHA LAS PALABRAS DEL MAESTRO SIN AFERRARSE A LO MATERIAL NI A LO INMATERIAL, SIN APEGARSE A LA FORMA NI A LA NO FORMA, SIN PENSAR EN OBJETOS ANIMADOS NI EN OBJETOS INANIMADOS.... ÉSTE ES EL ESTUDIANTE SAGAZ; EL OTRO, QUE ESTÁ ÁVIDO DE COMPRENSIÓN, ACUMULA SIGNIFICADOS Y MEZCLA LO BUENO Y LO MALO, ES EL ESTUDIANTE TORPE. EL ESTUDIANTE SAGAZ COMPRENDE AL INSTANTE; NO LEVANTA UNA MENTE INFERIOR CUANDO ESCUCHA LA ENSEÑANZA, NI SIGUE LA MENTE DEL SABIO, TRASCIENDE

TANTO LA SABIDURÍA COMO LA IGNORANCIA. AUNQUE UNO ESCUCHE LA ENSEÑANZA Y NO SE AFERRE A LOS DESEOS MUNDANOS, NO AME A BUDA NI EL CAMINO VERDADERO, SI, CUANDO TIENE QUE SELECCIONAR UNA DE DOS, SELECCIONA LA QUIETUD DE LA CONFUSIÓN, LA SABIDURÍA DE LA IGNORANCIA, LA INACTIVIDAD DE LA ACTIVIDAD Y SE AFERRA A UNA U OTRA DE ELLAS, ENTONCES ES UN ESTUDIANTE TORPE. SI UNO TRASCIENDE TANTO LA SABIDURÍA COMO LA IGNORANCIA, NO TIENE CODICIA POR LA ENSEÑANZA, NO VIVE EN EL RECOGIMIENTO CORRECTO, NO ELEVA EL PENSAMIENTO CORRECTO Y NO TIENE ASPIRACIONES DE SER UN PRATYEKA-BUDDHA O UN BODHISATTVA, ENTONCES ES UN ESTUDIANTE SAGAZ.

Uno de los misterios más desconcertantes y confusos de la vida es que un buda hable con quienes aún no lo son. Es casi como hablar a un hombre que está profundamente dormido. Sí, si gritas lo bastante fuerte algo de tu voz, algo de tus palabras puede penetrar en el sueño del durmiente -incluso puede que lleguen a su mente-, aunque tendrán que pasar por muchos muchos sueños. Estarán distorsionadas, desfiguradas, no serán las mismas, y el significado que el durmiente dará a esas palabras será el suyo propio. Pero no hay otro camino.

Sólo hay tres posibilidades. El dormido que habla con otro que también está dormido; ésa es la primera posibilidad. Eso es lo que sigue ocurriendo en todo el mundo: durmientes que hablan con otros durmientes, sonámbulos que intentan comunicarse con otros sonámbulos. Sólo que de ahí surgen grandes conflictos, mucho ruido:

... UN CUENTO CONTADO POR UN IDIOTA, LLENO DE RUIDO Y FURIA, QUE NO SIGNIFICA NADA.

Sí, eso es exactamente lo que ocurre.

El mundo entero es un caos, porque la gente que no sabe lo que dice sigue diciendo cosas a otros que no pueden oír, que no están en condiciones de oír. Y seguimos interpretando según nuestros propios prejuicios, seguimos imponiendo nuestros significados a las palabras de los demás. Los demás sólo funcionan como pantallas y nosotros proyectamos en ellas nuestras propias películas.

He oído una antigua historia:

Una vez, un gran emperador, un chakravartin, que gobernaba toda la tierra, decidió que si el mundo entero dejara de hacer todo tipo de ruido aunque sólo fuera durante un minuto, ese silencio sería una experiencia increíble.

Pero, ¿cómo convencer a la gente de que se detuviera totalmente durante un minuto, que el mundo entero se detuviera durante un minuto, que no se hablara? Aunque era un gran emperador, no era factible. Preguntó a sus sabios.

Dijeron: "Parece una tarea imposible. ¿Cómo podremos gestionarlo? ¿Cómo lo vigilaremos?

¿Quién puede impedir que la gente hable y haga ruido? Millones de personas. Tu ejército es grande, pero comparado con la gente tu ejército no es nada".

Entonces se levantó un místico y le dijo al rey: "Yo puedo lograrlo. Conozco el secreto".

Susurró el secreto a los oídos del rey y el secreto funcionó. El secreto era muy extraño, como son siempre muy extraños los caminos de los místicos. En la superficie parecen una cosa, pero en el fondo son otra, tal vez exactamente lo contrario de lo que parecen en la superficie.

El místico le dijo al rey: "Anuncia que un día determinado, a las doce del mediodía, el mundo entero tiene que gritar al unísono el sonido 'Hoo' durante un minuto. El mundo entero tiene que gritarlo. Nadie puede no gritarlo, todo el mundo tiene que participar".

El rey dijo: "¿De qué estás hablando? Quiero que el mundo caiga en la paz absoluta durante un minuto".

El místico dijo: "¡Conozco a la gente! Sólo tienes que seguir lo que te digo y ocurrirá lo que quieres".

Y ocurrió de verdad. El rey hizo la declaración, se fijó el día y la gente esperó ansiosa ese momento. El mundo entero gritando "Hoo" durante un minuto: ¡iba a ser algo extraordinario! Todo el mundo pensó: "No voy a gritar, voy a escuchar. ¿Por qué perder una oportunidad así? El rey en persona quiere escuchar, ¿por qué iba yo a perder la oportunidad? ¿Y quién se va a enterar? Cuando todo el mundo esté gritando Hoo, ¿quién se va a enterar de que yo no he participado?".

Y así pensaron todos. Exactamente a las doce en punto, durante un minuto hubo silencio absoluto, ni un solo ruido. El místico lo había conseguido. Y el rey quedó transformado por el silencio tan profundo - su belleza, su música, su gracia exquisita. Se convirtió en el comienzo de su propia meditación.

Si el mero hecho de que el ruido exterior cese durante un minuto te proporciona tal quietud, tan dulce silencio, ¿qué ocurrirá cuando tu mente interior deje de hacer ruido? Fue un momento decisivo en la vida del emperador.

Pero normalmente el mundo hace ruido continuamente; todo el mundo hace ruido. Las personas que hacen mucho más ruido que los demás se consideran líderes, políticos; se les considera grandes hombres. Los periódicos y, más tarde, los historiadores sólo te considerarán grande si tienes un valor molesto, si puedes crear problemas. Si puedes crear problemas como Adolf Hitler, Joseph Stalin o Mao Zedong, entonces te considerarán un gran líder. Si puedes crear problemas como el ayatolá Jomeini, entonces te considerarán un gran santo. Tu valor depende de las molestias que puedas crear en el mundo. Todo el mundo quiere ser alguien, de ahí que todo el mundo tenga que fingir, gritar fuerte. Todo el mundo tiene que demostrar que "no puedes tratarme como a un don nadie".

Es entre esta locura, entre esta gente demente, que uno que se ha vuelto despierto tiene que transmitir el mensaje. Es casi una hazaña imposible. Es un milagro que de vez en cuando alguien sea capaz de escuchar.

La primera posibilidad es: durmientes hablando con otros durmientes. Hablan mucho, dicen tonterías; obviamente no pueden hablar con sentido. Dos personas durmiendo - sólo pueden hacer ruidos absurdos. No puede haber ninguna posibilidad de comunicación.

De ahí que en el mundo no haya comunicación: el marido gritando a la mujer, la mujer gritando al marido... y nadie entiende a nadie. El mundo carece absoluta y totalmente de comprensión. La comprensión es nula. La gente sigue arrastrándose de alguna manera. Sí, se adaptan los unos a los otros, pero eso no es comprensión. Es sólo por el fracaso continuo, la desesperación, la decepción, que hacen algunos arreglos, porque todo el mundo tiene que vivir y se necesitan algunos arreglos para vivir.

La segunda posibilidad es: dos budas hablando. Entonces la comunión es posible, pero dos budas nunca hablan. Los que duermen hablan demasiado, la comunicación no es posible. Dos budas pueden comulgar entre sí, pero nunca hablan. No pueden hablar, no hay nada que decir. Los dos están en la misma cima, los dos están viendo la misma puesta de sol, los dos están en el mismo éxtasis, ¿de qué hay que hablar? Lo que tú digas, el otro ya lo sabe; lo que el otro diga, tú ya lo sabes. Sí, a veces ha ocurrido en el pasado que los budas se han encontrado.

Una vez Kabir y Farid, dos budas, se reunieron y durante dos días permanecieron sentados en absoluto silencio. No pronunciaron ni una sola palabra. Cuando se separaron, sus discípulos preguntaron: "¿Qué ha pasado? ¿Qué ha ido mal? ¿Por qué no dijisteis ni una sola palabra?".

Ambos dijeron a sus discípulos: "Era innecesario, habría sido un desperdicio de aliento: lo que yo sé, lo sabe el otro. Ni yo soy ya, ni él es ya. Ambos formamos parte de una misma realidad.

Probamos el mismo sabor, experimentamos la misma alegría. Y sabemos que es inexpresable de cualquier manera, por eso nos sentamos en silencio. El silencio era nuestra comunión".

Y luego la tercera posibilidad es: un buda hablando con alguien que está dormido o alguien que está dormido hablando con un buda. Alguien que está dormido sólo puede hacer preguntas. Eso es lo que ocurre en este hermoso diálogo entre un discípulo y Bodhidharma. Alguien que no está despierto sólo puede hacer preguntas; no intuye ninguna respuesta. Toda su vida está llena de preguntas. Igual que las hojas crecen en los árboles, las preguntas crecen en tu somnolencia, en tu inconsciencia.

Y el buda puede responder, no puede preguntar. No sabe nada de preguntas; él es la respuesta.

Ha llegado a casa. Lo primero no tiene sentido, lo segundo es imposible. La tercera es posible pero muy desconcertante - desconcertante porque el buda habla desde sus cumbres y el durmiente escucha en su sueño, en sus sueños, deseos. Perdido en la oscuridad del valle, no sabe nada de las cumbres iluminadas por el sol, no tiene ni idea de la pureza de esas altitudes; vive en el mundo contaminado. Conoce las palabras, pero ignora su significado real y verdadero. Sí, conoce la palabra amor, pero no sabe nada del amor. Conoce la palabra oración, pero nunca la ha experimentado, y sin experimentarla no puedes conocerla. Conoce la palabra Dios - vacía, hueca, sólo una cáscara sin nada dentro - pero no sabe nada de Dios. Sólo repite la palabra.

Y el problema es que cuando el buda dice "amor" quiere decir algo totalmente distinto de lo que tú quieres decir cuando utilizas la palabra amor. Esas palabras no se encuentran, no se entrecruzan en ninguna parte.

Siguen corriendo como líneas paralelas, sin encontrarse en ninguna parte. Y, sin embargo, puedes pensar que has comprendido, porque la palabra es la misma. Puedes seguir creyendo que has llegado a una gran comprensión, pero esa comprensión es sólo intelectual. Comprender a un buda intelectualmente no es comprenderlo en absoluto; hay que comprenderlo existencialmente.

El discípulo no tiene que ser sólo un preguntón, tiene que acercarse al maestro. La pregunta es un muro; tiene que abandonar todo cuestionamiento. Tiene que empezar a fundirse, a fundirse en el ser del maestro, para que pueda ver a través de sus ojos, pueda sentir a través de su corazón y tener una pequeña experiencia del más allá, de lo trascendental.

Este es el último diálogo entre el discípulo, el discípulo desconocido, y Bodhidharma.

La primera pregunta: ¿QUÉ ESTÁ BIEN Y QUÉ ESTÁ MAL?

A todos os han dicho lo que está bien y lo que está mal. Sí, los cristianos dirán una cosa, los mahometanos otra y los jainas aún otra. Los hindúes tienen sus propias ideas de lo que está bien y lo que está mal, al igual que los confucianos y los zoroastrianos. Hay muchas ideologías en el mundo, y todas tienen sus propias ideas de lo que está bien y lo que está mal. Y a ti te lo han dicho, porque has nacido en una familia determinada, en un condicionamiento determinado... desde el principio te han condicionado. Así que todos tenéis alguna idea, clara o confusa, consciente o inconsciente, de lo que está bien y lo que está mal. Y aún así no sabéis lo que está bien y lo que está mal, porque no lo habéis descubierto por vosotros mismos; os lo han dicho.

Y éstas son experiencias tan profundas que nadie más puede decidirlas por ti. Tendrás que buscar a tientas en la oscuridad de tu ser para encontrar una ventana por la que puedas mirar al cielo abierto.

Tendrás que buscar y rebuscar una puerta desde la que puedas tener una visión de lo que está bien y lo que está mal.

Si simplemente escuchas a la gente... están dormidos. Lo que están diciendo no es propio; sus padres les habían dicho esas cosas. Y ni sus padres tenían su propia experiencia, ni sus padres...

y así sucesivamente. Lo que te dicen es sólo una repetición. Funcionan como discos de gramófono. Repiten una fórmula determinada porque no saben otra cosa, y no tienen el valor suficiente para decirte: "No lo sabemos".

Se necesitan agallas para anunciar tu ignorancia. Se necesita el valor de Sócrates para decir: "Sólo sé una cosa: que no sé nada". Pero es muy difícil encontrar un padre como Sócrates. Es muy difícil encontrar un hombre como Buda o Jesús que te enseñe. En vuestras escuelas, en vuestras iglesias, es imposible porque estas personas no pueden ser confinadas a escuelas e iglesias. Estas personas han conocido.

Pero el primer paso hacia el conocimiento es saber que eres ignorante. Entonces estás preparado, abierto, vulnerable. Entonces puede ocurrirte algo. Entonces la verdad puede revelarse ante ti. Pero estáis llenos de basura: todos creéis que sabéis. Esto es lo primero que hay que dejar.

Tus padres, tus maestros, tus sacerdotes, no saben nada, y desde su ignorancia y desde sus pretenciosos conocimientos -falsos, pseudo, prestados- siguen enseñándote. Os dirán una cosa y entenderéis otra. Vosotros diréis una cosa a vuestros hijos y ellos entenderán otra.

Así es como la verdad se deteriora cada vez más. Así es como la verdad se convierte en mentira.

Cuando Buda dice algo, lo dice desde la fuente misma de la vida y la existencia. Pero en el momento en que dice algo, se inicia un proceso que va a destruir la verdad. El oyente lo oirá a su manera y luego se lo dirá a otra persona. Ahora han pasado veinticinco siglos, y en veinticinco siglos ¡cuántas generaciones han pasado! Y cada generación ha estado dando su supuesto conocimiento a la siguiente generación. Ahora, si Buda regresa, se reirá de verdad. No podrá creer que éstas sean sus palabras. Si Bodhidharma regresa, se sorprenderá, se quedará mudo por un momento: "¿Son estas mis palabras?"

... Porque mi sensación, leyendo estas preguntas y respuestas, ha sido continuamente ésta: que el discípulo, aunque intenta ser muy fiel a las palabras del maestro, sigue editando. Las palabras no tienen ese rugido de león, que era la cualidad básica de Bodhidharma. Parecen demasiado suaves para salir de su boca; parecen casi insulsas. No tienen ese filo. ¡Él era una espada!

Fue uno de los budas más extraños que han pasado por la tierra. Estas palabras parecen tan suaves, tan blandas.

Sólo hay dos posibilidades: o estaba muy enfermo, moribundo, y no pudo gritar..... Pero la segunda posibilidad se acerca más a la verdad. La segunda posibilidad es que el discípulo estuviera escribiendo con sus propias palabras lo que Bodhidharma ha dicho. Éstas son las notas del discípulo; Bodhidharma no las ha escrito, no ha escrito ni una sola palabra. El discípulo debe estar editando. Por supuesto, ha intentado ser muy sincero -no ha añadido nada que vaya en contra de Bodhidharma-, pero puede que haya suprimido algunas cosas, de lo que nunca podremos estar seguros. Si nos fijamos en sus preguntas, no parece ser muy inteligente.

"Señorita Jones", dijo el profesor de ciencias, "¿le importaría contar a la clase qué ocurre cuando un cuerpo se sumerge en el agua?".

"Claro", dijo la señorita Jones, "suena el teléfono".

Una prostituta experimentada le dice a una principiante más joven que el momento de pedir dinero a los hombres es "cuando se les ponen los ojos vidriosos".

Al día siguiente le pregunta a la principiante cómo le ha ido.

"Cuando sus ojos se ponen vidriosos, me quedo ciega como una piedra".

La gente funciona desde su estado de ser, desde su comprensión. ¿Y qué comprensión tienen? Ninguna.

Escena: un centro de instrucción del ejército. El duro sargento pone en fila a los nuevos reclutas y les ordena que se dividan en grupos de cuatro.

Cuentan enérgicamente: "¡Uno - dos - tres - cuatro! Uno, dos, tres, cuatro. A-wahann!"

El sargento se acerca al número uno y lo mira de arriba abajo con repulsión. "¿Eres el 'uno'?"

"Por supuesto que lo soy. ¿Tú también lo eres?"

En el momento en que una palabra llega a ti, cambia inmediatamente de color, pasa a formar parte de tu gestalt. Inmediatamente empieza a representarte, no al hablante, sino a ti. Ten cuidado con este hecho.

Y la única manera de deshacerse de esto - y uno necesita deshacerse de esto si uno es realmente un buscador de la verdad - la única manera de deshacerse de esto es abandonar todas las ideas que te han sido dadas por otros. Vacía tu mente de todos los conceptos de lo correcto y lo incorrecto.

Vuelve a ser un niño, sin saber nada, recogiendo conchas en la orilla del mar, corriendo detrás de una mariposa, encantado por las cosas pequeñas: una piedra de color. Sé tan inocente como un niño: no sabes lo que está bien y no sabes lo que está mal. Y entonces existe la posibilidad de saber.

preguntó el estudiante:

¿QUÉ ESTÁ BIEN Y QUÉ ESTÁ MAL?

Las religiones tienen sus propias ideas predeterminadas: "Esto está bien y esto está mal". Y lo que está bien en una religión está mal en otra. Hay trescientas religiones en la tierra y al menos tres mil sectas de esas religiones. No es casualidad que también haya tres mil lenguas en la tierra; tal vez haya alguna interrelación. Estas tres mil sectas pueden ser sólo tres mil lenguas religiosas. Y cada religión tiene su propia definición del bien y del mal, y esa definición nunca se adapta a otra religión.

Ahora bien, los jainas piensan que comer carne está mal, pero los mahometanos, cristianos y judíos no están de acuerdo. Sus escrituras dicen: Dios creó a los animales para ser comidos por los seres humanos. Los Jainas dicen que ayunar es la mejor manera de purificar tu alma. Ahora bien, hay religiones que no estarán de acuerdo, porque ¿cómo puede el ayuno purificar tu alma? Tal vez pueda purificar tu cuerpo de sus toxinas, sus venenos, pero ¿cómo puede purificar tu alma? ¿Qué tiene que ver la comida con el alma? Parece que no tienen nada que ver.

Los jainas dicen que vivir sin ninguna posesión, vivir absolutamente desnudo, es la única manera de alcanzar moksha, la libertad última. Ahora bien, ninguna otra religión estará de acuerdo con ello, porque ¿qué tiene que ver la desnudez con el moksha? Todos los animales están desnudos. No tiene nada de espiritual. Y el hombre estuvo desnudo durante siglos. El hombre primitivo vivía desnudo, pero no todos alcanzaban la liberación. ¿Cómo puedes alcanzar la liberación simplemente estando desnudo? Y así sucesivamente.... Las ideas del bien y del mal son muy sectarias. La respuesta de Bodhidharma es un enfoque no sectario.

Bodhidharma dice:

LA DISCRIMINACIÓN SIN MENTE ES CORRECTA.

Una afirmación muy extraña, paradójica, porque la discriminación es siempre mental.

Es la mente la que discrimina: "Esto está bien y esto está mal". Bodhidharma está haciendo una afirmación tremendamente pregnante. Él dice:

LA DISCRIMINACIÓN SIN MENTE ES CORRECTA.

Y está realmente muy cerca del punto, tan cerca como puede llegar el lenguaje. Cuando funcionas sin mente, cuando funcionas desde la conciencia pura, todo lo que haces es correcto. Eso es lo que él llama "discriminación sin mente" - eso es correcto. No es que decidas hacer lo correcto, no es que decidas no hacer lo incorrecto. Cuando no hay mente en ti, ni prejuicios, ni ideología, ni pensamientos; un silencio puro....

De ese silencio, el acto espontáneo. De ese silencio, la respuesta a la realidad momento a momento. Así es.

Fíjate en la hermosa definición de derecho: no tiene nada que ver con el acto, sino con la conciencia.

Todos los budas intentan cambiar el énfasis de lo externo a lo interno, de la acción a la conciencia, incluso de la conciencia a la conciencia, porque la conciencia es extrovertida; la crea la sociedad. Tienes una conciencia hindú o una conciencia mahometana o una conciencia cristiana.

Pero la conciencia es simplemente conciencia, ni hindú ni cristiana ni mahometana.

Conciencia, sólo conciencia pura: un fenómeno semejante a un espejo que refleja lo que es; y de ese reflejo el acto, el acto total. Así es. Observa el énfasis. El énfasis no está en el acto: qué hacer y qué no hacer. Bodhidharma simplemente deja eso. No se trata de hacer esto o no hacer aquello, porque una cosa puede ser correcta en un momento de conciencia y puede no serlo en otro momento. En una situación, en un contexto, en un espacio determinado, un acto puede ser correcto; y en otro espacio, en otro contexto, el mismo acto puede ser incorrecto. Así que los actos no pueden ser decisivos.

Todo depende de tu conciencia y de la situación que te encuentres. La decisión va a ocurrir entre tú y la situación. Y la decisión no tiene que ser tomada deliberadamente de acuerdo a cierta ideología, de acuerdo a ciertas conclusiones, de acuerdo a ciertos prejuicios, conceptos, la decisión tiene que surgir en la pureza de la conciencia, en el estado de no-mente, entonces es correcta. Si no surge de la no-mente, entonces es errónea. Esta es una apertura muy significativa: puede abrir puertas y puertas y puertas a misterios.

Fíjate en la diferencia. Los diez mandamientos hablan de actos: No hagas esto, no hagas aquello.

Bodhidharma no está diciendo: No hagas esto, no hagas aquello - porque quién sabe, mañana puede ser necesario el mismo acto. Las situaciones cambian; la vida es un flujo constante. Lo que es correcto hoy puede no serlo mañana, de ahí que los actos no puedan fijarse, y eso es lo que han hecho todas las llamadas religiones.

La gente incluso me pide que decida lo que está bien y lo que está mal para mis discípulos, para mis sannyasins. Yo no voy a decidir lo que está bien y lo que está mal. Simplemente te estoy ayudando a crear la conciencia pura, porque a partir de esa conciencia, todo lo que sucede es correcto.

Y cuando pierdes esa pureza, esa altura, ese vuelo de conciencia y empiezas a arrastrarte por la oscuridad de la tierra, entonces todo lo que haces está mal.

Es posible que un hombre inconsciente esté haciendo algo que la sociedad considera correcto, pero no puede estar haciendo lo correcto según Bodhidharma y según yo. La sociedad puede respetarle por hacer lo correcto, pero no podemos decir que esté haciendo lo correcto porque no tiene la conciencia correcta para hacerlo: falta el fundamento mismo. Su acción puede parecer correcta en la superficie, pero su intención no puede ser correcta; y la intención es lo decisivo. Puede donar dinero a los pobres y, por supuesto, todo el mundo dirá que eso es correcto. ¿Quién dirá que no es correcto donar dinero a los pobres?

Pero Bodhidharma dirá: Sólo si comparte por alegría, no por una actitud egoísta, es correcto. Si comparte sin compadecerse de los pobres; si comparte por la alegría de compartir, sin obligar a los pobres, entonces está bien. Pero si hay un motivo oculto de obligar a los pobres -si hay una intención oculta de ganar algo en el otro mundo, alguna virtud, para entrar en el paraíso-, si está haciendo algo así, el acto en la superficie parecerá bueno, pero no es bueno. Es malo porque proviene de una conciencia equivocada, surge de un contexto equivocado. No puede ser correcto.

Hay millones de misioneros cristianos que sirven a los pobres por razones equivocadas. La razón por la que sirven a los pobres es porque así pueden alcanzar el cielo. Esto es codicia, ¡esto no es servicio!

Y en apariencia son buenas personas, agradables, muy serviciales, hacen buenas obras de todas las maneras posibles, pero en el fondo su deseo no es más que una gran codicia, una codicia proyectada hacia el otro mundo. Son tan codiciosos, más codiciosos que la gente corriente, porque la gente corriente se conforma con un poco de dinero, una buena casa, un jardín, un coche, esto y lo otro; un poco de prestigio, poder, llegar a ser primer ministro o presidente, y están perfectamente contentos, satisfechos. Pero estas personas no están satisfechas con cosas tan pequeñas, mundanas, momentáneas; condenan todas estas cosas. Quieren paz eterna, quieren dicha eterna, quieren la compañía eterna de Dios.

Y va a haber una gran competencia, porque Dios debe estar rodeado de una gran multitud de santos. ¿Quién va a estar cerca de Dios? De hecho, esto es lo que le preguntaron los discípulos de Jesús, La última noche antes de separarse de sus discípulos, ésta era la pregunta que más les preocupaba.

Siempre lo siento por Jesús: no fue tan afortunado como Buda, como Mahavira, como Lao Tzu, en lo que a discípulos se refiere. Tuvo una suerte muy pobre.

Jesús va a ser crucificado mañana. Él les ha dicho que ésta es la última noche y que será apresado; lo predice. ¿Y sabéis lo que preguntan? No les preocupa la crucifixión de Jesús: cómo protegerle, cómo salvarle, o qué se puede hacer ahora; no les preocupa eso. Le preguntan: "Señor, mañana nos dejas. Sólo una pregunta antes de que te vayas; que quede resuelta. Sabemos que estarás a la derecha de Dios en el cielo, pero ¿quién estará a tu lado? ¿Quién de nosotros será el bendecido por estar a tu lado?".

¡Esto es pura codicia! Esto es política espiritual - más fea que la política ordinaria, porque la política ordinaria es burda y puedes verla inmediatamente cuando está ahí, pero este tipo de política es muy sutil y muy difícil de ver.

Sirve, si el servicio es tu respuesta sin pensar. No desees nada a cambio. Hazlo por el puro placer de hacerlo.

Eso es lo que intento crear aquí. Todos ustedes están involucrados en todo tipo de trabajo en esta comuna, y esto es sólo el comienzo, sólo la semilla de la comuna; pronto crecerá hasta convertirse en un gran árbol. Pero se están poniendo los cimientos básicos. Todos estáis trabajando, pero no es servicio por codicia. No estáis aquí para conseguir nada en el otro mundo. Os estoy enseñando a disfrutar de cada momento por sí mismo; la alegría tiene que ser intrínseca.

El otro día, Gyan Bhakti me hizo una caja de plata para guardar a Jintan. Y vino llorando de alegría por haber podido hacer algo por mí. No hay nada que ganar - no puedo prometerle que "Gyan Bhakti, estarás exactamente a mi lado en el cielo".

No hay cielo, y no hay Dios como tal, como persona. Ni siquiera yo voy a estar a su derecha. Y básicamente soy de izquierdas; no creo en absoluto en el lado derecho. El lado derecho es la idea machista, porque el lado derecho representa el lado izquierdo de la mente, que es la razón, las matemáticas, el cálculo. La izquierda representa la poesía, el amor, el baile, la música, la escultura. Pero no hay Dios, y no hay derecha e izquierda para Dios.

No hay más mundo que éste.

Este mismo cuerpo el buda.

Esta misma tierra el paraíso del loto.

Y este mismo momento es toda la eternidad.

Vive fuera de la no-mente, entonces cualquier cosa que ocurra estará bien. Y vive fuera de la mente, entonces todo lo que hagas estará mal.

De ahí que no esté a favor de personas como la Madre Teresa de Calcuta, en absoluto. Ella no sabe nada de meditación. Es una buena mujer, que trabaja duro, pero en el fondo hay codicia. Sin meditación no puedes librarte de la codicia. Sí, servir a los huérfanos, a las viudas, a los pobres, a los enfermos, a los ancianos, a los leprosos... cualquiera dirá que eso es bueno, excepto Bodhidharma o excepto yo. Sólo es bueno en apariencia; en el fondo es codicia. Y a veces me pregunto: si los leprosos desaparecen gracias a los avances científicos, y si llega el comunismo y los pobres dejan de existir, y si la bioquímica encuentra la manera de que la gente pueda permanecer siempre joven y no envejecer nunca, ¿qué ocurrirá entonces con gente como la Madre Teresa? Estarán perdidos. No encontrarán a nadie que necesite sus servicios. Estarán en dificultades: necesitan a estas personas, es su necesidad. Necesitan a estas personas para ser grandes servidores.

De ahí que la gente religiosa -la llamada gente religiosa- quiera que el mundo siga en la pobreza, porque si el mundo sigue en la pobreza ellos tendrán algo a lo que servir. Quieren que la gente siga enferma, hambrienta. Ahora la ciencia tiene suficiente tecnología para cambiar la faz de la tierra, pero las religiones no lo permitirán porque todo su negocio se evaporaría. Si la ciencia hace de esta tierra casi un paraíso, entonces la Madre Teresa no será necesaria.

Seguirán necesitándome. De hecho, se me necesitará más, porque cuando la gente no tiene nada que hacer comienza el mundo de no hacer nada, de la meditación, porque la meditación es el arte de simplemente ser. SENTADO EN SILENCIO, SIN HACER NADA, LLEGA LA PRIMAVERA Y LA HIERBA CRECE SOLA.

Si el mundo se vuelve realmente feliz, alegre, rico, opulento, entonces la gente como Bodhidharma y yo seremos más necesarios. Si el mundo vive en el lujo, entonces podrán florecer millones de budas. Pero es difícil comprender esto.

Es fácil comprender a la Madre Teresa y el premio Nobel que se le ha concedido. A Gurdjieff no le dieron un premio Nobel, ni a Ramana Maharshi. Krishnamurti lleva toda su vida haciendo una sola cosa: intentar que la gente sea más consciente y esté más alerta. A nadie se le ha ocurrido darle un premio Nobel, porque este trabajo es sutil, invisible. El verdadero trabajo es siempre de raíz: no se ve. Y sólo se conceden premios Nobel a gente corriente, como la Madre Teresa; no creo que Buda recibiera un premio Nobel si viniera, o Bodhidharma: imposible.

Nuestra idea de lo que está bien y lo que está mal es tan superficial que no podemos ver en profundidad la esencia misma de lo que es bueno y lo que no lo es. Bodhidharma te está dando el núcleo esencial: LA DISCRIMINACIÓN SIN MENTE ES CORRECTA. DISCRIMINAR CON LA MENTE ES INCORRECTO. CUANDO UNO TRASCIENDE LO CORRECTO Y LO INCORRECTO, ES VERDADERAMENTE CORRECTO.

Ve el punto, medita sobre ello: CUANDO UNO TRANSCENDE LO CORRECTO Y LO INCORRECTO... cuando uno no tiene idea de lo que está bien y lo que está mal... Porque esas ideas están siempre en la mente; son cosas de la mente. Cuando no tienes idea de lo que está bien y lo que está mal, cuando eres completamente inocente, entonces tienes razón, verdaderamente tienes razón. Ser inocente, silencioso, sin contenido, sólo una conciencia:

eso es lo que Bodhidharma dice que es verdaderamente correcto.

EN UN SUTRA DICE, "CUANDO UNO MORA EN EL CAMINO CORRECTO, NO DISCRIMINA...."

Uno simplemente vive fuera de su conciencia, sin preocuparse de si está bien o mal. ¿A quién le importa? Uno simplemente sigue su espontaneidad; uno fluye con ella sin preocuparse de si está bien o mal. Sólo las personas equivocadas se preocupan por el bien y el mal. Las personas correctas nunca se preocupan por nada; simplemente viven su vida. Viven su vida sin ninguna imposición. Viven su vida sin ninguna moralidad, inmoralidad. Viven su vida sin carácter. Viven en una libertad sin carácter.

EN UN SUTRA DICE: "CUANDO UNO MORA EN EL CAMINO CORRECTO, NO DISCRIMINA 'ESTO ESTÁ BIEN, ESTO ESTÁ MAL'".

Nunca piensa en lo que está bien y lo que está mal. Simplemente vive en silencio, alegre y extasiado, y todo lo que toca se transforma en oro. El polvo se vuelve divino en sus manos. Y en las manos de tus supuestos santos incluso el oro se convierte en polvo. En las manos de tus supuestos santos y mahatmas, el néctar se convierte en veneno.

La segunda pregunta: ¿QUÉ ES UN ESTUDIANTE SAGAZ Y QUÉ ES UN ESTUDIANTE ABURRIDO?

Bodhidharma dice:

UN ALUMNO SAGAZ NO DEPENDE DE LAS PALABRAS DE SU MAESTRO, SINO QUE UTILIZA SU PROPIA EXPERIENCIA PARA ENCONTRAR LA VERDAD.

Un criterio muy fundamental: el discípulo realmente inteligente NO DEPENDE DE LAS PALABRAS DE SU MAESTRO. Escucha las palabras de su maestro, pero más que sus palabras, escucha su ser. Más que sus palabras, escucha su silencio. Más que sus palabras, observa sus gestos. Más que sus palabras, le mira a los ojos. Más que sus palabras, observa cómo camina, cómo se sienta, cómo habla, cómo a veces permanece en silencio. Su enfoque no es intelectual, sino existencial. Y porque NO DEPENDE DE LAS PALABRAS DE SU MAESTRO, UTILIZA SU PROPIA EXPERIENCIA PARA ENCONTRAR LA VERDAD.

Los maestros siempre han dicho que tienes que encontrar la verdad por ti mismo. Sé una luz para ti mismo. Nadie puede darte la verdad; la verdad no es una propiedad transferible. No es una posesión que puedas heredar; tienes que descubrirla. Todo el mundo tiene que descubrirla una y otra vez por sí mismo.

Ésa es la diferencia entre la verdad científica y la verdad religiosa. La verdad científica la descubre una persona y luego pasa a ser propiedad de todo el mundo. Albert Einstein descubrió la teoría de la relatividad; tardó años en elaborarla. Una vez descubierta, es propiedad de toda la humanidad. Ahora cualquiera puede entenderla, cualquiera puede leer sobre ella; no hay ningún problema al respecto. La verdad científica es objetiva, está fuera. Una vez descubierta, todo el mundo puede verla y todo el mundo puede entenderla -sólo se necesita un poco de inteligencia, un poco de esfuerzo-, pero no es necesario REdescubrirla.

Esa es la diferencia con la verdad religiosa: es subjetiva, es interior; no puedes ponerla delante de los demás. Por eso, cuando un hombre se convierte en buda, sólo él sabe lo que ha sucedido -u otros budas sabrán lo que ha sucedido-, pero nunca se convierte en un fenómeno objetivo que otros puedan observar.

Tú que estás profundamente enamorado de mí, sabes lo que me ha pasado, pero no puedes demostrárselo a los demás; no es un fenómeno objetivo. Si tratas de demostrarlo te sentirás muy incapaz. Es fácil refutarlo: es imposible probarlo.

No se puede demostrar que Cristo alcanzó. Se han escrito miles de libros, pero aún no se ha demostrado nada. Durante dos mil años se han escrito más libros sobre Cristo que sobre cualquier otra persona, pero ¿qué se ha probado? Todavía hay gente que piensa que estaba loco. Todavía hay psicólogos que piensan que era neurótico, psicótico, esquizofrénico, y lo piensan muy seriamente y tienen muchos argumentos para demostrar por qué es así.

Oía voces, que sólo oyen los locos. Hablaba con el cielo, cosa que sólo hacen los locos. Y era un megalómano, según estos grandes eruditos, psicólogos, psiquiatras, porque sufría de un ego muy hinchado. Declaró que "soy el único hijo de Dios". ¡Qué pretenciosidad! Declaró que "he venido a salvar a toda la humanidad".

¡Qué ego! Y este hombre habla de humildad, de humildad, y sigue diciendo: "Bienaventurados los mansos, porque ellos heredarán la tierra" - ¡y no era un hombre manso en absoluto!

Así que los que quieren demostrar que era esquizofrénico tienen pruebas suficientes. Un día dice: "Bienaventurados los mansos, porque ellos heredarán la tierra", y otro día entra en el templo de Jerusalén, golpea a los cambistas y los echa del templo. ¿Puedes pensar que este hombre es un manso? Habla de humildad, de humildad, de pobreza de espíritu, y declara que "yo soy el rey de los judíos", que "yo soy el verdadero rey". Eso es prueba suficiente de que este hombre tiene muchas mentes, mentes divididas. Habla de perdon, dice que Dios es amor - y se enoja tanto con cosas pequenas. No solo con la gente, se enojo tanto con una higuera, porque sus discipulos tenian hambre, el tenia hambre, y no habia fruta en el arbol. Ahora bien, este hombre está loco, porque el árbol no está de ninguna manera impidiendo voluntariamente que crezcan los frutos en este momento; no es el momento de los frutos. Se acercan al árbol con gran expectación, y no hay frutos. Jesús lo toma como un insulto. Viene el hijo de Dios, ¿y qué clase de higuera es ésta? ¡Nada de respeto! Se enfurece y maldice al árbol. El árbol arde a causa de su maldición: un árbol verde se convierte inmediatamente en un árbol muerto. ¿Qué clase de hombre es éste? Debe de estar loco. ¿Puedes pensar que es un buda?

Eso será difícil de probar.

Dos mil años de erudición no han podido probarlo. Pero cualquiera puede refutarlo -es muy facil- porque la experiencia de la conciencia de cristo es muy interior. Es tan profunda y tan interior que sólo él sabe lo que está ocurriendo dentro de él - sólo él o aquellos que están coronados con la misma gloria, que han alcanzado el mismo samadhi, la misma conciencia, serán capaces de entenderlo. Pero, ¿cuántas de esas personas hay en el mundo?

Mahavira parece loco porque vive desnudo. No sólo eso, se arranca el pelo; no va al barbero porque quiere ser absolutamente independiente. Ahora, ¡qué ego! Puedes traducirlo inmediatamente como una actitud muy egoísta: no quiere depender de nadie más, quiere ser absolutamente independiente. Es mejor arrancarse uno mismo el pelo aunque duela, pero él no va al barbero. ¿No puede llevar consigo una navaja o unas tijeras? No, porque no puede poseer nada. No posee nada, vive sin posesiones. Poseer algo es ser ordinario, así que vive sin posesiones. Ahora lo único que le queda es arrancarse el pelo.

Y no se baña, así que tarde o temprano habrá piojos en el pelo y se ensuciará y llenará de polvo, y tendrá que arrancárselo. ¿Por qué no se baña? Parece una auténtica locura. No se baña porque piensa que no es necesario adornar el cuerpo. No se baña porque cree que el agua contiene células vivas muy pequeñas que morirán. Y no quiere hacer daño a nadie en absoluto, ni siquiera a esas pequeñas células. El agua consiste en muchas bacterias, células, organismos vivos; así que, para no molestarlos, para no destruirlos, no se baña.

Y hay cierto tipo de dementes cuya característica es que se tiran de los pelos.

A veces las mujeres lo hacen cuando están realmente furiosas: se tiran del pelo. Es una locura temporal. Pero este hombre lo hace continuamente; parece estar permanentemente loco. Puedes probar fácilmente que Mahavira está loco; es muy difícil probar que ha alcanzado, porque esa es su experiencia interior. Sí, otra persona que haya profundizado tanto, que haya buceado tan profundamente en su ser, puede ser capaz de ver el punto, pero ni siquiera él puede probarlo.

La verdad, la verdad religiosa, es subjetiva: sólo la conoces cuando la conoces. Nadie puede dártela.

Bodhidharma dice:

UN ESTUDIANTE SAGAZ NO DEPENDE DE LAS PALABRAS DE SU MAESTRO, SINO QUE UTILIZA SU PROPIA EXPERIENCIA PARA ENCONTRAR LA VERDAD.

La voluptuosa morena soñó que un hombre alto, moreno y guapo aparecía junto a su cama, le quitaba las mantas y la llevaba hasta un gran Cadillac. Luego conducía hasta un lugar apartado en el campo, la arrojaba en el asiento trasero y la miraba lascivamente.

"¿Qué vas a hacer ahora?", preguntó con voz temblorosa.

"¿Cómo voy a saberlo?", respondió. "Es tu sueño".

Las palabras que oyes de los maestros no son las palabras de los maestros, son tus palabras. Es tu sueño. Puedes interpretar, puedes acumular, puedes llegar a ser muy entendido, pero todo es tu sueño. No lo olvides ni por un momento.

Y estás dormido y estás dividido y estás subjetivamente inconsciente: estás en un verdadero lío.

Es un milagro que sigas manteniéndote unido, que no empieces a caerte a pedazos aquí y allá. Debes estar usando pegamento importado, ¡porque el pegamento indio no puede hacer eso! Es imposible.

Un pasajero de taxi era zarandeado a derecha e izquierda mientras su conductor recorría la avenida a velocidad de vértigo. Cuando el señor pudo recuperar el aliento, se quejó al conductor.

"No tiene por qué preocuparse", dijo el hombre. "No voy a aterrizar de nuevo en ningún hospital ahora, después de dieciocho meses en uno en el extranjero."

Sólo parcialmente tranquilizado, el jinete refunfuñó: "Qué horror. Deben de haberte herido de gravedad".

"No. Nunca tuve un rasguño", sonrió el taxista. "Era un caso mental".

He oído una historia parecida:

Un avión despega y, cuando empieza a elevarse, se oye una gran carcajada desde la cabina. Los pasajeros se inquietan un poco: "¿Qué ocurre?". Entonces uno de los pasajeros abre la puerta de la cabina y pregunta al piloto, que casi se está revolcando de risa: "¿Qué pasa? ¿Qué es tan gracioso?".

Dijo: "¡Me acabo de escapar del manicomio y ahora no me encuentran!".

Puedes imaginarte a los pasajeros, ¡lo que les habrá pasado! Pero que uno sea o no un demente empedernido no tiene mucha importancia; la diferencia es sólo de grado. Todos están locos. A menos que te conviertas en un buda, estás loco. Y todo lo que sigas entendiendo a través de las palabras no serán las palabras del maestro. Son tus propias interpretaciones, ecos que oyes en tu locura.

Al discípulo real e inteligente no le interesan las palabras, sino la experiencia real. Le interesa la autorrealización. Utiliza el tiempo que pasa con el maestro para elevarse más y más en conciencia. Su esfuerzo no es el de volverse más conocedor; su esfuerzo es el de volverse más consciente, más auténtico. Trata de alcanzar más ser que más conocimiento. El alumno estúpido adquiere conocimiento y el alumno inteligente adquiere ser. Y es el ser lo que puede salvarte, no el conocimiento.

UN ESTUDIANTE ABURRIDO DEPENDE DE LLEGAR A UNA COMPRENSIÓN GRADUAL A TRAVÉS DE LA PALABRA DE SU MAESTRO.

El conocimiento real nunca es gradual; es un salto cuántico, es discontinuo con tu pasado. Lo viejo simplemente desaparece y aparece lo nuevo. La comprensión gradual es un truco de la mente. La comprensión gradual no es comprensión, sino sólo acumulación de información.

La budeidad, la iluminación, es repentina; nunca es gradual. Sí, si sigues escuchando al maestro, su autenticidad, su sinceridad, su amor por ti, su compasión, va a crear una gran impresión en ti; va a crear un impacto en ti. Y poco a poco esas palabras empezarán a acumularse en tu interior. Poco a poco empezarás a sentir que ahora entiendes un poco más. Pero lo que ocurre en realidad es que ahora crees un poco más, no que comprendes.

Un maestro habla con autoridad, no con la autoridad de las Escrituras, ni con la autoridad de la tradición, sino con la autoridad de su propia experiencia. Sus palabras tienen autoridad porque él es testigo de sus propias palabras. Lo que dice que sabe, lo que dice que ha visto, de ahí su impacto.

Pero el impacto puede ser de dos maneras: o acumulas esas palabras llenas de autoridad y entonces te conviertes en conocedor.... Pero ser conocedor es sólo ser creyente, no conocedor.

Y ninguna creencia te va a liberar nunca; te ata. Y ninguna creencia es verdadera confianza; no es fe, es falsa. La creencia es fe falsa.

El hijo del granjero entró en la cocina, donde estaba puesta la mesa para la cena. El granjero, ya sentado, le preguntó: "Hijo, ¿te has acordado de cerrar la puerta del gallinero esta noche?

Recuerdas lo que pasó la última vez que entró un zorro, ¿verdad?".

"Sí, padre, lo sé. La puerta está cerrada", respondió el chico.

Pasaron varios minutos, y entonces el viejo granjero se levantó y se puso el abrigo. Al salir por la puerta, se volvió de repente y comentó: "No es que no te crea, hijo, es que quiero estar seguro".

Pero, ¿cuál es la diferencia entre estos dos? Él dice: "No es que no te crea, hijo, sólo quiero estar seguro".

Puedes creer en las palabras de los maestros, pero ¿cómo vas a estar seguro? A menos que experimentes, no hay seguridad, no hay certeza. La duda persistirá; se convertirá en una corriente subterránea, saboteará todas tus creencias. Entonces el tiempo perdido con el maestro es realmente perdido. De lo contrario, cada momento con el maestro puede tener un valor tremendo.

No acumules palabras; ése es el signo del estudiante estúpido. Indaga en tu ser. Aprende del maestro a tener sed de ti mismo. Aprende del maestro a emprender la gran aventura del autodescubrimiento. Acepta su reto, no sólo sus palabras.

UN ESTUDIANTE ABURRIDO DEPENDE DE LLEGAR A UNA COMPRENSIÓN GRADUAL A TRAVÉS DE LAS PALABRAS DE SU MAESTRO. UN MAESTRO TIENE DOS CLASES DE ESTUDIANTES; UNO ESCUCHA LAS PALABRAS DE SU MAESTRO SIN AFERRARSE A LO MATERIAL NI A LO INMATERIAL, SIN APEGARSE A LA FORMA NI A LA NO FORMA, SIN PENSAR EN OBJETOS ANIMADOS NI EN OBJETOS INANIMADOS... ESTE ES EL ESTUDIANTE SAGAZ....

Simplemente escucha las palabras del maestro como escuchas el viento que pasa entre los pinos o escuchas el sonido del agua que corre o escuchas el canto de los pájaros por la mañana. Simplemente escuchas sin codicia de acumular, sin codicia alguna. Sólo una escucha pura. No metes tu mente, no interfieres. No intentas darle ningún sentido. ¿Qué sentido tiene cuando el viento pasa entre los pinos y oyes la música? ¿Qué sentido tiene? Cuando llueve y oyes el sonido en tu tejado, ¿qué sentido tiene? Sí, hay una belleza tremenda, pero no hay sentido. Es una gran experiencia, pero no tiene ningún significado ordinario. ¿Y qué significado puedes darle tú? Proyectarás tus ideas.

El viento llama a tu puerta, y si estás esperando a tu novia o a tu novio puedes pensar que tal vez hayan venido. Corres hacia la puerta, la abres y te sientes frustrado: sólo era el viento que soplaba llamando a la puerta. Proyectas una idea.

Un respetable anciano se enteró de que su único hijo había empezado a visitar burdeles. Una noche, el anciano se enteró de que el muchacho estaba en esa zona de la ciudad llena de casas de mala reputación y, deseoso de devolverlo a la santidad de su hogar antes de que el nombre de la familia se arruinara irremediablemente, corrió al centro para encontrarlo. A toda velocidad, distraído y furioso, fue abordado por una dama de la noche que salía de su portal.

"Hola, papá", canturreó agradablemente. "¿Estás buscando a una niña traviesa?"

Sin pensarlo, respondió: "No, busco a un niño travieso".

La chica retrocedió horrorizada y exclamó: "¡Viejo asqueroso!".

¿Qué significado vas a dar a las palabras? No sabes nada del interior - todos los significados serán falsos. Escucha sin dar ningún significado. Sólo escucha, y se convierte en una meditación.

Ahora mismo, si sólo estás escuchando sin ninguna idea propia que se interponga continuamente entre tú y yo, si has dejado a un lado tu mente, si hay un contacto directo y no estoy siendo tomado por ti a través de la mente, si la conexión es directa, entonces se te impartirá algo mucho más valioso que lo que las palabras puedan jamás contener.

Es como un campo magnético en el que de repente tu corazón empieza a bailar. Estar con el maestro es un campo magnético en el que empiezas a acercarte cada vez más, no deliberadamente sino de forma espontánea.

... EL OTRO, el estúpido, QUE ES ÁVIDO PARA COMPRENDER, ACUMULA SIGNIFICADOS, Y MEZCLA LO BUENO Y LO MALO, ES EL ESTUDIANTE TONTO.

Aquel que está ávido de tener más y más conocimiento está destinado a mezclar lo bueno y lo malo. Lo que el maestro dice es bueno, correcto, porque viene de la no-mente; y lo que el estudiante escucha es malo, incorrecto, porque escucha a través de la mente. Entonces ambos se mezclan y te conviertes en un batiburrillo.

En lugar de estar más integrado, te vuelves más dividido, más caótico. En lugar de alcanzar un orden superior del ser, empiezas a caer en un estado cada vez más desordenado.

EL ESTUDIANTE SAGAZ COMPRENDE AL INSTANTE....

Recuerda la diferencia. El estúpido piensa que comprenderá gradualmente -un poco hoy y luego mañana, y pasado mañana-, pero el discípulo realmente inteligente comprende inmediatamente. Cuando la mente no interfiere, no es cuestión de tiempo.

La mente es tiempo, permíteme recordártelo de nuevo. Si introduces la mente, entrará el tiempo, luego el aplazamiento, luego la gradualidad. Si la mente no está ahí, ¿dónde está el tiempo? Entonces yo estoy aquí, tú estás aquí, y sólo existe el presente. Entonces este ahora se une a mí contigo. Entonces este ahora comienza a pulsar con mi energía y tu energía. Entonces este ahora se convierte en una danza. Entonces este aquí se convierte en una canción. El "ahora" y el "aquí" son el único tiempo y espacio verdaderos, porque ahora el tiempo es eternidad y el espacio es infinito.

La persona inteligente lo entiende inmediatamente:

... NO ELEVA LA MENTE INFERIOR CUANDO ESCUCHA LA ENSEÑANZA, NI SIGUE LA MENTE DEL SABIO....

¡Qué declaración tan hermosa! Bodhidharma dice: No te estoy diciendo que abandones tu mente estúpida. No te estoy diciendo que abandones tu mente inferior. Él está diciendo: Incluso si tienes una mente muy sabia - la mente del sabio - abandona eso también... porque la mente nunca puede ser sabia. Puede fingir, puede engañar.

No hay nada como una mente de sabio - el sabio no tiene mente. El pecador tiene una mente mala, el santo tiene una mente buena, el sabio no tiene mente. Esa es la diferencia entre estas tres palabras.

No permite ningún tipo de mente:

... TRASCIENDE TANTO LA SABIDURÍA COMO LA IGNORANCIA.

Ve el punto, velo inmediatamente: porque no hay mente, no puedes ser ignorante; porque no hay mente, ¿cómo puedes ser sabio? Has ido más allá de la dualidad. Desaparecida la ignorancia, desaparecida la sabiduría, simplemente eres. Igual que la flor de la rosa es, la roca es, tú eres.

AUNQUE UNO ESCUCHE LA ENSEÑANZA Y NO SE AFERRE A LOS DESEOS MUNDANOS, NO AME A BUDA NI EL CAMINO VERDADERO, SI, CUANDO TIENE QUE ELEGIR UNO DE ENTRE DOS, ELIGE LA QUIETUD DE LA CONFUSIÓN, LA SABIDURÍA DE LA IGNORANCIA, LA INACTIVIDAD DE LA ACTIVIDAD Y SE AFERRA A UNO U OTRO DE ELLOS, ENTONCES ES UN ESTUDIANTE ABURRIDO.

Si eliges entre la sabiduría y la ignorancia, si eliges entre la inactividad y la actividad, si eliges entre el bien y el mal, eres un estudiante aburrido. La elección te vuelve aburrido.

Krishnamurti repite una y otra vez que la conciencia sin elección es la libertad última. No elijas y serás libre; elige y habrás elegido tu esclavitud. Elige y serás prisionero inmediatamente. Cada elección es una prisión.

Sannyas no es una elección: es abandonar todas las elecciones. Es simplemente un gesto de abandonar todas las opciones, gustos y disgustos. Es ir más allá de la dualidad.

SI UNO TRASCIENDE TANTO LA SABIDURÍA COMO LA IGNORANCIA, NO TIENE CODICIA POR LA ENSEÑANZA, NO VIVE EN EL RECOGIMIENTO CORRECTO, NO ELEVA EL PENSAMIENTO CORRECTO Y NO TIENE ASPIRACIONES DE SER UN PRATYEKA-BUDDHA NI UN BODHISATTVA, ENTONCES ES UN ESTUDIANTE SAGAZ.

Cuando no hay elección, no hay codicia, ni siquiera para la atención correcta que es la enseñanza básica de Buda: sammasati - atención correcta.... Incluso para eso, en el estado último de inteligencia, no hay elección. Ni siquiera el deseo de ser un buda o un bodhisattva. No hay deseo de nirvana, no hay deseo de Dios - el deseo como tal ha desaparecido. Se vive momento a momento, sin ningún deseo.

Tremenda es su riqueza.

Hay gente que tiene mucho pero aún desea más; su pobreza es inconcebible. Y hay gente que no tiene mucho y aún así no desea nada más; su riqueza es inconcebible.

Un hombre que no tiene deseos ha vuelto a casa. Se ha convertido en un chakravartin. Ha conquistado el mundo sin conquistar nada en absoluto, porque todo el reino de Dios es suyo, todos los tesoros inagotables son suyos.

La única clave secreta es la conciencia sin elección.

Estas respuestas de Bodhidharma pueden reducirse a esta única frase: conciencia sin elección. Pero no te aferres a las palabras, experiméntala, porque sólo la experiencia libera.

www.ingramcontent.com/pod-product-compliance
Lightning Source LLC
Chambersburg PA
CBHW021424150726
47989CB00001B/102